JESUS E AS SETE IGREJAS DA ÁSIA

PÉRGAMO

PAIVA NETTO E SUA SÉRIE O APOCALIPSE DE JESUS PARA OS SIMPLES DE CORAÇÃO — LIVRO REUNIDO E ORGANIZADO PELA ACADEMIA JESUS, O CRISTO ECUMÊNICO, O DIVINO ESTADISTA

JESUS E AS SETE IGREJAS DA ÁSIA

PÉRGAMO

PAIVA NETTO E SUA SÉRIE O APOCALIPSE DE JESUS PARA OS SIMPLES DE CORAÇÃO — LIVRO REUNIDO E ORGANIZADO PELA ACADEMIA JESUS, O CRISTO ECUMÊNICO, O DIVINO ESTADISTA

"Eu, João, irmão vosso e companheiro na tribulação, no reino e na perseverança, em Jesus, encontrei-me na ilha chamada Patmos, por causa da Palavra de Deus e do Testemunho de Jesus Cristo. Achei-me em Espírito, no Dia do Senhor, e ouvi por detrás de mim uma grande voz, como de trombeta, que me dizia: O que vês escreve em livro e manda às Sete Igrejas que estão na Ásia: Éfeso, Esmirna, Pérgamo, Tiatira, Sardes, Filadélfia e Laodiceia." (Apocalipse, 1:9 a 11)

ELEVAÇÃO

Produção editorial e revisão: *Equipe Elevação*
Impressão: *Mundial Gráfica*
Capa: *João Periotto*
Imagem da capa: *Pintura digital de Pedro Eugênio*
Projeto gráfico e diagramação: *Helen Winkler*

A 1ª edição desta obra foi publicada em outubro de 2024.

Depósito legal na Biblioteca Nacional conforme
Decreto nº 1.825, de 20 de dezembro de 1907.

Dados Internacionais de Catalogação na Publicação (CIP)
(Câmara Brasileira do Livro, SP, Brasil)

A168j
Jesus e as Sete Igrejas da Ásia – Pérgamo / Academia Jesus, o Cristo Ecumênico, o Divino Estadista — 1ª ed. — São Paulo : Editora Elevação, 2024, v.3. (*Coleção Jesus e as Sete Igrejas da Ásia*). 496. p. : 15,5 x 23

ISBN 978-65-85860-02-4

Série "O Apocalipse de Jesus para os Simples de Coração"

1. **Quarta Revelação**. Jesus Cristo. 3. Espiritualidade. 4. Apocalipse de Jesus. 5. Evangelho de Jesus. 6. Paiva Netto, José de. I. Academia Jesus, o Cristo Ecumênico, o Divino Estadista. II. Título

CDD-228.07

Índices para catálogo sistemático:

1. Apocalipse : Comentários 228.07

Rua Doraci, 2-A, sala 103 – Bom Retiro
São Paulo/SP – CEP 01134-050
Tel.: (11) 3224-2963
www.elevacao.com.br

SUMÁRIO

TRATADO DO NOVO MANDAMENTO DE JESUS

A Espiritualmente Revolucionária Ordem Suprema do Divino Mestre representa o diferencial da Religião de Deus, do Cristo e do Espírito Santo[1] e é a base de todas as suas ações de promoção espiritual, social e humana, pela força do Amor Fraterno, por Ele trazido ao mundo.

Ensinou Jesus, o Cristo Ecumênico, o Divino Estadista: *"13:34 Novo Mandamento vos dou: amai-vos como Eu vos amei. 13:35 Somente assim podereis ser reconhecidos como meus discípulos, se tiverdes o mesmo Amor uns pelos outros.*

15:7 Se permanecerdes em mim e as minhas palavras em vós permanecerem, pedi o que quiserdes, e vos será concedido. 15:8 A glória de meu Pai está em que deis muito fruto; e assim sereis meus discípulos.

15:10 Se guardardes os meus mandamentos, permanecereis no meu Amor; assim como tenho guardado os mandamentos de meu Pai e permaneço no Seu Amor.

15:11 Tenho-vos dito estas coisas a fim de que a minha alegria esteja em vós e a vossa alegria seja completa.

15:12 O meu Mandamento é este: que vos ameis como Eu vos tenho amado. 15:13 Não há maior Amor do que doar a própria vida pelos seus amigos. 15:14 E vós sereis meus amigos se fizerdes o que Eu vos mando. 15:17 E Eu vos mando isto: amai-vos como Eu vos amei.

15:15 Já não mais vos chamo servos, porque o servo não sabe o que faz o seu senhor; mas tenho-vos chamado amigos, porque tudo quanto aprendi com meu Pai vos tenho dado a conhecer.

15:16 Não fostes vós que me escolhestes; pelo contrário, fui Eu que vos escolhi e vos designei para que vades e deis bons frutos, de modo que o vosso fruto permaneça, a fim de que tudo quanto pedirdes ao Pai em meu nome Ele vos conceda.

15:17 E isto Eu vos mando: que vos ameis como Eu vos tenho amado. 15:9 Porquanto, da mesma forma como o Pai me ama, Eu também vos amo. Permanecei no meu Amor".

(Tratado do Novo Mandamento de Jesus[2], reunido por Paiva Netto, consoante o Santo Evangelho do Cristo de Deus, segundo João, 13:34 e 35; e 15:7, 8, 10 a 17 e 9.)

[1] **Religião de Deus, do Cristo e do Espírito Santo** — Nesta e em outras obras literárias da Quarta Revelação, o leitor vai se deparar com as denominações Legião da Boa Vontade (LBV) e Religião de Deus, do Cristo e do Espírito Santo, criadas pelo saudoso Alziro Zarur (1914-1979), que se irmanam na lide *"por um Brasil melhor e por uma humanidade mais feliz"*. Desde os seus primórdios, no fim da década de 1940, são elas duas instituições irrestritamente ecumênicas, unidas para atender, de forma integral, às carências fundamentais do ser humano e do seu Espírito Eterno, transformando-o sem paternalismos, a fim de que ele possa assumir na sociedade o seu papel de protagonista na solução dos problemas existentes. Agem assim para que a criatura humana se realize por meio dos poderosos ensinamentos do Espírito (Religião de Deus, do Cristo e do Espírito Santo) e da dinâmica ação de reforma humana e social (Legião da Boa Vontade), decorrência natural de nossa integração nos Preceitos Divinos. Disse Jesus: *"Buscai primeiramente o Reino de Deus e Sua Justiça, e todas as coisas materiais vos serão acrescentadas"* (Evangelho, segundo Mateus, 6:33). Da convergência dessas ações — a espiritual e a humano-social — nasce a Política de Deus, para o Espírito Eterno do ser humano. A Religião de Deus, do Cristo e do Espírito Santo também é conhecida como Religião do Terceiro Milênio, Religião do Amor Universal e Religião Divina.

[2] **Tratado do Novo Mandamento de Jesus** — Pela força espiritual contida nessas palavras do Cristo de Deus, Paiva Netto fez constar a leitura desse Tratado na abertura de todos os programas da Super Rede Boa Vontade de Comunicação (rádio, TV e internet) e nas publicações, assim como nas reuniões públicas da Religião do Terceiro Milênio, atendendo também a um pedido dos Irmãos Espirituais na Revolução Mundial dos Espíritos de Luz, na Quarta Revelação, representados pelo Irmão Dr. Bezerra de Menezes (Espírito).

O MISTÉRIO DE DEUS REVELADO

O Mistério de Deus por Jesus Cristo
revelado é o Amor![1]

Paiva Netto

[1] Esse pensamento de Paiva Netto é o último verso de sua música intitulada *O Novo Mandamento de Jesus*, movimento final do Oratório "O Mistério de Deus Revelado", cuja gravação foi feita, em 1999, pelo National Philharmonic Choir "Svetoslav Obretenov" e pela Sofia Symphony Orchestra, da Bulgária, sob a regência do maestro Ricardo Averbach. Disponível no aplicativo Boa Vontade Play e em plataformas de streaming como Spotify, Apple Music, Deezer e YouTube, o Oratório superou a marca de 550 mil cópias vendidas do álbum físico, conquistando Disco de Platina Duplo. Em 5 de abril de 2000, teve a sua primeira audição mundial em inglês quando o Coral Ecumênico Boa Vontade se apresentou na sede da Organização das Nações Unidas (ONU) em Nova York, EUA.

PERMANENTE PRESENÇA DE JESUS

Tudo fica para trás. Jesus, o Cristo Ecumênico e Divino Estadista, permanece! Ele disse: *"Passará o Céu, passará a Terra, mas as minhas palavras não passarão"* (Evangelho, segundo Lucas, 21:33).

Paiva Netto

O PARECER DE GAMALIEL

"Se esta obra é de homens, não triunfará. Mas, se é de Deus, não a combatais, pois estareis combatendo o próprio Deus."

(Atos dos Apóstolos de Jesus, 5:38 e 39)

PERANTE O SINÉDRIO

"Respondendo Pedro e João aos sinedritas, disseram: Não podemos deixar de falar daquilo que vimos e ouvimos. Importa antes agradar a Deus que aos homens."

(Atos dos Apóstolos de Jesus, 4:19 e 20; e 5:29)

DEUS AVISA ANTES

"Certamente, o Senhor Deus não fará coisa alguma, sem primeiro revelar o Seu segredo aos Seus servos, os Profetas."

(Profeta Amós, 3:7)

"AO VENCEDOR EU DAREI DO MANÁ ESCONDIDO, BEM COMO
UMA PEDRINHA BRANCA, E SOBRE ELA ESCRITO UM NOME NOVO"

A ESCOLHA DA CAPA

**Academia Jesus, o Cristo Ecumênico,
o Divino Estadista**

Arte a serviço de Deus

No capítulo "Quanto às suas Finalidades", constante do primeiro volume das *Sagradas Diretrizes Espirituais da Religião de Deus, do Cristo e do Espírito Santo* (1987), de autoria do seu Presidente-Pregador, José de Paiva Netto, encontramos o incentivo às mais variadas formas de manifestação artística, no Clube da Boa Vontade, que visem expandir os elevados ideais universalistas da Religião Divina.

Com foco em Pérgamo, o terceiro volume da série "Jesus e as Sete Igrejas da Ásia", em sua bela capa, mais uma vez expressa a vocação da Arte a serviço de Deus, conforme sempre defendida pelo saudoso Proclamador da Religião do Amor Universal, Alziro Zarur (1914-1979).

A composição artística — feita por João Periotto, a partir da pintura digital de Pedro Eugênio, ambos

Cristãos do Novo Mandamento — cria uma particular ambiência com a simbologia inerente à Carta de Jesus à Igreja em Pérgamo. Os artistas se inspiram na tendência das pinceladas marcantes e precisas do pintor alagoano Sátyro Marques (1935-2019), cujas obras sobre o tema apocalíptico fazem parte do acervo da Galeria de Arte do Templo da Boa Vontade (TBV), em Brasília/DF, Brasil.

Além de incorporar novos elementos pictográficos referentes a Pérgamo, a capa reconduz — pela atemporalidade de alguns ícones que se interligam a cada livro da série — símbolos presentes ao redor do Cristo. Rememoremos as Sete Estrelas, que representam os Anjos das Sete Igrejas, Guias e Guardiães dos fiéis seguidores do Divino Mestre, e os Sete Candeeiros de Ouro, que são as Sete Igrejas, cumprindo a missão de espiritualmente iluminar toda a humanidade.

O Cordeiro de Deus e a Espada Cintilante de dois gumes

No centro da pintura artística, emerge a majestosa e imponente Figura de Jesus — o Senhor da Paz —, resplandecente e sobranceiro, pairando acima das cabeças dos Irmãos de Pérgamo. Ele reconhece o local em que habitam, onde está o trono de satanás. Assim, a arte retrata as profundezas desse lugar.

O Cristo Rei, vigilante e impávido, ergue-se diante daqueles que haviam sido magiados pelos poderes corruptores das trevas — e se encontravam envoltos pela sombra da maldade — e profere retumbante admoestação, que os exorta ao arrependimento:

> — *(...) arrepende-te; porque, se não, virei sem demora contra ti e pelejarei contra eles com a espada da minha boca.*
>
> (Apocalipse, 2:16)

Em Suas poderosas mãos repousa a espada que possui um efeito prismático, cuja lâmina translúcida, como que feita de diamante, é afiadíssima e de dois gumes. Ao seu amplo significado, o Presidente-Pregador da Religião Divina dedicará alguns capítulos em nosso estudo.

Entre outros aspectos, entenderemos melhor as diferentes funções que tal artefato possui. O escritor Paiva Netto, nas páginas desta obra, ao discorrer sobre ele, nos revela:

> — *Além de sua função prática, essas espadas eram apreciadas como obras de arte, com empunhaduras e bainhas ricamente decoradas. Muitas vezes, serviam como símbolos de prestígio, habilidade, honra e poder, transmitindo a linhagem ou bravura de seus portadores.*

E aqui, diante dessa representação, encontramo-nos face a face com o cavaleiro do cavalo branco, símbolo máximo de notabilidade e honra. Estamos perante o Filho do Deus Altíssimo. Na empunhadura, cravado está o peixe, ícone do Cristianismo do Cristo, a mensagem que essa *"espada que sai da boca"* do Mestre expande, como entenderemos nas explicações fraternas e ecumênicas do Irmão Paiva.

Passaporte aos peregrinos do Cristo e alimento espiritual

Diversas insígnias expostas no desenho ainda nos dizem respeito a essa esplendorosa Missiva do Cristo. Reparem que, no peito do Divino Amigo, alinhada ao Seu próprio coração, está a pedrinha branca, diáfana como o Cristal Sagrado do Templo da Boa Vontade[1]. E, sobre ela, escrito um nome novo. Qual será esse nome? Eis um mistério que juntos descobriremos nessa jornada. Mas a todos os fiéis, tal qual o Seu coração, Ele promete esse passaporte espiritual.

Temos também representado o maná escondido, o alimento transubstancial que preenche toda a atmosfera celeste, retratado nas gotículas de luz espalhadas na superfície da pintura. Está no ar; todos os que assim

[1] **Cristal Sagrado do Templo da Boa Vontade** — Encontra-se no topo da pirâmide do Templo da Boa Vontade, sendo considerado, na época, a maior pedra de cristal puro do mundo. Simboliza, no Ecumenismo Total, a presença unificadora de Deus. Segundo estudiosos, purifica o ambiente ao catalisar elevadas energias que incidem sobre os que entram no local.

se permitirem poderão aurir esse pábulo divino, pão quintessenciado.

No alto da capa, o alentador versículo que resume Sua promessa aos fiéis em Pérgamo:

> — *Ao vencedor Eu darei do maná escondido, bem como uma pedrinha branca, e sobre ela escrito um nome novo* (Apocalipse, 2:17).

Cor marrom, Natureza e Terra: a estabilidade e a segurança

A paleta de cores da pintura é igualmente significativa. O marrom terroso evoca a estabilidade e a firmeza da terra. Quando pensamos nessa cor, visualizamos troncos de árvores e o chão que sustenta nossa caminhada. É como se essa tonalidade nos ancorasse, nos protegesse, do mesmo modo que a terra é alicerce para a Vida. Já a Luz Divina e a Sabedoria são estampadas pelo amarelo-dourado. A justaposição dessas cores quentes gera um contraste vibrante, que reflete a experiência humana, com sua demanda por um equilíbrio entre Terra e Céu.

Na capa, temos o marrom avermelhado de suas letras e o das montanhas do vale compondo o cenário em que se encontram os habitantes de Pérgamo, criando, portanto, uma penumbra. Tais matizes expressam um sentido profundo das provações enfrentadas por aquelas Almas. Elas precisam aprender durante as suas jornadas que as ilusões da matéria, por mais concretas que pareçam, são efêmeras. A segurança verdadeira está no gesto de erguer a cabeça ao mais Alto e enxergar a luminosidade que desce dos Páramos Celestiais.

Tal luminescência provém de Jesus, em Sua Infinita Bondade, que proporciona o ambiente ideal para o resgate de todos os que Nele se integram. Pelas vidas sucessivas, Ele oferece oportunidades infinitas para que se alcance o arrependimento e a redenção. Nessa perspectiva, o marrom transcende e se torna a representação do mesmo solo sagrado em que a evolução espiritual floresce.

Luz Espiritual

E mais uma vez temos o amarelo-dourado, que ilumina todo o panorama com um brilho sideral, também presente nas estrelas. O Astro-Rei é simbolizado pela imponente presença do Supremo Condutor deste planeta, Jesus, o Regente da Paz e da Fraternidade Ecumênica!

O azul-celeste e o azul-escuro no céu propiciam uma atmosfera de quietude e profundidade.

O laranja e os tons de vermelho, visíveis no horizonte, conferem uma sensação de calor e dimensão ao pôr do sol no cenário. Aqui, as serenas e penetrantes Palavras do Divino Pastor pacificam e fortalecem os corações em queda. E essas multidões buscam, no ardor de Sua luminescência, o fogo para reacender seus Espíritos. Tombaram-se levados por aqueles que corrompem a Alma. Mas ali, em meio ao sofrimento mais atroz, o resgate chega. Uma voz se ergue e os encoraja a recomeçar com acerto. Longe de lhes ofuscar a visão da estrada com Sua Magnificente Cintilação, aclara-lhes as veredas com a *"Luz que não cria sombras"*, que é Ele mesmo, Jesus, no dizer de Paiva Netto.

Capa que prega

Essa obra artística nos lembra que a batalha espiritual empreendida pelos Irmãos de Pérgamo e por todos nós é constante e requer vigilância, autêntico arrependimento, corroborados por atos dignos, alinhados com *"a suprema vocação de servir"*, conforme assevera o Presidente-Pregador da Religião Divina.

A capa, seguindo a tradição cultural criada pelo Irmão Paiva, é mais do que uma simples representação artística, trata-se de uma poderosa ferramenta de evangelização e apocaliptização. Ao contemplar esta pintura, somos convidados a aprofundar nossa compreensão sobre essa série reveladora e a renovar nosso compromisso em seguir o Cristo. A capa, assim, se torna um valiosíssimo canal para o *"Ide e pregai"*. Portanto, o nosso estudo já teve início quando contemplamos essa expressão da **Arte a serviço de Deus**.

MMVII

RELIGIO DEI

ACADEMIA IESVS CHRISTVS OECVMENICVS

IESVS LVX MVNDI

APRESENTAÇÃO DA ACADEMIA JESUS, O CRISTO ECUMÊNICO, O DIVINO ESTADISTA

Um compêndio de revelações para a Paz

Desde os primórdios da Legião da Boa Vontade (LBV) e da Religião de Deus, do Cristo e do Espírito Santo, no fim da década de 1940, o saudoso Irmão Alziro Zarur (1914-1979)[2] e o Irmão Paiva Netto têm

[2] **Alziro Zarur (1914-1979)** — Nasceu na cidade do Rio de Janeiro/RJ, Brasil, no Natal de Jesus de 1914. Radialista, jornalista, escritor, poeta, filósofo e grande pregador da Palavra de Deus, fundou a Legião da Boa Vontade (LBV), em 1º de janeiro (Dia da Paz e da Confraternização Universal) de 1950, e brilhantemente a presidiu até a sua passagem para o Plano Espiritual, em 21 de outubro de 1979. Em 7 de setembro de 1959, Zarur realizou a Proclamação do Novo Mandamento de Jesus, em Campinas/SP, Brasil, no antigo Hipódromo do Bonfim — hoje Praça Legião da Boa Vontade —, que, na época, era o espaço público mais amplo que por lá existia, capaz de receber a multidão que fora ouvi-lo. Carismático e polêmico, de forma popular e inovadora pregava, com muito entusiasmo, o Evangelho e o Apocalipse de Jesus, mas não ao pé da *"letra que mata"* (Segunda Epístola

alertado para um fato singular: **Os Tempos chegaram!**[3] Aliás, esse alertamento é marcante frase utilizada durante a popular série radiofônica "O Apocalipse de Jesus para os Simples de Coração"[4], que foi levada ao ar pela primeira vez pelo jornalista, radialista e escritor Paiva Netto, Presidente-Pregador da Religião de Deus, do Cristo e do Espírito Santo, entre 27 de outubro de 1990 e fevereiro de 1992, com suas profundas análises do Texto Sagrado, alcançando a marca de mais de 450 programas.

Vivemos o tão aguardado terceiro milênio e as transformações na sociedade estão acontecendo em velocidade máxima diante dos nossos olhos. Porém, ressoa

---

de Paulo aos Coríntios, 3:6), e sim em Espírito e Verdade, à luz do Novo Mandamento do Cristo Ecumênico, o Divino Estadista (Evangelho, segundo João, 13:34 e 35). Criou e presidiu a pioneira Cruzada de Religiões Irmanadas, cuja primeira edição oficialmente ocorreu em 7 de janeiro de 1950, no salão do Conselho da Associação Brasileira de Imprensa (ABI), na capital fluminense, após sucessivas reuniões preparatórias realizadas nos meses de outubro, novembro e dezembro de 1949, na sala da diretoria daquela prestigiada Associação. Com esse feito, Zarur antecipou-se ao que mais tarde viria a ser chamado de relacionamento inter-religioso. Em 7 de outubro de 1973, proclamou a Religião de Deus, do Cristo e do Espírito Santo, em Maringá/PR, Brasil.

[3] **Os Tempos chegaram!** — Leia sobre o assunto no segundo volume da coleção "Jesus e as Sete Igrejas da Ásia" (2024), cujo foco é Esmirna, a partir da p. 312.

[4] **Série radiofônica "O Apocalipse de Jesus para os Simples de Coração"** — Para ouvi-la, consulte a relação de emissoras no portal BoaVontade.com e baixe o aplicativo Boa Vontade Play.

como nunca as marcantes palavras do dirigente das Instituições da Boa Vontade[5]:

> — *Mas em que bases?!*

E ele mesmo responde, em "A Vinha e o Ceticismo", constante de sua obra *As Profecias sem Mistério* (1998), sobre a acertada escolha a ser feita pela sociedade mundial para que não mais se perca pelos caminhos da destruição:

> — *Nas do Espírito, desde que não reduzido a uma simples projeção da mente, porquanto ele é a Sublime Luminosidade que dá vida ao corpo: trata-se da Grande Vinha que o Criador oferece à criatura para livrá-la da zonzeira do ceticismo.*

Essa é a única saída para que finalmente este mundo encontre o caminho da Paz verdadeira, cuja origem promana de Deus, portanto, do Mundo Espiritual Supinamente Elevado:

> — *Minha Paz vos deixo, minha Paz vos dou. Eu não vos dou a paz do mundo.* ***Eu vos dou a Paz de***

[5] **Instituições da Boa Vontade (IBVs)** — Formadas pela Legião da Boa Vontade (LBV); pela Religião de Deus, do Cristo e do Espírito Santo; pela Fundação José de Paiva Netto; e pela Associação Educacional Boa Vontade.

> ***Deus, que o mundo não vos pode dar.*** *Não se turbe o vosso coração nem se arreceie, porque Eu estarei convosco, todos os dias, até o fim do mundo!*
>
> Jesus (João, 14:27; e Mateus, 28:20)

Independentemente de crenças ou descrenças, são notórios, em todo o orbe terrestre, os tremores que sacodem as frágeis bases do tecido social. É como indagou o autor da obra *O Capital de Deus*, na qual reproduz a angústia dos povos que estão em desesperada busca por soluções para o quadro incerto em que o planeta se depara:

> — *Cadê o chão? Isto é,* ***onde se encontrarão as certezas****, as doutrinas com suas promessas irrefutáveis?*

Longe de nos apavorarmos, descobrimos nosso alicerce perene, que não sofre abalos, no Evangelho-Apocalipse de Jesus — ***"a certeza que não frustra"***, no dizer do Líder da Juventude Ecumênica da Boa Vontade de Deus. Portanto, **um compêndio de revelações para a Paz**.

Essa é a bússola a nos guiar por todo e qualquer período turbulento da História. É o Bom Pastor Quem nos socorre, ao dizer:

> — *Todo aquele, pois, que ouve estas minhas palavras e as pratica será comparado a um homem prudente que edificou a sua casa sobre a rocha; e caiu a*

> *chuva, transbordaram os rios, sopraram os ventos e deram com ímpeto contra aquela casa, que não caiu, porque fora edificada sobre a rocha* (Boa Nova, segundo Mateus, 7:24 e 25).

Por isso, estamos estudando e procurando vivenciar cada ensinamento sublime contido nas Cartas de Jesus às Suas Igrejas da Ásia. Afinal, construir a vida sobre a rocha eterna dos Preceitos Divinos significa abrir mão das ilusões temporárias e das estruturas frágeis da ignorância espiritual. Em Suas Missivas, o Sublime Professor fortalece o coração daqueles que se preparam para enfrentar as adversidades com a inabalável confiança de que sua base, tal como a rocha, não será desestabilizada.

Em *Jesus e a Cidadania do Espírito* (2001), fomos buscar esta arrojada proposta de Paiva Netto para que a Paz planetária seja finalmente consolidada entre todos os povos:

> ***Revolucionário paradigma para a Paz***
>
> *Um caminho de transformação definitivo para sair dessa rota fatal (na matéria e no Espírito[6]) de colisão chama-se:* ***Rebanho Ecumênico de Jesus***[7].

---

[6] Leia sobre o que Paiva Netto explicou acerca da segunda morte, a espiritual, no capítulo "Evitando o dano da segunda morte", constante do livro *Jesus e as Sete Igrejas da Ásia — Esmirna* (2024), reunido e organizado pela Academia Jesus, o Cristo Ecumênico, o Divino Estadista.

[7] **Rebanho Ecumênico do Cristo de Deus** — Leia mais sobre o assunto "Novo e Abrangente Conceito do Rebanho Ecumênico de Jesus", no →

Apenas esse ***revolucionário paradigma socioespiritual*** *será* ***capaz de apaziguar os corações, desarmar o ser humano de todos os ódios****, indiferenças, sede de guerra, de domínio sobre os demais.*

Elos de Sabedoria Planetária

— Ainda tenho outras ovelhas que não são deste aprisco; a mim me convém conduzi-las. Elas ouvirão a minha voz. Então, haverá um só Rebanho para um só Pastor (Santo Evangelho de Jesus, consoante João, 10:16).

Nessas palavras repletas de Espírito e Verdade encontramos a fraterna profecia da formação do Rebanho Ecumênico de Jesus. Seu cumprimento está registrado no Último Livro da Bíblia Sagrada — o Apocalipse do Cristo, 7:9:

— Depois destas coisas olhei, e eis ***grande multidão que ninguém podia enumerar, de todas as nações, tribos, povos e línguas*** *(...).*

Eis a primordial meta a ser alcançada, pois o estado real do mundo infelizmente é, sob diversos aspectos, ainda este:

---

segundo volume das *Sagradas Diretrizes Espirituais da Religião de Deus, do Cristo e do Espírito Santo* (1990).

— Mesmo que seja certa a proposta de alguém, se não vier da minha crença religiosa, ideologia, partido político, corrente científica, time de futebol, escola de samba, não interessa.

A solução que propomos para tamanho absurdo é o ***Ecumenismo****, do qual tanto lhes falo nas inúmeras publicações da Quarta Revelação — a Religião do Amor Universal — ou pela mídia eletrônica, destacando-se a internet. Eis por que* ***o Ecumenismo, como o vejo, é a condição natural e o querer espontâneo de toda criatura quando, de corpo e Alma, integrada ao espírito da Paz de Deus****, conforme grafei em* Reflexões da Alma *(2003).*

Jornada pelo Conhecimento Espiritual

Quase sete décadas de pregações fraternas sobre a Bíblia Sagrada é a bagagem de profundos conhecimentos que tivemos acesso quando, com o autor de "O Apocalipse de Jesus para os Simples de Coração[8]", começamos nosso estudo em Éfeso, cujo recado é claríssimo: **não perder a Primeira Caridade** (Apocalipse, 2:4).

---

[8] Nota de Paiva Netto

Simples de Coração — Quando me dirijo aos Simples de Coração, não aponto essa ou aquela classe social, nível cultural, inclinação política, preferência religiosa, origem étnica. Falo à inteligência do sentimento, riqueza inestimável do Espírito, à simplicidade de alma.

Passamos por Esmirna, uma comunidade de valentes e perseverantes que estava sendo posta à prova, mas com a coroa da vida prometida a quem fosse fiel até à morte (Apocalipse, 2:10). E agora chegamos a **Pérgamo, uma Igreja que infelizmente permitiu que a corrupção espiritual** — oriunda do mundanismo pernicioso que corrói os fundamentos das sociedades humanas — se instalasse em alguns de seus adeptos e vai receber uma severa advertência do Celeste Pegureiro para corrigir-se enquanto é tempo.

Assim como fizemos nos volumes anteriores, abrimos nossa análise com uma introdução que abrange as Sete Cartas do Sábio dos Milênios às Suas Igrejas, de modo a termos uma sinopse do amplo significado místico-espiritual desse conjunto de localidades e dos pontos fundamentais de cada uma delas.

Já no estudo propriamente dito de Pérgamo, logo no início, antes de percorrermos, com o Presidente-Pregador da Religião Divina, versículo a versículo desse recado do Cristo, apresentaremos uma circular que ele escreveu em 8 de julho de 1989, dedicada aos seres espirituais e humanos de Boa Vontade. Ela tem tudo a ver com a Carta de Jesus à Igreja em Pérgamo.

Estávamos às vésperas da inauguração do Templo da Boa Vontade — a Sede Espiritual da Religião de Deus, do Cristo e do Espírito Santo. Sugerimos que todos se transportem com o Fundador do TBV para aquela época, em que, ao lado dele, os corajosos Legionários da Boa Vontade e Cristãos do Novo Mandamento, Amigos de Jesus, batalharam dia e noite para finalmente realizar esse sonho do saudoso Irmão Zarur, que, em 1926, imaginou um lugar onde qualquer criatura fosse bem recebida e pudesse entrar sem ser importunada na porta com perguntas constrangedoras. E o Irmão Paiva teve a valentia de idealizar e concretizar tal anseio, com a imprescindível ajuda do povo, inaugurando a Pirâmide das Almas Benditas, a Pirâmide dos Espíritos Luminosos, em Brasília/DF, Brasil, em 21 de outubro de 1989 — exatos dez anos após o desenlace físico do Presidente-Fundador da LBV. Não foi nada fácil, sendo uma verdadeira saga heroica, com as maiores adversidades, mas foi vencida com o Amparo de Jesus!

Diante desse espírito de vitória do Cristo — que reveste o Templo da Paz e, portanto, deve permear o Templo do Deus Vivo, que somos nós —, desejamos a todos um excelente estudo e vivência dos Excelsos Ensinamentos do Divino Mestre na Sua Carta à Igreja em Pérgamo.

AS SETE IGREJAS DA ÁSIA

INTRODUÇÃO ÀS SETE IGREJAS DA ÁSIA

Academia Jesus, o Cristo Ecumênico, o Divino Estadista — *Para iniciarmos nosso estudo sobre cada Carta de Jesus às Igrejas que estão na Ásia, Paiva Netto nos convida a compreendermos, em Espírito e Verdade, à luz do Novo Mandamento do Cristo, o extenso significado dessas Sublimes Mensagens do Divino Pegureiro a toda a humanidade. Em suas prédicas para os Simples de Coração, ele nos recorda do que João, o Evangelista-Profeta, descreve acerca do contexto em que ele se encontrava quando recebeu, por intermédio de um Anjo, a Revelação de Jesus:*

> 9 *Eu, João, irmão vosso e companheiro na tribulação, no reino e na perseverança, em Jesus,* ***encontrei-me na ilha chamada Patmos, por causa da Palavra de Deus e do Testemunho de Jesus Cristo.***

> 10 ***Achei-me em Espírito, no Dia do Senhor,***
> *e ouvi por detrás de mim* ***uma grande voz, como***
> ***de trombeta,***
> 11 *que me dizia:* ***O que vês escreve em livro***
> ***e manda às Sete Igrejas que estão na Ásia:***
> ***Éfeso, Esmirna, Pérgamo, Tiatira, Sardes,***
> ***Filadélfia e Laodiceia.***
>
> (Apocalipse, 1:9 a 11)

A ilha de Patmos tem aproximadamente 16 quilômetros de comprimento e estava distante cerca de 100 quilômetros de Éfeso, a primeira comunidade citada nas Luminosas Missivas. Conforme aprenderemos, a ordem das mensagens não é aleatória. Elas abrangem uma sequência espiritual, moral e geográfica, que esta Grande Voz, que é Jesus, dita. Ao olharmos para o mapa da região, notamos que as Igrejas se situam na rota das principais estradas do Império Romano, facilitando a transmissão das Diretrizes Celestes expressas pelo Divino Provedor a cada localidade. Elas também configuram um ciclo no sentido horário, que se inicia em Éfeso, percorre as demais cidades, se encerra em Laodiceia e recomeça em Éfeso. O formato de Carta era um modo muito usual e eficaz de comunicação à época — tempos bem diferentes de hoje, com tantos avanços tecnológicos e inúmeros meios de velozmente se difundir um aviso.

Na popular série radiofônica "O Apocalipse de Jesus para os Simples de Coração", ***Paiva Netto*** *aclara nossa visão sobre o amplo sentido de Igreja:*

Quanto ao conceito de Igreja

Quando o Apocalipse se refere a Igrejas, não se pode imaginar que sejam os veneráveis templos de pedra aos quais estamos acostumados a admirar. Naquele período, o que existia eram pequenas congregações que geralmente se formavam em lares, por afinidade ao Santo Evangelho do Cristo. Com o passar dos anos, elas iam crescendo, com mais e mais corações sendo tocados pela Palavra de Deus.

Alziro Zarur

O saudoso Proclamador da Religião do Terceiro Milênio, Irmão Alziro Zarur (1914-1979), nas suas pregações, citava os versículos iniciais da Epístola de Paulo a Filêmon (1:1 a 3), para ilustrar esse ponto:

Paulo Apóstolo

> [1] *Paulo, prisioneiro de Cristo Jesus, e o irmão Timóteo, ao amado Filêmon, também nosso colaborador,*
>
> [2] *e à irmã Áfia, e a Arquipo, nosso companheiro de lutas,* ***e à igreja que está em tua casa,***

Timóteo

[3] Graça e paz a vós outros, da parte de Deus, nosso Pai e do Senhor Jesus Cristo.

Então, Igreja aqui são esses agrupamentos, isto é, as partes dos diversos redis que virão a se consolidar no Rebanho Ecumênico de Nosso Senhor Jesus Cristo. Daí a Religião do Amor Universal ter criado as suas Igrejas Familiares[9], que são de supremo valor para a nossa segurança durante os momentos críticos da grande transformação que já está sobre a Terra, porque os Tempos chegaram. Diante disso, o que somos nós aqui agora reunidos em torno dessa análise fraterna e ecumênica? **Somos uma Igreja de Jesus!** Já lhes afirmei que **o altar preferido por Deus para Seu culto é o coração e a mente humanos**.

Onde estão as Sete Igrejas na atualidade?

Academia Jesus, o Cristo Ecumênico, o Divino Estadista *— No primeiro século da Era Cristã, quando o Evangelista-Profeta João transcreveu tudo o que viu e ouviu, existiam mais do que Sete Igrejas na Ásia Menor. Será que as instruções de Jesus foram endere-*

---

[9] **Igrejas Familiares da Religião Divina** — No primeiro volume das *Sagradas Diretrizes Espirituais da Religião de Deus, do Cristo e do Espírito Santo* (1987), de autoria de Paiva Netto, recorram à leitura do subtítulo "Igrejas Familiares no Lar".

çadas somente àquelas comunidades do Cristianismo nascente? Evidentemente que não!

O Presidente-Pregador da Religião do Amor Universal chama a atenção para o fato de que

O Cristo não mandaria um recado tão especial de salvação das Almas — de lições para nos conduzirmos direito na vida, sobrevivermos às lutas diárias — exclusivamente para os povos daquelas pequenas cidades. Elas hoje seriam até minúsculas perto desses portentos que existem, com milhões de habitantes. Logo, também com uma infinidade de problemas de ordem social para serem resolvidos, a partir do Espírito.

No entanto, Jesus escolheu estas localidades específicas para retratar coletivos universais, destinando-lhes, em qualquer tempo, a Sua Palavra de Amor Fraternal. Por essa razão, na atualidade, elas vão muito além do relato verdadeiro da conduta daqueles grupos, que tiveram o seu propósito histórico. Cada uma dessas Igrejas possui um significado que é dinâmico e representa, no passar dos séculos, estágios de progresso do comportamento espiritual-humano que transcendem as comunidades cristãs, porque o Libertador Divino se dirige a todos os povos e nações.

Ressalte-se que sete é um número simbólico, sendo considerado por alguns estudiosos como o da perfeição.

Esse algarismo também caracteriza sete ciclos temporais proféticos que se repetem sucessivamente ao longo do tempo na História do planeta. No presente, estamos enquadrados na Igreja de Laodiceia, que é a Igreja do Fim dos Tempos ou do Juízo Final. Entretanto, devemos nos esforçar para viver sob as benesses da abrangência da Igreja de Filadélfia, a do Amor Fraternal.

Carregamos as próprias Igrejas em nosso íntimo

Academia Jesus, o Cristo Ecumênico, o Divino Estadista — *Em* Somos todos Profetas *(1991),* ***Paiva Netto*** *explicitou que*

As Sete Igrejas da Ásia igualmente simbolizam os diversos graus de entendimento e vivência espiritual em que se encontra cada ser humano, de acordo com sua afinidade de sentimento. Na verdade, elas existem, em diferentes gradações, dentro de nós mesmos. Nelas, Jesus aponta qualidades e defeitos, advertindo, pedindo fidelidade e exortando à prática das Boas Obras originárias da Fé Realizante[10].

[10] **Fé Realizante** — É aquela que, seguindo o exemplo de Jesus, realiza Boas Obras e se opõe à fé ociosa, egoística. Ela é o Terceiro dos Quatro Estágios Progressivos e Divinizantes da Fé, conforme define a Religião de Deus, do Cristo e do Espírito Santo: 1) Fé Raciocinada (Allan Kardec);

As áreas do saber espiritual-humano

Por conseguinte, cada comunidade da Ásia indica as várias etapas da evolução espiritual da humanidade. Isso não quer dizer que esse avanço esteja restrito à Religião. Pelo contrário, a Doutrina do Cristo inspira também o desenvolvimento nos terrenos da Economia, da Política, da Filosofia, da Ciência, da Arte, do Esporte, da Educação, da Saúde, do Trabalho e assim por diante, mas tudo partindo da imprescindível Espiritualidade Ecumênica, que é **a Ética Divina iluminando a ética humana**. Ademais, o recado de nosso Mestre demonstra que o Mundo Espiritual permeia o material, prepondera sobre ele e governa seu destino.

Ásia — o útero das Religiões

Portanto, a Mensagem de Jesus às Sete Igrejas da Ásia, **o útero das Religiões do mundo** e campo de origem e experiência de muitas ideologias, fala a todos os planos do conhecimento espiritual e humano. Daí ser tão abrangente a pregação da Religião Divina, a ponto de expressar que o Rebanho Ecumênico do

---

2) Fé Raciocinante (Alziro Zarur); 3) Fé Realizante (Paiva Netto); e 4) Fé que Diviniza, ou Divinizante (Paiva Netto). Conheça mais sobre esses vanguardeiros conceitos lendo o primeiro volume das *Sagradas Diretrizes Espirituais da Religião de Deus, do Cristo e do Espírito Santo* (1987) e o capítulo "Os Estágios Progressivos e Divinizantes da Fé", no segundo volume da referida coleção, de autoria do escritor Paiva Netto.

Cristo de Deus não é formado apenas por seres encarnados e desencarnados, mas igualmente por aquilo que produzem de bom e que são eles em sua essência, na Religião, na Ciência, na Política, na Filosofia, na Arte, no Esporte, na vida doméstica, na pública etc. Todos esses ramos do saber são ovelhas que o Boníssimo Pegureiro apascenta para Seu redil universalista. Com efeito, isso inclui seus pensamentos, a parte boa, o aproveitável, aquilo que está em consonância com a Verdade de Deus, que promove a Liberdade Espiritual e Humana, como ensina Jesus: *"Conhecereis a Verdade* [de Deus], *e a Verdade* [de Deus] *vos libertará"* (Evangelho, segundo João, 8:32).

Essa parte apreciável sempre ouvirá a palavra amiga do Cristo, porque se afina com a Sabedoria Celeste, que redime a criatura.

VISÃO GERAL DAS SETE IGREJAS DA ÁSIA

Academia Jesus, o Cristo Ecumênico, o Divino Estadista *— A compreensão dos ensinamentos contidos nas Sete Igrejas da Ásia é essencial para aplicarmos o discernimento do Apocalipse aos nossos dias. Elas demonstram como Jesus nos avalia e nos orienta diante dos desafios e das oportunidades do nosso tempo, se quisermos ouvir-Lhe as admoestações.*

Paiva Netto *sintetiza para todos nós a Sabedoria Augusta eternizada nessas Cartas de Esperança:*

O galardão, as promessas, as quedas, as remissões

Fica evidente que o Sublime Pedagogo deste planeta nos conhece por dentro e por fora: **sonda rins e corações** (Apocalipse, 2:23); que Ele pesa os nossos atos e intentos: **conhece as nossas obras** (Apocalipse, 2:2). O Divino Amigo nos acolhe com o Amor Eterno e Incondicional: **nos amou e nos libertou dos nossos pecados com o Seu sangue** (Apocalipse, 1:5); nos corrige com uma disciplina sábia e fraterna, ainda que enérgica: **repreende e castiga a todos quantos ama** (Apocalipse, 3:19); e nos convida ao arrependimento e à comunhão com Ele: **está à porta e bate** (Apocalipse, 3:20).

As Missivas endereçadas às Igrejas da Ásia exaltam a Resplandecente Face e a Excelsa Majestade do Supremo Comandante da Terra, que nos capacita com a Sua Graça e com o Seu Poder: **nos constituiu reino e sacerdotes para o Seu Deus e Pai** (Apocalipse, 1:6); nos abre as portas que ninguém pode cerrar: **é Aquele que tem a chave de Davi, que abre, e ninguém fecha, e que fecha, e ninguém abre** (Apocalipse, 3:7); nos protege dos momentos de prova que atingirão a humanidade: **Eu te guardarei da hora da tormenta que há de vir sobre o mundo inteiro** (Apocalipse, 3:10).

As Cartas às Igrejas da Ásia manifestam igualmente que o Provedor Justo nos recompensa com a Sua Glória e a Sua Eterna Herança: **nos dará a coroa da vida** (Apocalipse, 2:10) e **nos fará colunas do Templo de Seu Pai** (Apocalipse, 3:12); nos oferta um alimento perene: **o maná escondido** (Apocalipse, 2:17) e a **Árvore da Vida Eterna, que produz doze frutos, um para cada mês** (Apocalipse, 2:7; e 22:2); nos afasta do sofrimento mais atroz: **de nenhum modo, sofreremos o dano da segunda morte** (Apocalipse, 2:11); permite que exerçamos o poder justo: **nos dá autoridade sobre as nações** (Apocalipse, 2:26).

Prestar fidedigno testemunho dos ensinamentos do Cristo encaminhados às Suas Igrejas nos habilita — se perseverantes formos aos compromissos assumidos nos Céus — a **trajar as vestes brancas e ter o nome inscrito no Livro da Vida Eterna** (Apocalipse, 3:5), **ter escrito sobre si o nome de Deus e o nome da Cidade Divina** (Apocalipse, 3:12) e **se assentar com Ele no Seu trono de glória** (Apocalipse, 3:21).

Meu Deus! Quantas benesses!

Jesus escolheu estas localidades específicas [as Igrejas] para retratar coletivos universais, destinando-lhes, em qualquer tempo, a Sua Palavra de Amor Fraternal. (...) Cada uma dessas Igrejas possui um significado que é dinâmico e representa, no passar dos séculos, estágios de progresso do comportamento espiritual-humano que transcendem as comunidades cristãs, porque o Libertador Divino se dirige a todos os povos e nações.

BREVIÁRIO

***Academia Jesus, o Cristo Ecumênico, o Divino Estadista** — Neste breviário sobre as Sete Igrejas da Ásia, **Paiva Netto** nos oferece uma síntese com as principais características destacadas pelo próprio Cristo a respeito de cada uma delas:*

Éfeso: a Igreja do retorno à Primeira Caridade
(Apocalipse, 2:1 a 7)

Após se apresentar como Aquele que conserva na mão direita as sete estrelas e que anda no meio dos sete candeeiros de ouro, Jesus reconhece as qualidades dos Seus adeptos em Éfeso. Em especial, a perseverança nas provações e a capacidade de perceberem que havia no círculo social deles alguns que se diziam apóstolos, mas não eram. A principal advertência do Cristo é para o fato de terem abandonado a Primeira Caridade. Ele, então, os exorta a se arrependerem e voltarem à prática das primeiras obras. Caso contrário, removeria o candeeiro deles, isto é, perderiam a Luminosidade Espiritual. Ao vencedor — ou seja, a todo aquele que alcança a vitória em Cristo Jesus —, a promessa de comer dos frutos da Árvore da Vida Eterna, que se encontra no paraíso de Deus.

Esmirna: a Igreja do sacrifício
(Apocalipse, 2:8 a 11)

Nesta Igreja, o Excelso Benfeitor não dará destaque a nenhuma repreensão, pois preparará Seus seguidores para momentos de extremo sacrifício que viriam pela frente. Ele se revela como o Primeiro e o Último, que esteve morto e tornou a viver, e exalta a riqueza espiritual que aquelas Irmãs e aqueles Irmãos conquistaram. Traz Seu incentivo e conforto diante da tribulação de dez dias, que os colocaria à prova, por má ação daqueles que se intitulam apóstolos, mas não são, aos quais Ele chama de templo de satanás. Mas promete a coroa da vida aos que, até à morte, se mantivessem fiéis. Com isso, o vencedor jamais passará pelo dano da segunda morte, a espiritual.

Pérgamo: a Igreja do combate à corrupção espiritual
(Apocalipse, 2:12 a 17)

Aqui, a Mensagem de Jesus é sobre o combate à corrupção espiritual. O Sublime Estratego é anunciado como Aquele que tem a espada afiada de dois gumes. Ele reconhece que a Igreja vive onde está o trono de satanás, ou seja, em meio à idolatria, à devassidão e à maldade humana. O Divino Pedagogo a lisonjeia por não negar o Seu Nome nem a Sua Fé, mesmo quando Ântipas, uma das Suas fiéis testemunhas, foi martirizado. Entretanto, Jesus repreende-a por tolerar alguns que seguiam as doutrinas de Balaão e dos nicolaítas, que induziam o povo a comer coisas sacrificadas aos ídolos e a praticar a luxúria. O Chefe Supremo ordena a todos que se arrependam desses costumes. Senão, Ele viria em breve e pelejaria contra eles com a espada da Sua boca. Ao vencedor o Mestre assegura o maná escondido e uma pedrinha branca, com um nome novo escrito sobre ela, que ninguém conhece, exceto aquele que o recebe.

Tiatira: a Igreja impenitente
(Apocalipse, 2:18 a 29)

Para Tiatira, Jesus se mostra com Sua Força e Autoridade Divina: o Filho de Deus, que tem os olhos como chama de fogo e os pés semelhantes a bronze polido. Em Sua Carta, Ele a saúda por suas ações de Caridade e Perseverança, sendo as recentes obras mais numerosas que as anteriores. Porém, a reprova por tolerar a má influência de uma falsa profetisa, chamada Jezabel, que seduzia os servos de Deus a praticarem a idolatria e a prostituição de toda espécie. O Irrepreensível Juiz declara que a julgaria e sentenciaria, bem como aos seus seguidores, com grande tribulação. Isso porque lhes deu tempo para que fizessem penitência de suas torpezas, todavia mantiveram postura malsã. Jesus exorta os demais membros dessa Igreja, os que não seguem essa enganadora doutrina, a continuarem firmes na Fé e na Verdade, e garante que não irá impor sobre eles outra carga. Ao vencedor concederá autoridade e poder sobre as nações e a Estrela da Manhã (a Estrela Dalva) — o próprio Cristo de Deus.

Sardes: a Igreja que estava morta
(Apocalipse, 3:1 a 6)

Esta é uma das mais severas advertências de Jesus, demonstrando a necessidade de se manter viva a Fé Realizante, evitando a superficialidade espiritual. O Fiel Administrador aparece como Aquele que possui os Sete Espíritos de Deus e as sete estrelas. Ele denuncia que Sardes se disfarça sob uma grande mentira: diz que tem nome de que vive, mas está morta. Ou seja, é aparentemente piedosa, no entanto as obras que pratica espelham uma realidade diferente, tanto que o Cristo afirma que elas não são íntegras diante de Deus. Por isso, lhe ordena que se lembre da Palavra Divina, que recebeu e ouviu, e se corrija. Caso contrário, se não houver vigilância, Ele virá como um ladrão, isto é, se levantará contra aquele povo sem prévio aviso. Contudo, o Bondoso Amigo reconhece haver alguns nessa cidade que não contaminaram as suas vestiduras e exalta aqueles que persistiram na fidelidade. Ao vencedor, Jesus promete cingi-lo de vestes brancas e não apagar seu nome do Livro da Vida Eterna, confessando o nome dele diante do Pai Celestial e de Seus Anjos.

Filadélfia: a Igreja do Amor Fraternal
(Apocalipse, 3:7 a 13)

Trata-se da mais encorajadora das Sete Cartas do Cristo. Esse é o estado espiritual a que todos devemos nos integrar plenamente. Jesus é o Santo, o Verdadeiro, Aquele que tem a chave de Davi, que abre, e ninguém fecha, e que fecha, e ninguém abre. É o Poder Soberano de descerrar os bons caminhos. Ele a elogia por ter guardado a Sua Palavra e não ter negado o Seu Nome, mesmo tendo pouca força. O Governante Celeste coloca diante dela uma porta aberta, que ninguém pode fechar, ou seja, uma oportunidade sem igual de avançar e pregar o Santo Evangelho, expandindo o Reino de Deus entre os povos. O Cristo Ecumênico, o Sublime Estadista, diz que fará com que aqueles que são templo de satanás, que se dizem apóstolos, mas não são, venham, se prostrem aos pés daquela Igreja e reconheçam que Jesus a ama. Ele encoraja a todos a perseverarem, guardarem o que têm, para que ninguém lhes tome a coroa, protegendo-os durante a tormenta que há de vir sobre o mundo inteiro. Ao vencedor fará coluna permanente do Templo de Deus e escreverá sobre ele o nome do Seu Deus, o nome da cidade do Seu Deus e o Seu Novo Nome.

Laodiceia: a Igreja do Fim dos Tempos
(Apocalipse, 3:14 a 22)

Também costumo chamá-la de a Igreja do Juízo Final, ou ainda a Igreja da porta fechada. Por isso, a Mensagem do Cristo a ela é muito austera. Ele se apresenta como o Amém, a Testemunha Fiel e Verdadeira, o Princípio da Criação de Deus. Afirma que aquela comunidade é morna, nem fria nem quente, e que Ele está prestes a vomitá-la da Sua boca. Ela se julga rica, abastada e que não precisa de coisa alguma, dentro da mais completa soberba. Todavia, na verdade, Ele a tem como miserável, pobre, cega e nua. O Senhor da Sabedoria aconselha a todos a comprar Dele ouro refinado pelo fogo, a trajar vestes brancas e a ungir os olhos com o colírio que Ele oferece, ou seja, a buscar viver a Fé genuína, a Justiça Perfeita, bem como os verdadeiros valores espirituais, portanto eternos. Jesus diz que repreende e castiga a quem ama, convidando a comunidade a se arrepender. O Hóspede Celeste está à porta e bate, então humildemente pede que a abramos para Ele entrar e cear conosco. Ao vencedor, a Promessa do Cristo de se assentar com Ele no Seu trono de glória, da mesma forma que Ele venceu e se sentou com o Pai Celestial no Seu trono de glória.

CARTA DE JESUS À IGREJA EM PÉRGAMO

CARTA DE JESUS À IGREJA EM PÉRGAMO

(Apocalipse, 2:12 a 17)

12 Ao Anjo da Igreja em Pérgamo escreve:
Estas coisas diz Aquele que tem a espada afiada de dois
gumes:
13 Conheço o lugar em que habitas, onde está o trono de
satanás, e que conservas o meu nome e não negaste a mi-
nha fé, ainda nos dias de Ântipas, minha fiel testemunha,
o qual foi morto entre vós, onde satanás habita.
14 Tenho, todavia, contra ti algumas coisas, pois que
tens aí os que sustentam a doutrina de Balaão, o qual
ensinava a Balaque a armar ciladas diante dos filhos de
Israel, para que comessem coisas sacrificadas aos ídolos e
praticassem a prostituição.
15 Outrossim, tens aí também os que da mesma forma
sustentam a doutrina dos nicolaítas.
16 Portanto, arrepende-te; porque, se não, virei sem de-
mora contra ti e pelejarei contra eles com a espada da
minha boca.

17 Quem tem ouvidos de ouvir ouça o que o Espírito diz às Igrejas do Senhor. Ao vencedor Eu darei do maná escondido, bem como uma pedrinha branca, e sobre ela escrito um nome novo, que ninguém conhece, exceto aquele que o recebe.

TESTEMUNHAR JESUS NO FIM DOS TEMPOS

(Parte 1)

***Academia Jesus, o Cristo Ecumênico, o Divino Estadista** — Aqui tem início nosso estudo de mais uma essencial Carta do Sábio dos Milênios às Suas Igrejas na Ásia. Antes, porém, de entrarmos em uma análise mais aprofundada feita pelo Presidente-Pregador da Religião Divina, versículo a versículo, das lições de Jesus aos cristãos de Pérgamo, apresentamos belíssimo documento apostólico de Paiva Netto endereçado a todos os Cristãos do Novo Mandamento, Amigos de Jesus, da Terra e do Céu da Terra. Ele foi escrito em 8 de julho de 1989, pouco mais de três meses antes da inauguração do Templo da Boa Vontade — a Sede Espiritual da Religião do Terceiro Milênio, em Brasília/DF. Vocês poderão notar que ele abre essa histórica circular destacando palavras de júbilo espiritual* *transcritas, para surpresa de muitos, no Apocalipse. É com elas, pois, que rogamos aos Céus as Bênçãos a cada leitora e a cada leitor que se junta a nós em mais uma jornada pelas páginas desta obra.*

*Vamos ao texto de **Paiva Netto**, acrescido de comentários posteriores feitos pelo autor.*

As Sete Bem-Aventuranças do Apocalipse de Jesus

A Religião de Deus, do Cristo e do Espírito Santo tem demonstrado que o Apocalipse não é um compêndio de danações, como muitos ainda pensam. Pelo contrário, apesar do registro que traz dos corretivos cármicos que a própria humanidade plantou e que deve colher integralmente neste encerramento de ciclo, ele singulariza toda a felicidade para aqueles que perseverarem até o fim:

> — *Sê fiel até à morte, e Eu te darei a coroa da vida* (Apocalipse de Jesus, 2:10).

O Livro da Revelação apresenta passagens de tal encantamento, que são capazes de erguer o Espírito do mais combalido dos seres humanos.

Um exemplo disso é que não somente o Evangelho de Jesus registra Bem-Aventuranças, como as do

Sermão da Montanha. Os estudiosos do Apocalipse também as encontram nas suas páginas iniciáticas e totalmente decifráveis aos que têm *"olhos de ver e ouvidos de ouvir"*[11]:

Primeira

— *Bem-aventurados aqueles que leem e aqueles que ouvem as palavras da profecia deste Livro e guardam as coisas nele escritas, pois o Tempo está próximo* (1:3).

Segunda

— *Então, ouvi uma voz do Céu, que me dizia: Escreve: Bem-aventurados os mortos que, desde agora, morrem no Senhor. Doravante, diz o Espírito, que descansem das suas fadigas, pois as suas obras os acompanham* (14:13).

Terceira

— *Eis que venho como vem o ladrão. Bem-aventurado aquele que vigia e guarda as suas vestiduras,*

---

[11] ***"Olhos de ver e ouvidos de ouvir"*** — Encontramos essa expressão no Corão Sagrado, 32ª Surata:12: *"(...) Ó Senhor nosso, agora temos olhos de ver e ouvidos de ouvir (...)"*. Também no versículo 8 do capítulo 8 do Evangelho de Jesus, segundo Lucas, podemos ler: *"(...) Quem tem ouvidos de ouvir ouça"*; e no Apocalipse, 2:17: *"Quem tem ouvidos de ouvir ouça o que o Espírito diz às Igrejas do Senhor. Ao vencedor Eu darei do maná escondido, bem como uma pedrinha branca, e sobre ela escrito um nome novo, que ninguém conhece, exceto aquele que o recebe"*.

para não andar nu, e não se veja a sua vergonha (16:15).

Quarta

— *Então, me falou o Anjo: Escreve: Bem-aventurados aqueles que são chamados à ceia das bodas do Cordeiro. E acrescentou: São estas as verdadeiras Palavras de Deus* (19:9).

Quinta

— *Bem-aventurados e santos aqueles que têm parte na primeira ressurreição. Sobre esses a segunda morte não tem autoridade; pelo contrário, serão sacerdotes de Deus e de Cristo Jesus, e reinarão com Ele os mil anos*[12] (20:6).

Sexta

— *E prometeu o Cristo: Eis que venho sem demora. Bem-aventurado aquele que guarda as palavras da profecia deste Livro* [porque o Tempo está próximo] (22:7).

---

[12] **Nota de Paiva Netto**

Os mil anos — Essa questão do sacerdócio com Jesus durante mil anos já provocou muita polêmica estéril. Necessário se faz que possamos entrar na dimensão do Dia do Senhor e tudo se esclarecerá. No livro *Somos todos Profetas* (1991), abordamos o tema com maior profundidade.

Sétima

— *Bem-aventurados aqueles que lavam as suas vestiduras no sangue do Cordeiro de Deus, para que lhes assista o direito à Árvore da Vida Eterna, e para entrarem na cidade pelas portas* (22:14).

Evangelista Lucas

Jesus, no Evangelho, segundo Lucas, 11:28, corrobora as Suas Bênçãos no Apocalipse ao fraternalmente advertir:

— *Bem-aventurados os que ouvem a Palavra de Deus e a guardam.*

Ora, que é o Apocalipse? **A Palavra de Deus de alertamento aos Seus fiéis quanto aos fatos futuros, consequência da boa e da má semeadura da humanidade:**

— *Revelação de Jesus, o Cristo, que Deus Lhe deu para mostrar aos Seus servos as coisas que em breve devem acontecer (...)* (Apocalipse, 1:1).

Junta-se a esse outro versículo que diz:

— *o Testemunho de Jesus, o Cristo, é o espírito de profecia* (Apocalipse, 19:10).

Ora, Jesus é Um com o Pai Celestial.

O Livro das Profecias Finais contém diversas e fraternas convocações à Perseverança, à Fé Realizante, às Boas Obras, à Oração, à Vigilância e à Obediência à mais elevada Ética:

Perseverança e Fé Realizante

— *Conheço as tuas obras, assim o teu labor, como a tua perseverança, e que não podes suportar os maus, e que puseste à prova os que a si mesmos se declaram apóstolos e não são, e os achastes mentirosos; e tens perseverança, e suportaste provas por causa do meu nome, e não te deixaste esmorecer* (2:2 e 3).

Fé

— *Aqui está a perseverança dos Santos, os que guardam os mandamentos de Deus e a fé em Jesus* (14:12).

Boas Obras

— *E repete o Cristo: Eis que venho sem demora, e comigo está o galardão que tenho para retribuir a cada um segundo as suas próprias obras* (22:12).

Oração

— *Veio outro Anjo e ficou de pé junto ao altar, com um incensário de ouro, e foi-lhe dado muito incenso para oferecê-lo com as orações de todos os Santos sobre o altar de ouro que se acha diante do trono* (8:3).

— *e, quando tomou o livro, os quatro seres viventes e os vinte e quatro anciãos prostraram-se diante do Cordeiro, tendo cada um deles uma harpa e taças de ouro cheias de incenso, que são as orações dos Santos* (5:8).

Vigilância

— *Sê vigilante e consolida o restante que estava para morrer, porque não tenho achado íntegras as tuas obras na presença do meu Deus* (3:2).

Obediência à Ética Divina

— *Lembra-te, pois, de onde caíste, arrepende-te e volta à prática das primeiras obras; se não, virei a ti e moverei do seu lugar o teu candeeiro, caso não te arrependas* (2:5).

— *Aqueles a quem amo, repreendo e castigo. Sê, pois, zeloso e arrepende-te já* (3:19).

TESTEMUNHAR JESUS NO FIM DOS TEMPOS

(Parte 2)

As Normas do Governo de Jesus no Apocalipse

Eis por que o Proclamador da Religião do Amor Universal, o Irmão Alziro Zarur, insistia em afirmar que

> — *quem não souber Apocalipse não poderá governar nem mesmo o seu próprio quintal.*

No Livro das Profecias Finais, encontramos os estatutos para o nosso comportamento coletivo. Por exemplo: um político que queira governar sua pátria, neste encerramento de ciclo apocalíptico e no terceiro milênio, não poderá fazê-lo bem se não aprender o valor da Perseverança, da Fé, da prática das Boas Obras, da Oração, da Vigilância e de outros elevados princípios estabelecidos de uma forma diferenciada pelo Cristo no Apocalipse. E o mesmo valerá para o cientista, o filósofo, o economista, o professor, o sacerdote, o comunicador, o administrador, o artista, o desportista etc., em suas áreas de atuação. Todos necessitam, com urgência, conhecer e vivenciar os mecanismos universais das Normas Divinas, independentemente de crenças e descrenças.

Os futuros líderes não deverão ignorar, entre outros conceitos, o que significa a encarnação do Verbo. Jesus Ecumênico é o Verbo, a Palavra de Deus feita visível entre nós. Eles terão de aprofundar-se, mais dia, menos dia, nas **Leis do Governo do Supremo Comandante deste orbe**, contidas em toda a Escritura Sagrada, principalmente no Seu Evangelho-Apocalipse[13], com fins pedagógicos para a melhoria de vida de todos. Além disso, eles precisarão ter perfeita consciência de que o Mundo Espiritual é uma realidade, conforme registrei em "A abrangente missão do Templo da Boa Vontade"[14].

---

[13] **Nota de Paiva Netto**

Evangelho-Apocalipse do Cristo — Assim reunidos e chamados por Alziro Zarur (1914-1979), Proclamador da Religião de Deus, do Cristo e do Espírito Santo.

[14] **A abrangente missão do Templo da Boa Vontade** — Trechos dessa página serão comentados ao longo do livro e a transcrição completa consta da edição revista e ampliada do segundo volume das *Sagradas Diretrizes Espirituais da Religião de Deus, do Cristo e do Espírito Santo* (1990).

Profecia não é susto, mas expressão das Leis Divinas e suas consequências

É urgente reformar o conceito de Profecia, que para muitos é a mera anunciação de eventos que se darão num futuro próximo ou distante, porquanto ela trata também da **consolidação dos fatos previstos pelo Poder de Deus nas sociedades humana e espiritual**, isto é, da Terra e do Céu da Terra.

Da maneira pela qual alguns se referem à Profecia, ela não passa de um susto, a criação de uma grave expectativa para a humanidade, que nem sempre se consuma de acordo com os seus analistas, mesmo os mais conceituados. No entanto, **ela é decisão matemática da Lei Divina, resultante do comportamento humano**: o que vai influir sobre a nossa vida, a da nossa família, a da nossa cidade, do nosso Estado, do nosso país e do mundo, afinal.

O saudoso Zarur costumava explicar, com lógica cristalina, que *"a Lei Divina, julgando o passado, determina o futuro de homens, povos e nações"*.

Nada mais exato. Vamos, portanto, acabar com essa história de que Profecia é um assombro que Deus quer lançar sobre nós. Alguns pensam assim, porque se apavoram quando Jesus diz que Sua Volta será semelhante a um relâmpago, que corta o horizonte de um lado a outro. Mas o que o Divino Chefe quer dizer é que **devemos estar preparados para recebê-Lo a qualquer momento e em qualquer parte do planeta**. Nada mais, nada menos.

O retorno do Cristo à Terra é uma Profecia, por sinal o maior de todos os vaticínios, e seu cumprimento resultará na mais profunda transformação que o orbe já atravessou. Por isso, temos de estudar as Profecias com vistas à **nossa própria reforma interior**, de modo a nos comportarmos em sintonia com elevados princípios nesta era novíssima anunciada no Último Livro da Bíblia Santa, um mundo renovado, com Novo Céu e Nova Terra.

O Redentor Apocalipse conforta os corações

Agora vemos que **o Apocalipse de Jesus não apavora ninguém**, pelo contrário: **quanto conforto ele traz aos corações**! Se não tivéssemos iniciado a pregá-lo para o povo, muitos talvez nunca percebessem isso.

Tanto ouvimos o Irmão Zarur afirmar que ***"o Apocalipse é o Evangelho Moderno"***[15], que assimilamos esse seu modo de pensar de tal forma que é como se nos ligássemos diretamente à tomada da Sabedoria de Deus. Estou me sentindo realizado neste meu esforço, pois reparo a sua grande ressonância nas Almas dos Simples de Espírito.

[15] Nota de Paiva Netto

Zarur: *"O Apocalipse é o Evangelho Moderno"* — Realmente, porque o Evangelho significa Boa Nova. Ora, o Apocalipse anuncia a Volta Triunfal do Cristo de Deus à Terra. Haverá melhor notícia que essa?

Nas reuniões despretensiosas que realizamos na Religião do Amor Universal, estamos justamente trabalhando para que **as mentes se abram ao tesouro espiritual impresso no Apocalipse**, pois nele, mais do que em qualquer outra parte das Escrituras Sagradas, encontram-se **as Normas do Governo de Jesus**!

O Apocalipse é também um livro profético, colocando-se num patamar além do alcançado pelos Profetas do Antigo Testamento: **situa-se adiante deles, em plano mais avançado**, porque **cuida clara e abertamente da Volta Triunfal do Cristo de Deus**:

> — *Eis que Jesus vem com as nuvens, e todos os olhos O contemplarão, até mesmo aqueles que O traspassaram. E todas as nações da Terra se lamentarão sobre Ele. Certamente. Amém!* (Apocalipse, 1:7).

Não se trata de escritos firmados sobre lucubrações humanas, **mas em cima de uma Revelação de Deus-Pai, por meio do testemunho do Cristo (Filho)**, que se vale da **intermediação de um Anjo**, que, sabemos, faz parte **do Espírito Santo**. Isto é, daquele esplêndido coletivo de seres evoluídos, que servem a Jesus no Seu Governo do planeta Terra, que Ele criou por ordem do Pai Supremo. Está no Evangelho do Cristo, segundo João, 1:1 a 5:

A encarnação do Verbo

*1 No princípio era o Verbo, e o Verbo estava com
Deus, e o Verbo era Deus.*
2 Ele estava no princípio com Deus.
***3 Todas as coisas foram feitas por Ele, e sem
Ele nada do que foi feito se fez, Cristo Jesus.***
4 A vida estava Nele, e a vida era a luz dos homens.
*5 A luz resplandece nas trevas, e as trevas não pre-
valeceram contra ela.*

Concluímos, então, o valor extraordinário que têm, para toda a humanidade, a leitura e o entendimento das exortações ao testemunho com que devemos honrar a Jesus e a compreensão das Profecias. Elas não são de homens confusos, por isso armadores de desordens, mas **de Deus**, que não brinca com as Almas, que tirou o Universo do — como podemos dizer — Nada, que é o Tudo, pois o Nada não existe: **com Deus, não se deve brincar**.

O Apocalipse é também um livro profético, colocando-se num patamar além do alcançado pelos Profetas do Antigo Testamento: situa-se adiante deles, em plano mais avançado, porque cuida clara e abertamente da Volta Triunfal do Cristo de Deus.

TESTEMUNHAR JESUS NO FIM DOS TEMPOS

(Parte 3 — final)

Hora de nos definirmos pelo Cristo

O valor transcendental do Apocalipse, para os nossos Espíritos, é tamanho que João, também criatura do Pai Celestial, caiu ao solo como morto ao ver, no meio dos candeeiros, **um semelhante ao Filho de Deus**[16].

Foi uma visão que o Evangelista-Profeta teve do Reino Divino, de onde nos proveio o Apocalipse, com seus relatos do Planejamento Celeste para a elevação do Espírito Eterno do ser humano.

Não se pode, pois, desprezar o Livro das Profecias Finais nem se queixar, como já vimos, de que seja um texto indecifrável, pois **Deus abençoa aqueles que**

[16] Apocalipse, 1:12 a 17.

leem e entendem o seu conteúdo, bem deslindável, portanto[17].

Desejo, neste ponto, ante a riqueza e a salvação que Jesus nos quer proporcionar com o Apocalipse, alertar que **não devemos cair no equívoco dos cristãos da Igreja de Pérgamo**, que, apesar de testemunharem o Sagrado Nome do Divino Mestre e de não terem abdicado da sua Fé, a despeito de perseguição iminente, permitiram que a moral imoral dos pagãos os perturbasse.

Cuidado, minha gente! Os Tempos chegaram!

Quem é de Jesus fique; quem for do mundo, querendo continuar com esses renitentes no erro, não perturbe a nossa marcha batida em direção ao Cristo. Esta é a hora da definição: Jesus ou Barrabás.

Nós, Cristãos do Novo Mandamento, Amigos de Jesus, já nos decidimos pelo Cristo. Por essa razão, estaremos presentes, sem falta, na inauguração do Templo da Boa Vontade, em Brasília/DF, Brasil, em 21 de outubro do corrente ano de 1989 [lembrando que a mensagem é anterior a esse grande acontecimento].

Lá assistiremos à **manifestação da Glória de Deus, do Cristo e do Espírito Santo**, isto é, a **Fraternidade sem fronteiras**, levantando-se para o derradeiro embate contra a trindade do mal: satanás, anti-Cristo e falso profeta. Que vitória é essa? A vingança dos Santos.

---

[17] Apocalipse, 1:3.

Ora, eles se vingam? Vingam-se; porém, não à maneira dos seres humanos odientos, pois, como afirmava Zarur, na explicação do Apocalipse:

> — ***A "vingança" dos Santos é que os pecadores se arrependam.***

Seguindo o exemplo de Deus, que não quer a perdição do pecador, mas a sua salvação, **os Santos desejam que os que são recalcitrantes na maldade caiam em si e se salvem.**

Assistiremos à **Vitória da Trindade do Bem**, finalmente. E receberemos **a recompensa por Jesus prometida ao vencedor**. E mais, de acordo com o que lemos no capítulo 5, versículo 12, desse mesmo Apocalipse:

> — *poder, riqueza, sabedoria, força, honra, glória e louvor,*

advindos do Pai Celestial, pertencentes ao Cristo, pois Jesus não desanimou de cumprir Sua Obra de redenção da humanidade. **Quem quiser merecer tudo isso tem de perseverar até o fim, mesmo!**

Os Cristãos do Novo Mandamento já sabem que, passado o Sexto Selo, rompendo-se o Sétimo, o Livro que estava fechado passa a ser aberto.

Recordem o que sobre isso explicamos, na programação de rádio e TV da Comunicação 100% Jesus[18], e escrevemos em JESUS ESTÁ CHEGANDO![19]: **Soou a hora da Revelação do conteúdo integral do Apocalipse.**

Fica o aviso de que só tomarão conhecimento total dele os que se libertarem do mundanismo atual que polui e corrompe os preciosos valores espirituais do Brasil e da humanidade. Esses merecerão enfronhar-se na revelação final que se dá com o rompimento do Sétimo Selo, o Fim dos Tempos, o Julgamento dos Povos, uma série de acontecimentos terríveis que, como explicou Zarur, modificarão a mentalidade das nações.

O que o Amor não pôde fazer, tão grande é a rebeldia humana, a Dor o realizará, com toda a certeza.

Assistiremos à destruição do anti-Cristo e de suas hostes; ao desenrolar de fatos políticos e fatos político-

---

[18] **Comunicação 100% Jesus** — Atualmente formada pela Boa Vontade TV, pela Super Rede Boa Vontade de Rádio, pelo portal Boa Vontade, pelo aplicativo Boa Vontade Play e pelas revistas BOA VONTADE e JESUS ESTÁ CHEGANDO! Para outras informações, acesse www.BoaVontade.com.

[19] **Revista JESUS ESTÁ CHEGANDO!** — Em 27 de fevereiro de 1982, Paiva Netto lançou a sua primeira edição, durante o Congresso do Amor Universal, realizado em Campinas/SP, Brasil. A publicação não só marcou o começo de uma nova etapa de desenvolvimento doutrinário da Religião de Deus, do Cristo e do Espírito Santo, como também se tornou, nos anos seguintes, fundamental veículo da Comunicação 100% Jesus, tendo seus conteúdos traduzidos para vários idiomas. Acesse www.JesusEstaChegando.com.br.

-guerreiros; à reformulação das crenças humanas que loucamente intentaram colocar-se acima de Deus; veremos a Ressurreição dos mortos, que já se mostram por intermédio das verdadeiras manifestações mediúnicas, paranormais, ou como quiserem chamar; testemunharemos a Volta Gloriosa de Jesus, de acordo com a Sua Promessa:

João Evangelista

> — ***Eu voltarei a vós*** (Evangelho, segundo João, 14:3 e 18),

e ainda, ao toque da Sétima Trombeta (Apocalipse de Jesus, 11:15), presenciaremos o estabelecimento do Reino de Deus na Terra:

> — *O Sétimo Anjo tocou a trombeta, e se ouviram no Céu grandes vozes, dizendo:* ***O reino do mundo se tornou de nosso Deus e do Seu Cristo, e Ele reinará pelos séculos dos séculos****.*

Não percam a oportunidade de serem selados. A hora é esta.

Trata-se de coisa muito séria, para quem realmente queira salvar-se do que vem aí.

E, já!

Todos estaremos presentes, como diz o saudoso Irmão Zarur — neste momento espiritualmente aqui conosco, sofrendo por nós —, pedindo a Jesus que nos fortaleça para o testemunho final, **a que ninguém faltará**!

Ninguém faltará!

* * *

O TBV entronizado nos corações

E assim encerrei a circular de 8 de julho de 1989, que levei ao ar em diversos programas televisivos e radiofônicos, a exemplo da série "Apocalipse para o Povo".

O Templo da Boa Vontade é um farol de fidelidade aos Preceitos Universais Crísticos em meio às confusões e às distrações que arrastam multidões a ruínas incomparáveis. Ele está umbilicalmente ligado às Profecias do Livro da Revelação. Com o seu erguimento na Terra — e o mais importante: com a sua edificação nos corações dos seres humanos, entronizando tudo o que ele representa —, **a Sétima Trombeta continua a soar alto, límpida e forte com sua mensagem de Esperança e Renovação Espiritual**.

Não nos enganemos com as ilusões do momento: mais do que nunca, **é a hora e a vez do Evangelho-Apocalipse de Jesus, com a sua revelação integral**. Os **magnos Assuntos Espirituais** devem ser a **pauta permanente das nossas vidas**, mormente neste encerramento de ciclo apocalíptico. Vejam com olhos de ver

Em 21 de outubro de 1989, Paiva Netto inaugurou, em Brasília/DF, Brasil, o Templo da Boa Vontade (TBV) — Sede Espiritual da Religião de Deus, do Cristo e do Espírito Santo —, com a presença de mais de 50 mil pessoas. Conhecido também como o Templo da Paz, é o polo do Ecumenismo Divino, que proclama o contato socioespiritual entre a criatura e o Criador. Aclamado pelo povo uma das Sete Maravilhas de Brasília, o TBV é o monumento mais visitado da capital federal, conforme dados oficiais da Secretaria de Turismo do Distrito Federal (Setur-DF), e, desde que suas portas foram abertas, recebe anualmente mais de um milhão de peregrinos.

e ouçam com ouvidos de ouvir, porque **até as pedras estão clamando essa realidade por toda a parte**. O Cristo conta com o nosso testemunho, para que se cumpra o que Ele mesmo nos prometeu:

— *Todo aquele que me testemunhar diante dos homens, também Eu o testemunharei diante de meu Pai, que está nos Céus; mas aquele que me negar diante dos homens, também Eu o negarei diante de meu Pai, que está nos Céus* (Evangelho, segundo Mateus, 10:32 e 33).

Revestidos dessa força espiritual, examinemos, em Espírito e Verdade, à luz do Novo Mandamento do Divino Mestre — *"Amai-vos como Eu vos amei. Somente assim podereis ser reconhecidos como meus discípulos"* (Evangelho, segundo João, 13:34 e 35) —, a Sua Mensagem à Igreja em Pérgamo, para aprendermos a sobreviver às provações e testemunhar Jesus no Fim dos Tempos!

Os magnos Assuntos Espirituais devem ser a pauta permanente das nossas vidas, mormente neste encerramento de ciclo apocalíptico. Vejam com olhos de ver e ouçam com ouvidos de ouvir, porque até as pedras estão clamando essa realidade por toda a parte.

CHEGANDO A PÉRGAMO

***Academia Jesus, o Cristo Ecumênico, o Divino Estadista** — Todos vocês que têm acompanhado a publicação desta série já devem ter notado quanto o conhecimento histórico dessas antigas cidades da Ásia agrega lições à nossa contemporaneidade, a partir da revelação de sua mensagem atemporal. É o que nos explica o autor de "O Apocalipse de Jesus para os Simples de Coração".*

***Paiva Netto** esclarece:*

Ao analisar o Livro das Profecias Finais, o saudoso Irmão Alziro Zarur e eu procuramos usar **o método histórico-profético**. Já lhes expliquei, durante minhas palestras de improviso e em *Somos todos Profetas* (1991), do que se trata, mas não custa recordar.

Tal método, também adotado por outros estudiosos, considera o momento histórico para o qual as Profecias foram inicialmente escritas e *pari passu* procura situar as revelações em dimensão mais perene, extraindo o sentido moral para além de uma limitação de Espaço-Tempo[20]. O Divino Chefe da humanidade, Jesus, não desperdiçaria o esforço de transmitir Suas advertências sublimes, deixando-as apenas como referência para um certo tempo e/ou uma determinada região ou povoado. **Suas Palavras de Espírito e Vida são para toda a Eternidade.** Até porque **o Cristo conhece e reconhece cada um dos Seus tutelados aqui na Terra** e sabe que necessitaremos da **Excelsa Bússola de Seus Ensinamentos** a cada ciclo de aprendizado pelo qual passamos.

A Lei Universal da Reencarnação[21] — quer acreditemos nela ou não — **não é castigo divino, mas oportunidade**. Trata-se da **expressão máxima da Justiça e do Amor do Pai Celestial**, representando também os já mencionados ciclos de aprendizado para o nosso crescimento espiritual, moral e ético. Ela nos faz concluir, em

[20] **Espaço-Tempo** — Mais adiante nesta obra traremos elucidativas explicações do escritor Paiva Netto sobre o tema. Porém, é assunto já comentado por ele em diversas obras e artigos de sua autoria, em que explanou acerca da natureza divina do Espaço-Tempo. Leia, por exemplo, o capítulo "A questão espiritual do tempo", do livro *Jesus, o Profeta Divino* (2011), e "Jesus, a Teoria DE Tudo e a Teoria DO Tudo (I e II)", constante de *Jesus, a Dor e a origem de Sua Autoridade — O Poder do Cristo em nós* (2014).

[21] **Reencarnação** — Para se aprofundar no estudo da Lei das Vidas Sucessivas, recomendamos a leitura do subtítulo "Justiça, Lei da Reencarnação e párias", em *Os mortos não morrem* (2018), livro de Paiva Netto.

um raciocínio mais adiantado, que, além dos indivíduos, **as nações também reencarnam**[22], logo muitos aspectos de suas mentalidades e de seus costumes as acompanham aos seus novos paradeiros socioculturais. Lembremos que **o progresso espiritual é gradativo**, seguindo o que defendeu o matemático alemão Leibniz (1646-1716) em sua famosa sentença:

Leibniz

— *Natura non facit saltus*[23] (A Natureza não dá saltos).

As Profecias se realizam em seus tempos históricos, porém não se restringem a eles. Conforme registrei em outras ocasiões, não as consideramos apenas como um aviso de Deus para as criaturas terrenas. Não! Buscamos realçar, sob todos os aspectos, seu **irrestrito conteúdo educativo e cultural**. Se elas não se concretizam,

[22] **As nações também reencarnam** — Para outros esclarecimentos a respeito do tema, leia o primeiro volume das *Sagradas Diretrizes Espirituais da Religião de Deus, do Cristo e do Espírito Santo* (1987), do escritor Paiva Netto, no capítulo "Quanto à sua Fonte Inspiradora: Jesus, o Cristo Ecumênico, o Divino Estadista".

[23] ***"Natura non facit saltus"*** — O pensamento de Leibniz também é encontrado da seguinte forma: *Natura non facit saltum*. A variação de ortografia (*saltus* e *saltum*) exibe uma mera diferença numeral, porque, em latim, o substantivo ***saltus*** — que significa "salto" — pertence à quarta declinação. Assim, seu singular acusativo é ***saltum*** (salto), enquanto seu plural é ***saltus*** (saltos).

de que forma podem ser provadas como inspiração de um Poder Superior? Moisés, o velho legislador hebreu, afirmava que, quando quisermos saber se o profeta é de Deus[24], basta observarmos se aquilo que ele vaticinou se cumpriu.

Por isso, quando descrevemos características históricas e culturais das cidades da Ásia Menor, não configuram mera curiosidade ou demonstração de conhecimento. Elas nos permitem **alargar nossa própria compreensão do recado moral e espiritual do Cristo Ecumênico, o Divino Estadista**, àquelas comunidades cristãs, que estavam inseridas em seus contextos, e transpor tais lições para os dias atuais.

O Excelso Pegureiro precisava se fazer entender por aquelas pessoas que ouviriam Suas admoestações. Essas Fraternas Missivas, portanto, representavam **um alento espiritual** aos Seus seguidores que estavam a todo momento sendo postos à prova pelas contingências da época. E, acima de tudo, Jesus queria que eles se mantivessem fiéis aos Preceitos Crísticos, acertassem na condução das suas vidas e se corrigissem de seus enganos.

[24] **Como saber se o profeta é de Deus?** — Deuteronômio, 18:21 e 22 — *"Se disseres no teu coração: Como conhecerei a palavra que o Senhor não falou? Sabe que, quando esse profeta falar em nome do Senhor, e a palavra dele não se cumprir, nem suceder, como profetizou, esta é palavra que o Senhor não disse; com soberba, a falou o tal profeta; não tenhas temor dele".*

A CAPITAL DE UM IMPÉRIO

Academia Jesus, o Cristo Ecumênico, o Divino Estadista — *A antiga Pérgamo (atual Bergama, na Turquia) foi mais que uma cidade: tornou-se um centro político, religioso, intelectual e cultural na Mísia — região noroeste da Ásia Menor. Para alguns pesquisadores, a palavra está associada a "altura", "elevação", "colina-fortaleza", possivelmente uma referência ao fato de ela estar situada no alto de um monte. A primeira citação que se tem dela está nos escritos do filósofo e historiador ateniense Xenofonte (aprox. 430-354 a.C.), contemporâneo de Platão (aprox. 427-347 a.C.) e discípulo de Sócrates (aprox. 470-399 a.C.). Ele descreve no Livro VII de Anábase ter passado por Pérgamo a caminho de Atenas, retornando da malograda expedição contra a Pérsia, por volta de 370 a.C.*

No entanto, acredita-se que a cidade tenha sido estabelecida no século 7 ou 8 a.C., ainda que há quem argumente que haveria traços da habitação dos hititas no século 14 a.C. Ela fez parte do reino da Lídia, que foi conquistado por Ciro, o Grande (aprox. 600-530 a.C.), no século 6 a.C., integrando o Império Persa, até o domínio de toda essa região por Alexandre Magno (356-323 a.C.), em 334 a.C.

***Paiva Netto**, antes de entrar em suas explicações sobre a Missiva do Cristo a Pérgamo, nos traz importantes informes que nos situam no tempo:*

A dinastia Atálida

Com a morte de Alexandre Magno em 323 a.C., seus territórios foram divididos entre seus generais e Lisímaco (aprox. 360-281 a.C.) tomou a Ásia Menor para si. Ele confiou o governo de Pérgamo — onde teria guardado um tesouro de 9.000 talentos, segundo o historiador grego Estrabão (aprox. 63-24 a.C.) — aos cuidados de Filetero (aprox. 343-263 a.C.).

Muito resumidamente, após o falecimento de Lisímaco, Filetero passou a usar o tesouro para enriquecer a cidade. Sendo um eunuco desde a juventude, adotou seu sobrinho Eumenes I (?-241 a.C.), que daria continuidade à dinastia que ficou conhecida como Atálida, iniciada pelo próprio Filetero em 282 a.C. O Império de Pérgamo duraria até 129 a.C.

Após muitas guerras territoriais e a construção de uma forte aliança com Roma, foi durante o reinado dos irmãos Eumenes II (aprox. 221-159 a.C.) e Átalo II (aprox. 220-138 a.C.), entre 197 e 138 a.C., que houve o florescimento maior de Pérgamo e a expansão do seu domínio. Muitas cidades estiveram sob sua tutela, dentre as quais vale citar Éfeso, Tiatira, Sardes, Laodiceia e Filadélfia. Aliás, esta última, cujo nome significa "Amor Fraternal", foi batizada a partir da relação de irmandade e lealdade entre Eumenes II e Átalo II (Filadelfo) — o que comentaremos em outro volume desta série.

Eumenes II financiou grandes reformas e construções, dentre elas, o famoso Altar de Zeus, que hoje está reconstituído no Museu de Pérgamo, em Berlim,

Vista reconstruída da Acrópole de Pérgamo (1882), por Friedrich Thiersch (1784-1860). Em primeiro plano, está o Altar de Zeus, atualmente reconstituído no Museu de Pérgamo, em Berlim.

na Alemanha, composto por partes originais da arte helênica. Além disso, ergueu o templo de Dionísio, o templo de Atena e um teatro nas encostas de um monte que comportava dez mil assentos.

A Biblioteca de Pérgamo e o pergaminho

É de se destacar também a criação da Biblioteca de Pérgamo por Eumenes II, com o objetivo de rivalizar com a Biblioteca de Alexandria. Isso atraiu para o local muitos intelectuais, artistas e cidadãos abastados de todo o Mediterrâneo, que contribuíram para o seu desenvolvimento. Acredita-se que a biblioteca chegou a reunir 200.000 volumes.

Um fato curioso é que o Egito decidiu promover um embargo na exportação do papiro — principal material usado como páginas dos livros da época. Para não interromper a produção dos volumes da sua biblioteca, Pérgamo passou a utilizar couro de animal, um processo que geraria o chamado pergaminho. Diferentemente do que se costuma acreditar, é provável que o pergaminho não tenha sido criado por Pérgamo, por haver registro do uso de pele animal para escrita antes desse período. Porém, a adoção em larga escala desse material conferiu-lhe um nome inspirado na cidade que muito o produziu e acabou ganhando maior relevância do que o próprio papiro, em virtude de sua durabilidade. Essa perspicácia me faz lembrar o que sempre afirmo à aguerrida Juventude Ecumênica da Boa Vontade de Deus: Obstáculos são estímulos. Barreiras podem ser o tormento dos falhos de ânimo. Representam, contudo, molas impulsoras dos seres humanos que se obstinam por um Ideal no Bem.

Passando para o domínio romano

A dinastia Atálida oficialmente se encerra em 133 a.C., com a morte de Átalo III (170-133 a.C.), que não teve intenções de governar o reino e deixou os assuntos de Estado nas mãos dos romanos, entregando a eles o império em seu testamento. Durante quatro anos, Roma lutou contra uma revolta levantada por um filho ilegítimo de Eumenes II, que se declarou herdeiro do trono e se proclamou Eumenes III (?-129 a.C.). Porém, em 129 a.C. o Império de Pérgamo chega ao seu fim.

Com o domínio de toda a região da Anatólia, Roma define inicialmente Pérgamo como a capital de sua província na Ásia Menor, dada a sua relevância e o seu poder na região. Posteriormente, acredita-se que esse papel passou a ser exercido por Éfeso, em virtude de sua localização geográfica.

Havia uma disputa — diga-se de passagem, incentivada pelos romanos — entre Éfeso, Esmirna e Pérgamo sobre qual seria a cidade mais importante da Ásia Menor e a maior aliada de Roma. Esse tipo de rivalidade era comum entre seus territórios dominados, pois a estratégia militar romana era a famosa *"divide et impera"*, ou seja, dividir e conquistar ou reinar. Enquanto esses povos ficavam lutando entre si por um micropoder na região, Roma ia consolidando seu verdadeiro domínio.

Com todo esse histórico da dinastia Atálida, o culto ao rei se tornou oficial em Pérgamo, pois sua influência era muito marcante no dia a dia da cidade. Com a chegada dos romanos, essa reverência passou a ser ao imperador, que seria tido como uma figura divina. Outro ponto importante a se considerar é que a religião era subordinada aos interesses políticos. Logo, quanto mais as crenças de uma localidade servissem às diretrizes romanas, mais prestígio ela teria. O fato de

Pérgamo ter sido capital romana da província da Ásia sugere que as adorações locais estavam firmemente alinhadas aos propósitos romanos. E a religião aqui, usada em sentido asqueroso, era apenas uma ferramenta de dominação, controle e perpetuação de poder.

É em meio a esse cenário histórico-cultural — local que Jesus vai advertir ser onde está o *"trono de satanás"* (Apocalipse, 2:13) — que uma comunidade de corajosos seguidores do Cristo se estabelece e bravamente lida com desafios tremendos para se manter fiel aos Preceitos Crísticos. Como não permitir que desvios de toda sorte desfigurassem e corrompessem a pureza dos Sagrados Ensinamentos do Divino Mestre, pelos quais Ele doou a própria vida para a salvação da humanidade? Ele se entregou à morte infamante da cruz, a fim de que nada maculasse o Verbo de Deus que se fez carne e habitou entre nós, espalhando ao mundo a Verdade Divina, que não se submete a interesses humanos escusos. Que estes versículos que estudaremos da Carta de Jesus à Igreja em Pérgamo sirvam para o nosso aprendizado individual e coletivo.

É no ato de questionar, ponderar e refletir que crescemos e ampliamos a nossa compreensão das Verdades Eternas, com as quais Jesus nos abençoa sobejamente.

O Cristo, o vencedor da besta e do falso profeta, na concepção de Sátyro Marques (1935-2019), inspirado no Apocalipse de Jesus, 19:11 a 21. A obra integra o acervo da Galeria de Arte do Templo da Boa Vontade (Brasília/DF).

A ESPADA AFIADA DE DOIS GUMES

(Parte 1)

Academia Jesus, o Cristo Ecumênico, o Divino Estadista *— Em suas marcantes palestras de improviso dentro da série radiofônica "O Apocalipse de Jesus para os Simples de Coração", com seus mais de 450 programas, o Presidente-Pregador da Religião do Terceiro Milênio esmiuçou, versículo a versículo, mais uma Carta do Excelso Professor aos Seus seguidores, desta vez em Pérgamo. É digna de nota a presença da heterogênea plateia, formada por crianças, adolescentes, jovens, adultos e os entusiastas componentes da Melhor Idade, que puderam assistir e participar desses debates, nos diversos locais em que ocorreram. Os Soldadinhos de Deus e os Jovens da Terceira Idade, da Religião Divina, sempre atentos, eram os primeiros a responder às questões que o grande pregador lançava à enorme audiência.*

Paiva Netto *então iniciou o empolgante estudo fazendo perguntas para que se desse essa saudável interação:*

> [12] *Ao Anjo da Igreja em Pérgamo escreve:*
> *Estas coisas diz Aquele que tem a espada afiada de dois gumes (...).*
>
> (Apocalipse, 2:12)

O versículo inicial da Carta de Jesus à Igreja em Pérgamo segue a mesma finalidade das demais Missivas — que vimos anteriormente e que ainda veremos: a apresentação do Divino Autor da mensagem. Portanto, Quem é Aquele que tem a espada afiada de dois gumes? Isso mesmo, Jesus, o Cristo de Deus, o Senhor dos senhores, o Soberano dos reis da Terra.

E onde mais encontramos essa descrição sobre o Mestre dos mestres? Exatamente, no próprio Apocalipse, o Divino Amigo aparecerá com uma espada afiada de dois gumes em outros momentos. A primeira passagem é aquela em que João, o Evangelista-Profeta, cai aos pés de Jesus Glorificado e assim narra a inesquecível cena (Revelação, 1:12 a 17):

> [12] *E me voltei para ver Quem falava comigo e, assim, voltado, vi sete candeeiros de ouro,*

13 e, no meio dos candeeiros, um semelhante a filho de homem, com vestes talares e cingido, à altura do peito, com uma cinta de ouro.
14 A Sua cabeça e cabelos eram brancos como alva lã, como a neve; os olhos, como chama de fogo;
15 os pés, semelhantes ao bronze polido, como que refinado numa fornalha; a voz, como voz de muitas águas.
16 Tinha na mão direita sete estrelas, ***e da boca saía-Lhe uma espada afiada de dois gumes****. O Seu rosto brilhava como o sol na sua força.*
17 Logo que O vi, ***caí a Seus pés como morto****. Ele, porém, colocou sobre mim a Sua mão direita, dizendo: Não temas; Eu sou o Alfa e o Ômega, o Primeiro e o Último.*

Apocalipse — roteiro das nossas vidas contado antes pela Misericórdia de Jesus

Foram os olhos espirituais de João Evangelista, estando em Espírito, no Dia do Senhor[25] — já lhes expliquei que significa estarmos integrados no Espa-

---

[25] **Dia do Senhor, o Espaço-Tempo de Deus** — Há uma oração no encerramento deste livro que traz ampla explicação sobre o assunto. O título é "Prece pela Expansão da Consciência Legionária da Boa Vontade de Deus". E ainda em *Somos todos Profetas* (1991), no capítulo "A questão do Dia do Senhor", o escritor Paiva Netto traz importante elucidação sobre o tema. Adquira o seu exemplar pelo *site* www.PaivaNetto.com/livros.

ço-Tempo de Deus —, que descortinaram tão emocionante episódio. Percebemos claramente que **Jesus é Quem transmite, por ordem de Deus, essas revelações proféticas**. Portanto, como tenho reiterado, o Apocalipse não é pavor, é palavra grega que quer dizer **Revelação**, logo, do resultado dos nossos atos: bons ou maus. O que mais ele seria? Temos de pensar que é também uma convocação à **pureza aos fiéis seguidores da Igreja de Deus em todos os milênios. Esse Livro Sagrado é o roteiro das nossas vidas contado antes pela Misericórdia de Jesus.**

Algumas características narradas nessa descrição de Jesus Glorificado vão se repetir na apresentação do Divino Mestre às Suas Igrejas, justamente para que não haja dúvida de que é o Cristo de Deus Quem lhes está falando.

Quando vocês leem essa passagem, por acaso notam um Jesus frágil, derrotado, cambaleante? Consigo ouvir a resposta de todos, que me honram com suas presenças nestas aulas de "O Apocalipse de Jesus para os Simples de Coração", e tenho certeza de que a audiência e os leitores igualmente exclamaram:

— *Não!*

De modo algum enxergamos um Jesus abatido, suplantado, vencido... Muito pelo contrário. Reparem, por exemplo, nas vestes talares e na cinta de ouro à altura do peito: **são trajes da mais alta nobreza e autoridade espiritual**.

O que vem a ser o Alfa e o Ômega?

O Divino Pastor nos versículos 17 e 18 do capítulo primeiro do Apocalipse se apresenta a todos de uma maneira claríssima:

> — *(...) Eu sou o* ***Alfa e o Ômega****, o* ***Primeiro e o Último****.* ***Fui crucificado, mas*** *eis-me aqui;* ***estou vivo*** *pelos séculos dos séculos e tenho as chaves da morte e do inferno.*

Esses versos são extraordinários! Pensem bem: os poderosos da época acharam ter derrotado Jesus, impondo a Ele o suplício do Calvário. Sem a compreensão espiritual, a matéria ilusoriamente se torna absoluta. Logo, a morte, sendo definitiva, é a maior pena que poderia ser aplicada a alguém. E o que aconteceu? **O Cristo ressuscitou, vencendo a morte e comprovando que ela não é o fim da Vida.** E aqui Ele se revela a João Evangelista, na ilha de Patmos, dizendo claramente que foi crucificado, mas **está vivo pelos séculos dos séculos**! Amém! Onde, então, o poder dos "poderosos"?

Já vimos no estudo dedicado à Igreja em Esmirna a razão de o Divino Ressuscitado ser o Primeiro e o Último, pois assim Ele se apresenta àquela comunidade

(Apocalipse, 2:8). Podemos ainda acrescentar aqui esta explicação do saudoso Irmão Zarur, na série radiofônica "Lições Bíblicas":

> — *Que vem a ser Alfa e Ômega? E aparece outras vezes nesse Apocalipse de Jesus, segundo São João. Vamos passar o espanador na memória? Alfa e Ômega são a primeira e a última letra do abecedário grego, porque o Apocalipse veio a nós em grego, no idioma da Grécia.* ***Dizer, portanto, Jesus que Ele é o Alfa e o Ômega é dizer, como Ele mesmo explica, que é Aquele por Quem tudo começa na Terra e em Quem tudo termina. É Aquele a Quem nenhum precede, mas é Aquele a Quem tudo apenas sucede.***

E o que significa Jesus declarar que tem as chaves da morte e do inferno? Vão refletindo sobre isso e pedindo aos seus Anjos da Guarda para lhes abrirem a intuição, buscando a sintonia perfeita no Dia do Senhor, o Espaço-Tempo de Deus.

A ESPADA AFIADA DE DOIS GUMES

(Parte 2)

A Espada da boca

Em que outras passagens bíblicas Jesus aparece portando a espada afiada de dois gumes? Além de constar no versículo 16 do capítulo inicial do Apocalipse, é citada na sequência da própria Carta Dele à Igreja em Pérgamo:

> — *Portanto, arrepende-te; porque, se não, virei sem demora contra ti e* ***pelejarei contra eles com a espada da minha boca*** (Apocalipse, 2:16).

Aqui temos o reforço dessa informação peculiar: **a espada sai da boca do Cristo**. O que nos leva a pesquisar outro trecho fundamental para o nosso estudo da simbologia. Ele consta do capítulo 19, a partir do versículo 11 do Livro da Revelação, e é intitulado:

O Cristo, o vencedor da besta e do falso profeta

11 Depois vi o céu aberto, e eis um cavalo branco. ***O seu cavaleiro se chama Fiel e Verdadeiro e julga e peleja com justiça.***

12 Os Seus olhos são chama de fogo; na Sua cabeça há muitos diademas; tem um nome escrito que ninguém conhece, senão Ele mesmo.

13 Está vestido com um manto tinto de sangue, e ***o Seu nome é o Verbo de Deus****;*

14 e O seguiam os exércitos que há no Céu, montando cavalos brancos, vestidos de linho finíssimo, branco e puro.

15 ***Sai da Sua boca uma espada afiada de dois gumes, para com ela ferir as nações****; e Ele mesmo as regerá com cetro de ferro, e, pessoalmente, pisa o lagar do vinho do furor da ira do Deus Todo-Poderoso.*

16 Tem no Seu manto e na Sua coxa um nome inscrito: ***Rei dos reis e Senhor dos senhores****.*

E mais adiante ainda lemos:

19 E vi a besta e os reis da Terra, com os seus exércitos, congregados para pelejarem contra Aquele que estava montado no cavalo e contra o Seu exército.

[20] *Mas a besta foi aprisionada, e com ela o falso profeta que, com os sinais feitos diante dela, seduziu aqueles que receberam a marca da besta e eram os adoradores da sua imagem. Os dois foram lançados vivos dentro do lago do fogo que arde com enxofre.*
[21] *Os restantes foram mortos com* ***a espada aguda que saía da boca Daquele que estava montado no cavalo****. E todas as aves se fartaram das suas carnes.*

Vejam como o próprio texto profético vai nos conduzindo ao entendimento pleno dele. É só termos paciência e coração aberto para sentirmos as Divinas Revelações que emanam do Apocalipse de Jesus. A nossa mente vai se abrindo mais e tudo fica mais evidente. Concordam? O Profeta Divino não estava jogando palavras fora quando disse:

— *Não há nada oculto que não venha a ser revelado* (Evangelho, segundo Lucas, 12:2).

Linguagem simbólica como ferramenta pedagógica

O meu papel aqui é o de ser um disparador psíquico. Reparem que o uso extensivo de símbolos por Jesus no Apocalipse não é meramente um recurso literário, uma retórica de discurso, mas **uma poderosa ferra-**

menta educacional da Pedagogia de Deus[26]. Quando as mensagens são expressas em representações figurativas, elas convidam o intérprete a posicionar-se acima da superficialidade e a buscar um entendimento mais profundo, que o leve a se colocar naquele contexto. Além de naturalmente manter um incessante interesse no tema estudado, haja vista as centúrias de Nostradamus.

Esse processo de decifrar e interpretar ativa capacidades espirituais e mentais que poderiam permanecer até adormecidas em nosso Espírito, se as verdades fossem entregues "de mão beijada", de modo simples e direto. Assim como fazia o Irmão Zarur, que sempre enfatizou a relevância da análise do Último Livro da Bíblia Sagrada, nós encontramos nesse aparente mistério um estímulo para o nosso aprofundamento nesse legado que o Sábio dos Milênios nos deixou como **Herança Espiritual**. É no ato de questionar, ponderar e refletir que crescemos e ampliamos a nossa compreensão das **Verdades Eternas**, com as quais Jesus nos abençoa sobejamente.

Essa abordagem por símbolos cumpre ainda uma função importantíssima na nossa evolução terrena,

---

[26] **Pedagogia de Deus** — Antevista por Alziro Zarur (1914-1979), propõe a Educação e a Reeducação do ser humano e de seu Espírito Eterno sustentadas em *"Jesus, o Grande Educador dos Povos"*, na definição do próprio saudoso Fundador da LBV. Para aprofundar-se no assunto, leia *É Urgente Reeducar!* (2000), título do escritor Paiva Netto.

pois instiga o esforço individual e coletivo em direção ao entendimento e à aplicação desse Sublime Conteúdo. O Profeta Divino, ao utilizar a linguagem alegórica, desperta em nós **a necessidade de percorrer um caminho de descoberta e de esforço próprio**, tal como descrito pelo Profeta Isaías, capítulo 54, versículo 13:

Profeta Isaías

— *E todos serão ensinados por Deus.*

Percebam que isso não ocorre de maneira passiva. Nosso aprendizado envolve **ativo empenho, interpretação e vivência dos ensinamentos em nossas vidas**. Dessa forma, não apenas adquirimos esse Conhecimento Celeste, mas também desenvolvemos a sabedoria necessária para viver em consonância com a **Vontade Divina**, conquistando, assim, a tão almejada **Liberdade Espiritual**.

A ESPADA AFIADA DE DOIS GUMES

(Parte 3)

A lâmina da Palavra de Deus

O que representava a espada naquele tempo? Era um símbolo de poder, de autoridade e de domínio. Com ela, você subjugava nações inteiras, pois derrotaria seus exércitos e poderia condenar seus cidadãos à morte se não lhe obedecessem. Além disso, percebam que ela está presente nas estátuas da Justiça: em geral, uma mulher com olhos vendados segurando uma espada e uma balança nas mãos. Ou seja, é a força da lei, para ser cumprida a qualquer custo, na manutenção da ordem.

Ora, se **Jesus é o Verbo de Deus** — isto é, **a Palavra e a Lei Divinas** — que se fez carne e se apresenta com a espada afiada de dois gumes, que sai da Sua boca, o que Ele está com isso demonstrando aos Seus seguidores em Pérgamo? Eles habitavam em um território comandado por quem? Pelos romanos, antigos aliados e posteriormente os controladores da região. Por conseguinte, a espada a que se encontravam subordinados estava tinta de sangue da temível Roma.

No entanto, aquela arma era a de um poder temporal, mundano, passageiro, com suas infinitas limitações e imperfeições. Mas Jesus não é assim! Ele é Aquele que conquistou **a Autoridade Moral e Espiritual Suprema com Seu exemplo de sacrifício pela humanidade**. É como expliquei em *Jesus, a Dor e a origem de Sua Autoridade — O Poder do Cristo em nós* (2014): para manifestar o Esplendor Espiritual de **Unigênito do Pai** (Evangelho, segundo João, 1:14), Jesus aceitou se submeter ao funesto martírio da cruz, a fim de entregar-se a Si mesmo **pela vida do mundo**, oferecendo-se como o sustento divino de nossas existências. Logo, **a Dor do Cristo é a Autoridade e o Poder Dele em nós**; é o Verbo de Deus se fazendo carne diariamente ao nos compelir à prática do Bem, em todos os cenários possíveis.

Prosseguindo nosso estudo, foi o Mestre dos mestres Quem nos advertiu:

> — *Não temais os que matam o corpo e não podem matar a Alma. Temei, antes, aquele que pode fazer perecer no inferno tanto a Alma como o corpo* (Boa Nova, consoante Mateus, 10:28).

E Jesus é Quem guarda *"as chaves da morte e do inferno"* (Apocalipse, 1:18). Quer dizer, **é o Senhor da Justiça Divina, pois tem Autoridade para isso**. Foi considerado digno de abrir o Livro da Revelação e lhe desatar os Selos (Apocalipse, 5:9). João Evangelista chorou muito, visto que não achava ninguém capaz disso, nem na Terra, nem no Céu da Terra, até que enxergou que já havia UM: **Jesus! Ele possui essa Autoridade Espiritual, porque sofreu por nós.** Não é de uma clareza o recado Dele à comunidade cristã de Pérgamo?

Estado infernal da Alma

Vale ressaltar o que já lhes expliquei nas minhas palestras fraternas sobre essa menção ao **inferno**, que não é aquele local que infelizmente tomou conta do imaginário popular, com fogo por toda parte e as pessoas queimando eternamente nele.

Durante memorável Cruzada do Novo Mandamento de Jesus — Reunião da Comunhão com Deus, na cidade do Rio de Janeiro/RJ, em 19 de setembro de 1991, afirmei que **se trata do estado infernal em que a própria Alma se coloca, quando descumpridora das Leis Divinas**. Não é permanente, mas pode durar medidas de tempo inconcebíveis para o humano entendimento, até que o espírito rebelado se arrependa e parta para a ação reparadora dos seus erros, voltando à carne, isto é, reencarnando tantas vezes quantas sejam necessárias à sua elevação espiritual.

Vem daí a crença errônea na existência de um inferno eterno para onde são levados os seres pecadores. Os que, por muito tempo, sofrem em regiões atrasadas do Plano Invisível[27], quando aqui renascem, guardam memória residual desses longos e dolorosos períodos de martírio que acabam conceituando como "eternidade". Todavia, recordemos estas confortadoras palavras do Mestre Jesus, o Grande Amigo que não abandona amigo no meio do caminho, como tantas vezes gosto de me referir a Ele:

> — *Eu sou a Luz do mundo. Quem me segue não andará em trevas; pelo contrário, terá a Luz da Vida Eterna* (Evangelho, segundo João, 8:12).

O Sacrifício e a Ressurreição de Jesus

Retomando nossa análise do Poder e da Autoridade Espiritual do Chefe Supremo deste planeta, a fim de

---

[27] **Nota de Paiva Netto**

Regiões atrasadas do Plano Invisível ou Umbral — Em minha obra *A Missão dos Setenta e o "lobo invisível"* (2018), escrevi: Segundo nos relata o Espírito André Luiz, em *Ação e Reação*, *"situado entre a Terra e o Céu,* [o Umbral] *é dolorosa região de sombras, erguida e cultivada pela mente humana, em geral, rebelde e ociosa, desvairada e enfermiça"*. É onde o Espírito, pelo sofrimento provocado por ele mesmo, revê os erros que praticou e se prepara para novas oportunidades de crescimento espiritual. A existência do Umbral é mais generosa do que a ideia do inferno eterno, porque aquele propicia nova oportunidade ao infrator; este, não. O nobre Irmão Dr. Bezerra de Menezes (Espírito) faz sempre questão de salientar: ***"Umbral também é Caridade"***.

que se cumprissem as Profecias, o Cristo, sem ter cometido deslize algum, acatou as imposições cruéis e injustas das autoridades humanas daquela época, mas **espiritualmente jamais se submeteu a elas**. É isso o que vemos, por exemplo, quando o governador romano Pôncio Pilatos O interrogou, momentos antes da Sua dolorosa crucificação.

Na série radiofônica "Evangelho Unificado de Jesus"[28], em 14 de abril de 2003, apresentei os trechos bíblicos alusivos àqueles tristes fatos que marcaram para sempre a História da humanidade, com alguns comentários nascidos de improviso. Na ocasião, afirmei que **o Cristo de Deus inspira grandes feitos a quem dobra os joelhos espirituais diante Dele** e pede, como Lhe suplicamos neste momento:

Oração de Fortalecimento Espiritual

Jesus, Senhor, põe as Tuas palavras na minha boca, põe o Teu pensar na minha mente, o Teu fazer nas minhas ações, a Tua paciência na minha luta, porque nos ensinaste a perseverar até ao fim, para merecermos o prêmio da pertinácia no Bem, conforme prometeste em Teu Apocalipse, 2:10: *"Sê fiel até à morte, e Eu te darei a coroa da vida"*.

[28] Para ouvir os históricos programas da série "Evangelho Unificado de Jesus", consulte a relação de emissoras no portal boavontade.com e baixe o aplicativo Boa Vontade Play.

Lições Universais do Sublime Ministério Crístico

Jamais nos esqueçamos de que Jesus sofreu imensamente para que aprendêssemos Suas Lições Universais. E, quando recorro à narrativa dos instantes derradeiros de Seu Sublime Ministério Crístico, não é para que fiquemos lamentando Sua Dor, mas para que o **Sacrifício Dele nos sirva de exemplo em todas as circunstâncias**. Assim, podemos realmente contribuir na formação de *"um Brasil melhor e de uma humanidade mais feliz"*, consoante desejava o saudoso Irmão Zarur. Por isso, contamos com o apoio da Humanidade de Cima, as Almas Benditas a serviço de Deus, porque está em plena marcha a Revolução Mundial dos Espíritos de Luz, na Quarta Revelação[29] — a Religião Divina.

Estimadas Irmãs, prezados Irmãos, oremos, vigiemos, batalhemos, e **Jesus sentirá em Sua Alma que Sua crucificação não foi em vão e que Sua Ressurreição fez brotar em nós o brilho espiritual que Ele sempre esperou de nossas capacidades, mesmo antes da criação do mundo**. Ele próprio declarou: *"Antes que houvesse mundo, Eu já existia"* (Evangelho, segundo João, 8:58).

---

[29] **Quarta Revelação** — Leia mais sobre o tema no primeiro volume das *Sagradas Diretrizes Espirituais da Religião de Deus, do Cristo e do Espírito Santo* (1987), em "As Quatro Revelações da Palavra de Deus". Acesse www.PaivaNetto.com/livros.

A ESPADA AFIADA DE DOIS GUMES

(Parte 4)

Pilatos diante de Jesus: o Caminho, a Verdade e a Vida

Continuando nosso estudo acerca desta clara representação da abrangente Autoridade Espiritual do Divino Mestre — a espada afiada de dois gumes —, vamos ao texto da *Síntese de O Novo Testamento*, reunido por Wantuil de Freitas (1895-1974), constante do Evangelho do Cristo, no qual veremos a grandeza do Soberano Senhor em face dos poderes mundanos:

> — *(...) Pilatos tornou a entrar no Pretório, chamou a Jesus e perguntou-Lhe: — "És Tu o Rei dos Judeus?" — Respondeu Jesus: — "Tu dizes isso de ti mesmo, ou foram outros os que o disseram a ti a meu respeito?" — Ao que Lhe replicou o governador romano: — "Porventura sou judeu? A Tua própria*

nação e os principais sacerdotes entregaram-Te nas minhas mãos. Que fizeste?" — Respondeu Jesus: — "O meu reino não é deste mundo; se o meu reino fosse deste mundo, os meus súditos pelejariam para que Eu não fosse entregue aos meus perseguidores; mas ***agora*** *o meu reino não é daqui"*[30].

O Reinado Eterno do Cristo Ecumênico, o Divino Estadista

Observaram a minúcia? Jesus falou: ***"agora"***. Alguns menos avisados se prendem à afirmativa do Mestre de que o Seu Reino não seria desse mundo e acham que por causa disso devem fazer da vida um vale-tudo, incluindo o que seja absolutamente reprovável. Entretanto, cometem um grande engano que se vira contra eles próprios, se não nesta vida, na outra, porque o Plano Espiritual não é uma abstração, é uma realidade justíssima e esplendorosa.

E a Ciência vai chegar lá. Com Max Planck (1858-1947) e a Mecânica Quântica; com Albert Einstein (1879-1955), que liquidou com a ideia de matéria e trouxe ao conhecimento humano que o que existe, na verdade, é energia. E nós, como **Espírito**, o que somos senão **energia inteligente**? **A matéria está sendo des-**

[30] Evangelho do Cristo, segundo Mateus, 27:11 a 13; Marcos, 15:2 e 3; Lucas, 23:3; e João, 18:33 a 36.

materializada. Emmanuel (Espírito) em seus preciosos livros trata bem desse assunto.

Jesus então disse que **agora**, ou seja, naquele momento, o Reino Dele ainda não era deste mundo. Se destacou **agora**, é porque, um dia, será, conforme vemos se cumprir no Apocalipse, para quem tem *"olhos de ver e ouvidos de ouvir"*, com a descida da Nova Jerusalém, do Novo Céu, da Nova Terra, e a Sua Gloriosa Volta:

> — *Eis que Jesus vem com as nuvens, e todos os olhos O contemplarão, até mesmo os olhos daqueles que O traspassaram. E todas as nações da Terra se lamentarão sobre Ele. Certamente. Amém!* (Apocalipse, 1:7).

Por que as nações da Terra se lamentarão sobre Ele, se o Cordeiro de Deus retorna trazendo Paz, Felicidade e Esperança a tantos corações? A resposta está na falta de seriedade com que trataram os ensinamentos que brilham diante deles. Essas preciosas lições, que nascem a partir do Mandamento Novo de Amor do Cristo, estão disponíveis para todos os que permitirem que seus olhos se revistam dessa Luz. No entanto, aqueles que negligenciarem essa oportunidade ímpar colherão as consequências de suas próprias escolhas. **Que todos peçam a Jesus que ilumine seus sentidos espirituais com esse Recado de Amor Universal.**

É o que ponderou o Irmão Zarur a respeito da União das Duas Humanidades[31]:

— *É uma questão de escolha.*

E Quem anunciou que Jesus *"vem com as nuvens, e todos os olhos O contemplarão, até mesmo os olhos daqueles que O traspassaram"*?

Nada mais, nada menos do que **o Todo-Poderoso Deus**:

— *Eu sou o Alfa e o Ômega, o A e o Z, o Princípio e o Fim, diz o Senhor, Aquele que é, que era e que há de vir, o* ***Todo-Poderoso Deus*** (Livro das Profecias Finais, 1:8).

Aqui nos deparamos com um conceito interessantíssimo: a identidade entre Deus e Jesus. O próprio Cristo afiançou em Seu Evangelho, segundo João, 10:30:

— *Eu e o Pai somos UM!*

Reparem que lemos anteriormente Deus se apresentando como o Alfa e o Ômega (Apocalipse, 1:8), e,

---

[31] **União das Duas Humanidades** — Para saber mais sobre esse importante assunto, leia "A abrangente missão do Templo da Boa Vontade", no segundo volume das *Sagradas Diretrizes Espirituais da Religião de Deus, do Cristo e do Espírito Santo* (1990) ou no *blog* Paiva Netto.com.

mais adiante, é a vez de Jesus se revelar com a instigante insígnia:

> — *Eu sou o Alfa e o Ômega, o Primeiro e o Último, o Princípio e o Fim* (Apocalipse, 22:13).

Portanto, aqui é retratada a Unidade Indissociável do Filho Unigênito no Pai.

A voz da Verdade de Deus

Mas voltando à transcrição da Boa Nova do Cristo:

> *Perguntou-Lhe, pois, Pilatos: — "Logo, Tu és rei?" — Respondeu Jesus: — "Tu dizes que sou rei. Eu para isso nasci e para isso vim ao mundo, a fim de dar testemunho da Verdade. Todo aquele que é da Verdade ouve a minha voz"*[32].

Por isso, digo que onde estiver **o ser humano da Verdade**, seja na Terra ou no Mundo Espiritual, **ouvirá a voz da Verdade de Deus e será ecumenicamente despertado**. Fronteiras religiosas, políticas, ideológicas, científicas, filosóficas não impedem a qualquer criatura, homem ou mulher, de ir ao encontro da **Verdade Divina, que está dentro do seu coração**.

---

[32] Evangelho do Cristo, segundo João, 18:37.

Hora de destronar o "deus antropomórfico"

Jesus assegurou que temos Deus e o Seu Poder, portanto, Suas Capacidades no nosso interior:

> — *Não vem o Reino de Deus com visível aparência. Nem dirão: Ei-lo aqui! Ou: Lá está! Porque* ***o Reino de Deus está dentro de vós*** (Evangelho, segundo Lucas, 17:20 e 21).

Cabe a nós saber utilizar essa potência que não esmaga quem quer que seja; pelo contrário, **estabelece o Reino da Paz**. Demore o tempo que for, todos os que perseverarem assistirão a esse fato, seja nesta, numa outra vida na Terra — porque a Lei Universal da Reencarnação igualmente é uma realidade — ou a partir do Mundo Espiritual.

Um dia, essas barreiras entre o que é carne e o que é Espírito vão desabar. Já escrevi, há tantos anos, páginas a respeito disso, quando afirmei: **matéria também é Espírito**[33]. A Física está indo nessa direção: **a caminho de Deus**. O grande problema a ser enfrentado é derrubar o deus antropomórfico, que atrapalha o laboratório e o altar. Não se substitui ou até mesmo se destrói tantas estátuas ao redor do orbe?

---

[33] **Matéria também é Espírito** — Leia mais a respeito no livro *Reflexões da Alma* (2003), de Paiva Netto. Adquira seu exemplar pelo *site* www.PaivaNetto.com/livros.

Ruas e monumentos não recebem novos nomes? Já é hora de arrancar do seu trono de falsidades o "deus" criado à imagem e semelhança do ser humano vil.

A verdade que Jesus não quis contar a Pilatos

Retomando os versículos que revelam o diálogo do Cristo com o governador romano, lemos:

— *Pilatos perguntou a Jesus: "Que é a Verdade?"*[34]

E alguns equivocadamente alegam que o Excelso Pedagogo não sabia o que era a Verdade, porque não respondeu a Pilatos. No *Livro de Deus* (1982), no capítulo **"Jesus sempre soube o que é a Verdade"**, registrei esta palavra do Irmão Alziro Zarur na qual ele deixa bem clara a razão de Jesus não querer perder tempo com Pôncio Pilatos:

> — *Os materialistas citam essa passagem para argumentar que nem mesmo Jesus sabia o que é a Verdade... Mas,* ***se Jesus tivesse respondido, Pilatos entenderia****? Pois não foi ele o juiz covarde, que condenou o Inocente por medo de César imperador? Entretanto, no mesmo Evangelho, segundo São João, na sua célebre* **Oração Sacerdotal**, *capítulo 17, versí-*

[34] Evangelho de Jesus, segundo João, 18:38.

culo 17, disse nosso Senhor: **"Santifica-os, Pai, na Verdade. Tua Palavra é a Verdade".** *Aí está a prova de que a Bíblia (e naquele tempo só havia o Velho ou Antigo Testamento) é a Palavra de Deus. Assim fica definitivamente provado que laboram em erro todos os que negam ou vetam o Antigo Testamento, considerando-o obsoleto, superado e inútil, quando o próprio Cristo exalta a Sagrada Escritura, afirmando: "A Escritura não pode falhar". Diante de tudo isso, está claro que a Verdade é a Palavra de Deus, a Bíblia Sagrada, com o Velho e o Novo Testamento, em Espírito e Verdade, à luz do Novo Mandamento do Cristo.*

Ou seja, de que adiantaria explicar o que era a Verdade naquele momento? Aquele que é *"o Caminho, a Verdade e a Vida"*[35] estava na frente dele, mas Pilatos não enxergava e ainda teria que evoluir bastante para compreender isso. Afinal, foi ele quem lavou as mãos perante as acusações injustas contra o Divino Amigo da humanidade. Como poderia entender algo tão sublime quanto a **Palavra de Deus**? Não seria essa, portanto, a espada afiada de dois gumes que sai da boca de Jesus, conforme vemos no Apocalipse? Ela serve de

[35] *"Eu sou o Caminho, a Verdade e a Vida; ninguém vem ao Pai, senão por mim"* — Jesus (João, 14:6).

igual modo para acordar os "poderosos" de sua inércia diante da Suprema Autoridade de fato.

E prosseguindo a narrativa bíblica:

> — *Dito isso, o governador saiu outra vez para ir ter com os acusadores de Jesus e declarou: — "Eu não acho neste homem crime algum". Ao que lhe responderam: — "Achamos este homem pervertendo a nossa nação"*[36] *(...).*

A questão é que achavam Jesus uma ameaça aos "troninhos" deles e que poderia acabar com o *status quo*, com o perverso domínio que exerciam...

Calúnia quanto aos impostos

> — *(...) "proibindo pagar tributo a César, dizendo ser Ele o Cristo, rei. Ele agita o povo com a Sua doutrina, por toda a Judeia, desde a Galileia, onde começou, até aqui"*[37].

Vejam que covardes: eles que eram contra César, contra a dominação romana e, no desespero de condenar o Cristo, invocaram uma taxa que detestavam pagar, a

---

[36] Evangelho de Jesus, segundo João, 18:38; e Lucas, 23:2 e 4.

[37] Evangelho de Jesus, consoante Lucas, 23:2 e 5.

ponto de odiarem os publicanos, que eram os cobradores de impostos, e aqui, para tentar acertar Jesus, recorreram ao pagamento do tributo a César. O que por si só já era uma tremenda calúnia. Vocês devem se lembrar do famoso relato contido no Santo Evangelho, segundo Mateus, 17:24 a 27, quando o Celeste Provedor instrui a Pedro para que fosse até ao mar, jogasse o anzol e, no primeiro peixe que pescasse, nele encontraria uma moeda em sua boca. Ele obedece, lança a linha, pesca o peixe e, ao abrir a boca do animal, de lá surge um estáter, moeda equivalente a quatro dracmas. O Divino Mestre determina a Simão Pedro que, com ela, fosse pago o imposto Dele e do Príncipe dos Apóstolos.

Evangelista Mateus

Apóstolo Pedro

Em outra passagem, na Boa Nova, segundo Mateus, 22:15 a 22, Jesus apontou a moeda para os que O provocavam a respeito do pagamento do tributo e lhes perguntou: *"De quem é esta efígie?"* Eles responderam: *"É de César, o imperador"*. Jesus, então, lhes ordenou: *"Portanto, dai a César o que é de César, mas a Deus o que é de Deus"*.

O Divino Crucificado não se curva às blasfêmias

Após esses comentários que julguei pertinentes, retornemos ao trecho bíblico:

— Então, Pilatos perguntou a Jesus: — "Não ouves quantas acusações Te fazem?" — Ele, porém, não respondeu sequer uma palavra, de modo que o governador muito se admirou[38].

Certamente, admirou-se **da coragem de Jesus e do Seu Magnânimo Poder Espiritual**, que não se curvou às blasfêmias, às calúnias, às injúrias e às injustiças humanas, mesmo enfrentando uma situação de vida ou morte diante de um, ao menos para os demais, temido governador romano e das outras autoridades religiosas locais, que incendiavam a turba e a faziam de massa de manobra. O representante de Roma, embora reconhecesse não haver crime algum contra o Cristo, repetimos, lavou as mãos — como se isso o isentasse da culpa que lhe caiu pelos milênios — e não impediu tão nefasta condenação. É o que digo: **quem não é capaz de assumir uma atitude correta acaba consumido pela circunstância criada por sua omissão**.

[38] Evangelho do Cristo, segundo Mateus, 27:13 e 14; e Marcos, 15:4 e 5.

Onde estiver o ser humano da Verdade, seja na Terra ou no Mundo Espiritual, ouvirá a voz da Verdade de Deus e será ecumenicamente despertado. Fronteiras religiosas, políticas, ideológicas, científicas, filosóficas não impedem a qualquer criatura, homem ou mulher, de ir ao encontro da Verdade Divina, que está dentro do seu coração.

A ESPADA AFIADA DE DOIS GUMES

(Parte 5)

O maior Poder do Universo

Minhas Amigas e meus Irmãos, minhas Irmãs e meus Amigos, ainda sobre a passagem bíblica que lemos (Pilatos diante de Jesus), relacionada ao versículo 12 do capítulo 2 do Apocalipse do Cristo, quando Ele se apresenta à Sua Igreja em Pérgamo com uma espada afiada de dois gumes, que sai da Sua boca, e a contraposição desse símbolo às pretensas forças de domínio mundano, vale repetir o que digo sempre aqui nas minhas fraternas palestras: **o poder só serve enquanto serve ao povo**. Naturalmente que assim deve ocorrer em seus autênticos e elevados interesses, cumprindo a sua tarefa em benefício daqueles que lhes conferem legitimidade.

Em *Jesus, a Dor e a origem de Sua Autoridade — O Poder do Cristo em nós* (2014), dissertei longamente a respeito da vitória do Divino Mestre sobre a humilhante cruz e, por consequência, sobre toda a maldade humana. Seu sofrimento O alçou à condição especialíssima de conquistar o Supino Poder e Autoridade Espirituais. No referido livro, registrei o que proferi há décadas em minhas palestras fraternas: **nenhum ser humano realmente tem poder neste mundo, mas instantes de poder dos quais prestará severas contas ao verdadeiro Senhor do Poder: Deus!** Aquele que tem Autoridade sobre homens, povos e nações. Já repararam que o cemitério está cheio de poderosos, de pessoas que eram consideradas indispensáveis?

O que ocorre neste plano da matéria é aquilo que o saudoso Irmão Zarur, na Cruzada do Novo Mandamento de Jesus, em Duque de Caxias/RJ, no dia 8 de julho de 1973 (domingo), anunciou:

> — ***O poder humano se tornará cada vez mais fluídico.*** *Os homens o perderão como a água se escapa entre os dedos. Você bota água entre os dedos, o que é que acontece? É o poder dos homens atualmente, ninguém tem poder para nada. Eu costumava dizer: o homem nunca teve poder, a não ser quando vai se integrando em Deus.*

Gênese Divina

Sendo a Mãe-Pai Celestial a verdadeira detentora do Poder, podemos concluir que **o Amor Fraterno é a força mais poderosa do Cosmos, a Energia Criadora mais potente que há**. Como chegamos a esse ponto? Ora, foi assim que Jesus ensinou aos Seus Discípulos, conforme anotado por João Evangelista, em sua Primeira Epístola, 4:8:

— *Deus é Amor.*

Se Deus é Amor, Quem criou tudo o que existe no Universo? Alguém aí sabe? Acertaram! Foi o próprio Deus, que também é Ciência. E Zarur peremptoriamente assegurava:

— *... e nada existe fora desse Amor!*

O que nos leva a outra conceituação que urge ser reformulada: fala-se em Deus e a rapaziada pensa logo em um ser parecido conosco. É a mazela da crença no deus antropomórfico. Entretanto, Jesus revelou à mulher samaritana, junto ao poço de Jacó:

— *Deus é Espírito; e importa que os Seus adoradores O adorem em Espírito e Verdade* (Evangelho, segundo João, 4:24).

E na Gênese Mosaica (1:27), encontramos:

— *O homem foi criado à imagem e semelhança de Deus (...).*

Portanto, em **Espírito**. Mas o que vemos por aí? O ser humano inverteu as coisas e criou um deus à imagem e semelhança dele próprio. Visto que esse ente caricato faz as mesmas confusões de um ser humano, no momento em que as criaturas se veem em aperto e percebem que não têm outras soluções, porque acreditaram num deus picaresco, o que elas fazem? Passam a acusar o Deus Divino por seus desvios, o que é um completo absurdo e falta de caráter.

Um Deus musical

Quando Zarur anunciou que **a Religião de Deus, do Cristo e do Espírito Santo nasceu para fazer a redefinição, a reconceituação, para a reformulação de tudo**, ele estava totalmente certo. E devemos iniciar tal empreitada a partir da concepção do **Criador, que em nada tem a ver com a nossa forma biológica. Nossa semelhança se dá na matéria quintessenciada que compartilhamos**, daí a afirmação do Gênesis que acabamos de ler.

Galileu Galilei (1564-1642) teria afirmado e estou plenamente de acordo:

— *A Matemática é a Linguagem com a qual Deus escreveu o Universo.*

Galileu Galilei

E o célebre enunciador da Teoria da Relatividade, Einstein, com sua lógica, enfatiza que

— *Deus não joga dados com o Universo.*

Albert Einstein

Logo, o Pai Celestial é Matemática. Por qual razão? Porque ela é considerada uma Ciência Exata, bem que no plano terrestre muita coisa tida como exata ainda pode ser controversa, uma vez que não conhecemos a exatidão perfeita das coisas — isso pertence a outra dimensão. Daí o acerto de Zarur ao juntar o conhecimento humano ao Saber Divino, mas não do deus materializado, e sim Aquele Criador cantado também pela Lógica Divina.

— *Ah, então é equação, inequação, trigonometria...*

Não!

Matemática é também ritmo, com seus padrões de duração de notas longas e curtas, de suas frações do tempo nas semibreves, mínimas, semínimas, colcheias, semicolcheias, fusas e semifusas; é melodia, em seus acordes, na escala diatônica, em suas frequências medidas em hertz... E **o Universo é a mais bela partitura jamais criada**. Portanto, **Deus é lógica e sentimento, razão e emoção em equilíbrio ideal** — aquele em que **o cérebro esclarece o coração e o coração ilumina o cérebro**.

Conforme entoam os magníficos versos do saudoso Proclamador da Religião Divina, em seu

Poema do Deus Divino

O Deus que é a Perfeição, e que ora eu tento
Cantar em versos de sinceridade,
Eu nunca O vi, como em nenhum momento
Vi eu o vento ou a eletricidade.

Mas esse Deus, que é o meu eterno alento,
Deus de Amor, de Justiça e de Bondade,
Eu, que O não vejo, eu O sinto de verdade,
Como à eletricidade, como ao vento.

E O sinto na ânsia purificadora,
Na manifestação renovadora
Do Belo, da Pureza, da Afeição.

Com Ele falo em preces inefáveis,
Envolto em vibrações inenarráveis,
Que me trazem clarões da Perfeição.

....
....
....

Bondade — que os pecados não consomem —
Do Espírito Divino aos filhos seus:
Deus sempre desce até Seu filho, o homem,
Quando o homem sobe até seu Pai, que é Deus!

Pois creio é nesse Deus imarcescível
Que ampara a humanidade imperfeitíssima:
Deus de uma Perfeição inacessível
À humana indagação falibilíssima.

....
....
....

Bravíssimo!

Combate à intolerância em nome de Deus

A partir desse pensamento universalista, compreenderemos que existe uma gama de poderes que ainda estamos investigando, aos quais chamamos Deus ou por outro nome que O queiram designar. Essas Forças ainda se encontram além do entendimento geral dos indivíduos mais ilustrados da Terra. Ao entronizarmos essa avançadíssima noção — recebendo o Poder e a Autoridade que vêm da espada aguda (o Verbo de Deus) —, não mais ergueremos barreiras que provoquem guerras, ideologias sectárias e tantos outros pretextos escusos para matar, perseguir, oprimir, torturar, difamar, erigidos em errôneo testemunho de um Pai de Amor e Fraternidade Universal. Ele nada tem a ver com essas obsessões doentias e gananciosas, que assolam muitos corações perturbados e perturbadores.

Meu Jesus! Quanto sofrimento não foi causado em nome do Senhor dos Universos! É como denunciou o cientista e filósofo francês Blaise Pascal (1623-1662), em seu livro *Pensamentos*:

> — *Nunca se pratica o mal tão plena e tão alegremente como quando praticado por um falso princípio de consciência.*

E o saudoso Irmão Zarur severamente repreendeu:

> — *O maior criminoso do mundo é aquele que prega o ódio em nome de Deus.*

TBV e ParlaMundi da LBV — marcos de tolerância, respeito mútuo e diálogo

Isso demonstra o grande valor da Religião de Deus, do Cristo e do Espírito Santo, com sua Cruzada de Religiões Irmanadas, e da Legião da Boa Vontade, com o Parlamento Mundial da Fraternidade Ecumênica, o ParlaMundi da LBV[39]. Por vezes, no mundo, ocorre que o tom colérico no debate de uma ideia a torna estéril, e vice-versa, porquanto uma resolução infecunda leva à exasperação. **Com a Espiritualidade Ecumênica, Fraterna, Generosa, imanente do Templo da Boa Vontade, o ParlaMundi da LBV fará a comunhão, o congraçamento universal de todo o conhecimento espiritual-humano numa poderosa força a serviço dos povos.** Será, então, **a derrubada da pior das bastilhas: a do sentimento, que vem separando os seres da Terra.**

Infelizmente, a busca do poder ilusório, em todos os aspectos, foi um tremendo erro cometido por alguns Irmãos nossos em Pérgamo. Deslumbraram-se ante o frágil mundanismo e permitiram que se instalassem desvios no seio daquela Igreja do Senhor. E estamos aqui estudando-a com toda a atenção para evitarmos

---

[39] **Parlamento Mundial da Fraternidade Ecumênica, o ParlaMundi da LBV** — Inaugurado por Paiva Netto no Natal de Jesus de 1994, forma, com o Templo da Boa Vontade (TBV), o Conjunto Ecumênico Boa Vontade, localizado em Brasília/DF. Veja foto do monumento nas páginas finais deste livro.

tamanha cilada nos nossos caminhos de servos de **Deus, o Supremo Poder e a Magnânima Autoridade das nossas vidas**.

Transcrevo, por oportunas, as palavras que elevei aos Céus na prece de conclusão do 13º Congresso da Mulher Legionária, realizado em 14 de maio de 1988, em São Paulo/SP:

Oração ao Soberano Senhor

Ó Deus Todo-Poderoso, Divino Ser, neste recinto sagrado da Legião da Boa Vontade e da Vossa Religião do Amor Universal, permanecemos confiantes exclusivamente em Vossa Onipotência. A riqueza fugaz da condição humana é, de fato, insignificante... E o poder terreno, quão ilusório se revela! Observamos tantos indivíduos se desgastando completamente na busca pelo poder efêmero, apenas para serem corrompidos, consumidos e, por fim, destruídos. Até quando sofrerão para compreenderem que somente Vós detendes o verdadeiro Poder?! Toda a Glória do Universo a Vós pertence. Somos Vossos tutelados, ó Pai Celestial! Crédulos somente na Vossa Autoridade, Vos louvamos e, em Vossas Seguras Mãos, depositamos as nossas vidas. Amém! Que assim seja!

A ESPADA AFIADA DE DOIS GUMES

(Parte 6)

Os dois gumes

[12] Ao Anjo da Igreja em Pérgamo escreve: Estas coisas diz Aquele que tem ***a espada afiada de dois gumes****.*
(Apocalipse, 2:12)

As espadas eram habilmente forjadas por artesãos especializados, variando conforme a cultura de cada região. Ao longo da História, sobretudo antes da invenção da pólvora, elas desempenharam um papel crucial nas guerras e na tradição militar. Os materiais mais comuns eram ferro, aço e bronze, com lâminas frequentemente feitas de tiras de ferro e adições de outros metais para melhorar resistência e afiação, de um ou de ambos os lados. O famoso aço damasco, com suas lâminas onduladas, era altamente valorizado. Além de sua função prática, essas espadas eram apreciadas como obras de arte, com empunhaduras e bainhas ricamente decoradas. Muitas vezes, serviam como símbolos de prestígio, habilidade, honra e poder, transmitindo a linhagem ou bravura de seus portadores.

Uma característica importante desse versículo do Apocalipse de Jesus sobre o qual estamos nos debruçando — e vejam quanto temos aprendido juntos — é a respeito da **lâmina da espada do Cristo ser de dois gumes. Jesus, com a precisão e o alcance dessa espada, combate o mal, a mentira e tudo o que estiver errado, não somente no campo físico** — o eixo dos *xis*, para usar uma figura de retórica com base na geometria cartesiana. **Ele também corta os equívocos até mesmo no Mundo Espiritual** — o eixo dos *ípsilons*. Por isso, tem dois gumes. Esse é o sentido velado que Jesus permite que percebamos agora.

A existência ativa do Mundo Espiritual

Quem acha que o Plano da Verdade é uma "história da carochinha", uma abstração, ou algo meio "mandrake" — aquele mágico do gibi que estala os dedos e as coisas se transformam — está completamente enganado. **Nada mais real do que a dimensão (ainda) invisível.** Aliás, é do Coautor de nosso orbe esta estupenda revelação:

— Na Casa de meu Pai há muitas moradas. Se assim não fosse, Eu vos teria dito, pois vou preparar-vos lugar.

Jesus (João, 14:2)

Ao refletir sobre essa assertiva do Cristo, há pessoas que pensam apenas na Vida em outros planetas, como se tudo lá tivesse de se parecer com o nosso orbe. Ora, muitas moradas também significam **a dinâmica existência na Pátria Espiritual**, com suas cidades, nações onde pulula a Vida, incessante, transitando por entre as mais diversas dimensões.

Os seres humanos enviam foguetes ao Espaço e chegam a outros astros de nosso Sistema Solar, que é minúsculo se comparado com outros recantos da própria Via Láctea, galáxia de que fazemos parte. Não encontram nenhuma população à semelhança da nossa e consideram não haver Vida naqueles corpos celestes, porque os olhos materiais não a enxergam. Ocorre, porém, que o sentido físico da visão percebe o mundo em uma faixa de frequência muito restrita.

O mesmo se dá com a audição. Nós só alcançamos um determinado espectro audível — entre 20 Hz e 20 mil Hz. Mas existem apitos com tão alta frequência sonora que alguns animais escutam, enquanto nossos ouvidos não a reconhecem. Por que isso não aconteceria igualmente com os olhos, se até os telescópios mais potentes da atualidade, capazes de abranger faixas do espectro eletromagnético que vão além do que vemos, têm as suas limitações? Como não captam civilizações iguais à terrena, pelos mais variados recursos desenvolvidos pela tecnologia, alguns que são anticiência sugerem a inexistência de Vida lá fora.

Ciência adogmática

Se há uma pessoa que não deve ter pensamento obtuso é o cientista. Se for tendencioso, agir com conclusões apriorísticas, negando de antemão quaisquer evidências de fenômenos que não compreende, não pode se assumir como representante da Ciência.

Conforme grafei em *Globalização do Amor Fraterno*[40], documento que enviei à ONU, isso exige uma reestruturação da Cultura, por intermédio da Espiritualidade Ecumênica, no meio popular e como disciplina acadêmica. Contudo, no campo intelectual, que o seja sem qualquer tipo de preconceito que reduza, em determinadas ocasiões, a perspectiva de grandes pensadores analíticos, pelo fato de alguns deles se submeterem a certos dogmatismos ideológicos e científicos, o que é inconcebível partindo de mentes, no supi-

[40] ***Globalização do Amor Fraterno*** — Publicação traduzida para diversos idiomas e dirigida aos participantes da Reunião de Alto Nível (*High-Level Segment 2007*) do Conselho Econômico e Social (Ecosoc), órgão das Nações Unidas, no qual a LBV possui *status* consultivo geral. Você pode acessá-la no *blog* Paiva Netto.com.

no, lucubradoras. Até porque a Ciência é pródiga em conquistas para o bem comum. Mas também, no seio dela, houve os que muito sofreram incompreensão, por causa do convencionalismo castrador, mesmo de seus pares que apressadamente os prejulgavam.

Vítimas deles foram James Hansen, Charles Darwin, Bias, Baruch Spinoza, Galileu Galilei, Semmelweis, Harvey, Samuel Hahnemann, Oswaldo Cruz, Bertha Lutz, Ana Néri, Virgínia Bicudo, Hipácia, dr. Barry J. Marshall, dr. J. Robin Warren, Kepler, Copérnico, Newton, Einstein, Bohr, Max Planck, Heisenberg, Emmy Noether, Katherine Johnson, Dorothy Vaughan, Mary Jackson, Galeno de Pérgamo, Johannes Gutenberg, Christiaan Huygens, Antoine Lavoisier, Johann Gregor Mendel, James Clerk Maxwell, Madame Curie, o casal Kirlian — Semyon Davidovich Kirlian e sua esposa, Valentina Khrisanovna Kirlian —, o padre Landell de Moura, Louis Pasteur... Poderíamos listar muitos e muitos outros nomes.

* * *

Contudo, os fatos não deixam de ser fatos porque a Ciência ainda não comprovou a sua veracidade. Logo, o mundo não vai parar só porque a Ciência do passado já foi defensora — não só os religiosos, pois se confundia muito Religião e Ciência, naquele tempo, de forma errônea — de que a Terra não girava em torno do Sol. Quem dissesse o contrário estava morto.

Victor Hugo

Não foram apenas os religiosos que queimaram seus Irmãos na fogueira. Políticos principalmente, além dos próprios reis.

Victor Hugo (1802-1855), o gigante de Besançon, concluiu:

— *Aqueles que afirmam que uma coisa é impossível tacitamente se colocam do lado dos que vão perder.*

O Apocalipse não pode ser lido com a cabeça fechada, nem com ideia exclusivista, nem racista, nem personalista. Tem que ser com uma visão universal. **Ecumenismo é o coração solidário, é Educação aberta à Paz.** Está acima das próprias Religiões. **É a Alma livre para amar o seu semelhante fraternalmente e realizar o Bem sem as peias das proibições.** Então, se você quer me acompanhar na análise de "O Apocalipse de Jesus para os Simples de Coração", precisa ter uma mente libertária, especialmente no que diz respeito às realidades espirituais, que os olhos do corpo não veem, mas a Alma sente, visto que faz parte de nosso DNA imaterial.

Em *Os mortos não morrem* (2018), enfatizei: devemos pôr abaixo as barreiras, principalmente as mentais, que nos impedem de ascender **à dimensão do Espírito**. Daí a urgência de se removerem quaisquer dogmas do campo acadêmico, pois **ciência adogmática significa mudar as perspectivas ante novas evidências**.

Essa é a diretiva eficaz para fazer valer os frutos desse entrelaçamento Céu-Terra que propomos, como tive o ensejo de reiterar aos jovens do corpo e do Espírito, presentes em Goiânia/GO para o 29º Fórum Internacional do Jovem Ecumênico da Boa Vontade de Deus, em 3 de julho de 2004. Relembrei a todos aquela máxima de Zarur:

> — ***O segredo do governo dos povos é unir a humanidade de baixo à Humanidade de Cima.***

E é isso que defendemos, porque temos **FÉ. E nós proclamamos a existência ativa, militante, realizadora, efetiva do Mundo Espiritual.**

Se você quer me acompanhar na análise de "O Apocalipse de Jesus para os Simples de Coração", precisa ter uma mente libertária, especialmente no que diz respeito às realidades espirituais, que os olhos do corpo não veem, mas a Alma sente, visto que faz parte de nosso DNA imaterial.

A ESPADA AFIADA DE DOIS GUMES

(Parte 7)

A arma espiritual do pregador

Essa **espada afiada** de dois gumes, relembremos, **sai da boca do Cristo de Deus** (Apocalipse, 1:16; 2:16; 19:15 e 21). Ou seja, representa Jesus, o cavaleiro do cavalo branco, com todo o Seu **poder de comunicação**, uma vez que **Ele é o Comunicólogo dos comunicólogos**.

Essa é a arma espiritual do pregador da Palavra de Deus, que não serve para causar dano a quem ouça a mensagem fraterna inspirada no Divino Pastor, pois Ele não almeja imputar flagelo a nenhuma de Suas ovelhas. Todavia, ela **despedaça as algemas da ignorância espiritual**, que atravancam os destinos dos indivíduos, levando os maiores prejuízos para seus Espíritos.

Por isso, o Verbo de Deus não poderia ficar recluso à dimensão física da Vida. **Ele prega para os seres da**

Terra e para os habitantes do Espaço, que seremos nós amanhã, na perene estrada da existência.

Tanto é verdade que o Profeta Isaías, no Antigo Testamento da Bíblia Sagrada, vaticina que **o Juízo Final** — isto é, o julgamento pela espada e pela balança das Leis Divinas, que acontece a todo instante e há de culminar em um titânico evento sideral — **não se aplica tão somente à matéria**. Escreve o Quinto Evangelista[41], em seu livro, 24:20 e 21:

> — *A Terra cambaleará como um bêbado e balançará como rede de dormir;* ***a sua transgressão pesará sobre ela*** *(...).*

É o peso da consciência se sentindo culpada pelo erro de qualquer natureza cometido contra a Lei de Deus.

> — *(...) ela cairá e jamais se levantará.* ***Naquele dia, o Senhor julgará, no Céu, as hostes celestes, e os reis da Terra, na Terra.***

Portanto, **o Céu não é um dormitório. A Vida Espiritual não é uma abstração.** Há continentes e civi-

---

[41] **Nota de Paiva Netto**

Quinto Evangelista — Referência ao Profeta Isaías, tamanho o acerto com que profetizou a respeito da vinda e da existência sacrificial do Messias, Jesus, o Cristo de Deus.

lizações extraordinárias no Mundo ainda Invisível aos nossos olhos materiais tão restritos.

Não se tornar esnobe por ser escolhido por Jesus

O Poder Espiritual que Jesus deseja transmitir a cada um dos que Nele plenamente se integram é incomensurável. Então, **Ele vai passar para nós pela espada da Sua boca o que tem que ser dito**. Portanto, não se ensoberbeçam nem se tornem esnobes. Não queiram aparentar um conhecimento que vocês não possuem. Não restrinjam seus pensamentos às noções unicamente terrenas, que campeiam pelo mundo há tantos milênios. **É necessário ir além.**

Se a **Religião do Amor Universal** não trouxesse uma mensagem nova, firmada nos Magnos Assuntos Espirituais, ela não estaria cumprindo a sua missão ímpar de renovação dos conceitos. Afinal, **a sua bandeira é a vanguarda**.

Adiante, veremos o gravíssimo alerta aos nossos Irmãos em Pérgamo que abandonaram as raízes doutrinárias tão valiosas às suas Almas. Por isso, não se preocupem em nadar com as ondas e modismos passageiros. Ceder a eles é a derrota do apóstolo, do verdadeiro discípulo do Mestre. Ele não quer mais uma crença para conflitar com as outras; pelo contrário, almeja trazer **toda a pureza da Doutrina de Deus, que está no Seu Santo Evangelho-Apocalipse**.

Bem a propósito, esta minha reflexão, que constantemente enfatizava no *Programa Boa Vontade*[42]: se a onda não é a que vá construir *"um Brasil melhor e uma humanidade mais feliz"*, então iremos contra a onda. Aliás, **a nossa onda é Jesus. E essa não morre na praia.**

Espada, arco e flecha

Já vimos até aqui o que significa e para qual finalidade é utilizada essa espada de dois gumes que sai da boca Daquele que está montado no cavalo branco, o mesmo que se dirige à Sua Igreja em Pérgamo. No Primeiro Selo do Apocalipse (6:1 e 2), nós ainda encontramos outro artefato que se soma nessa tarefa de eliminar o mal pela raiz e consertar os rumos dos povos e das nações:

> *1 Vi quando o Cordeiro de Deus abriu um dos Sete Selos e ouvi um dos quatro seres viventes dizendo, como se fosse voz de trovão: Vem e vê!*
>
> *2 E olhei, e eis um cavalo branco e o seu cavaleiro* ***com um arco****; e lhe foi dada uma coroa; e Ele saiu vencendo e para vencer.*

---

42 **Programa Boa Vontade** — Sob o comando de José de Paiva Netto na Rede Bandeirantes de Televisão (Band), teve início em 1º de junho de 1983. Ele segue ainda hoje no ar pela Boa Vontade TV. Acesse: www.BoaVontade.com/tv ou pelo aplicativo Boa Vontade Play.

Em uma de minhas passagens missionárias por Florianópolis/SC, durante a Rede da Boa Vontade, transmitida a centenas de emissoras de rádio espalhadas por todo o Brasil, em 10 de junho de 1991, pude explicar a função do arco que está na mão do Supremo Comandante deste planeta. Naquele improviso, perguntei à audiência que me acompanhava:

Para que serve o arco, hein? É para atirar uma flecha. Ou seja, Jesus vem com um arco para disparar essas setas luminosas. Mas são flechas que não matam. Pelo contrário, elas salvam as criaturas ao livrá-las de seus enganos, visto que **o Celeste Arqueiro** é incontestável em Sua mira. A ponta desses dardos **acerta diretamente o coração** daqueles que precisam ser atingidos pela mensagem que **os acorda do sono da embriaguez espiritual, moral e mental**, renovando para sempre e de forma irremediável suas existências. É necessário **sacudir as Almas adormecidas na inércia sorrateira**, que as prende e aniquila.

Espada afiada para fustigar as nações

Há outra passagem do Apocalipse (19:15) em que

— *Sai da Sua boca* [do Cristo] *uma espada afiada de dois gumes, para com ela ferir as nações (...).*

É a Palavra Dele que vai acordá-las, sacudir a malemolência, que às vezes até queima o humor das pessoas. Alguns podem reclamar:

— *Eu estava tão bem aqui, tão feliz nessa esbórnia toda, nessa confusão, e vem esse tal de Jesus aí com essa palavra forte, com esse discurso tão duro...*

Às vezes é a espada; outras vezes é a seta do arco. Imaginem se Jesus viesse com um arco sozinho sem flecha. Primeiro, que não seria Ele, mas sim um reles impostor. Segundo, que o artefato de batalha (e no caso aqui do Bem contra o mal) perderia o seu propósito. Ele existe para desferir o projétil, acertar com precisão no alvo e corrigir o que estiver errado.

"Não vim trazer paz, mas espada"

Com tudo isso, somos capazes de compreender em profundidade o que o Divino Amigo quis dizer, ao alertar, em Seu Evangelho, segundo Mateus, 10:34:

— *Não penseis que vim trazer paz à Terra; não vim trazer paz, mas espada.*

O saudoso Irmão Zarur, em suas preleções radiofônicas, apresentou um entendimento equilibrado e elucidativo ao dar essa versão à famosa passagem:

— *Não penseis que vim trazer* ***comodismo*** *à Terra.*

O Leão da Tribo de Judá nunca pregou a luta armada

Conhecemos bem o Educador Celeste e a retidão de Seus Ensinamentos para saber que tal versículo não se tratava de uma convocação ao ódio e à luta armada. **Jesus, o Leão da Tribo de Judá, jamais incitaria a violência.** Não nos esqueçamos do episódio envolvendo o Apóstolo Pedro, naquela passagem em que ele, irado contra a perfídia de Judas Iscariotes, pega de uma espada, no momento em que Jesus é traído no Monte Olival, e corta a orelha de Malco. O que o Mestre fez? Vejamos o trecho:

A prisão de Jesus

(Evangelho, segundo João, 18:10 a 12; Lucas, 22:50 e 51; e Mateus, 26:52 a 54)

Logo se aproximou a escolta e, pondo as mãos em Jesus, prendeu-O sem piedade. Então, Simão Pedro, que tinha a espada, desembainhou-a e golpeou a ***Malco, servo do sumo sacerdote****, cortando-lhe a orelha direita.* ***Jesus, porém, tocando a orelha do servo e curando-o****, disse a Pedro: —* ***"Embainha a tua espada; pois todos os que tomarem a espada pela espada morrerão.*** *Não hei de beber o* *cálice que o Pai me está ofertando? **Acaso pensas que não posso invocar a meu Pai, e que Ele não me dará, neste instante, mais de doze legiões de Anjos para me protegerem?** Como, pois, se cumpririam as Escrituras que declaram que assim deve acontecer?"*

O Evangelho segundo Mateus é repleto dessas afirmativas baseadas nas Profecias sobre a Vinda do Cristo, constantes do Antigo Testamento da Bíblia Sagrada. Mas reparem neste pormenor: A despeito da **Misericórdia de Jesus**, que **pegou a orelha de Malco e a colocou no lugar**, aqueles que O perseguiam nem se comoveram com isso... Quer dizer, era **gente má** em todos os sentidos, pois **nem mesmo vendo o prodígio diante de seus olhos envidraçados se dobraram ao Milagre feito carne, que estava diante de suas faces**.

Outra observação que faço ao texto que lemos: Jesus dá uma amostra a Pedro de Sua tremenda Autoridade ao perguntar-lhe: *"Acaso, pensas que não posso rogar a meu Pai, e Ele não me mandaria neste instante **mais de doze legiões de Anjos para me protegerem?**"* [43] Ou seja, se Jesus quisesse, como se diz popularmente, aqueles captores estariam fritos!

[43] Evangelho do Cristo, consoante Mateus, 26:53.

Essa espada afiada de dois gumes, relembremos, sai da boca do Cristo de Deus (Apocalipse, 1:16; 2:16; 19:15 e 21). Ou seja, representa Jesus, o cavaleiro do cavalo branco, com todo o Seu poder de comunicação, uma vez que Ele é o Comunicólogo dos comunicólogos. Essa é a arma espiritual do pregador da Palavra de Deus, que não serve para causar dano a quem ouça a mensagem fraterna inspirada no Divino Pastor, pois Ele não almeja imputar flagelo a nenhuma de Suas ovelhas. Todavia, ela despedaça as algemas da ignorância espiritual, que atravancam os destinos dos indivíduos, levando os maiores prejuízos para seus Espíritos. Por isso, o Verbo de Deus não poderia ficar recluso à dimensão física da Vida. Ele prega para os seres da Terra e para os habitantes do Espaço, que seremos nós amanhã, na perene estrada da existência.

A ESPADA AFIADA DE DOIS GUMES

(Parte 8 — final)

Repto de Jesus à tibieza, ao conformismo, à vassalagem, à covardia

Conforme ressaltei durante o programa da série radiofônica "Lições de Vida[44]", em 1º de julho de 1989 — há quantos anos, meu Deus! —, se Jesus não pregou a hostilidade, também não o fez quanto à tibieza, nem ao conformismo diante do erro, nem à vassalagem aos rapinadores do mundo, nem à covardia ante a prepotência. Basta ver que **Ele convocou o mundo à mais grandiosa das reformas**, que deve preceder a todas as outras: **a do ser humano, pela consciência plena dos seus valores espirituais**. Está registrada neste versícu-

[44] **Lições de Vida** — Popular série de Paiva Netto, veiculada diariamente na Super Rede Boa Vontade de Rádio. Para ouvi-la, consulte a relação de emissoras no portal BoaVontade.com e baixe o aplicativo Boa Vontade Play.

lo proclamado por Alziro Zarur como **a Fórmula Urgentíssima de Jesus** e que eu denomino de **a Fórmula Urgentíssima Econômica do Cristo**:

> — *Buscai* ***primeiramente o Reino de Deus e Sua Justiça****, e todas as coisas materiais vos serão acrescentadas* (Evangelho, segundo Mateus, 6:33).

Tendo alcançado o entendimento superior a respeito do que fazem neste burgo planetário e **cientes de que a vida prosseguirá após a morte**, a mulher e o homem, mais dia, menos dia, saberão valer-se de todas as riquezas da Terra sem delas se tornarem escravos. Atualíssima lição de Paulo Apóstolo, recomendável também para os representantes dos povos do mundo, em sua Primeira Epístola aos Coríntios, 6:12:

> — *Todas as coisas me são lícitas, mas nem todas me convêm. Todas as coisas me são lícitas, mas não me deixarei dominar por nenhuma delas.*

O Cristianismo do Cristo é a universidade do trabalho

Precisamos recordar que o Cristianismo do Cristo não é a escola da mente obtusa, da ociosidade, da vagabundagem. Muito pelo contrário, é **a universidade do trabalho, da ação benfazeja, do arrojo na realização**

do Reino de Deus na Terra. Porque, se você não se movimenta e "encosta o umbigo à mesa", no dizer popular, abre caminho e deixa o campo vago para aqueles que querem ver "o circo pegar fogo".

É aquilo que digo sempre: **quando o território não é defendido pelos bons, os maus fazem "justa" a vitória da injustiça.** Por isso, sejamos interiormente tranquilos, estejamos em paz com a nossa consciência, mas, na tarefa de Deus, temos de ser **ousados e batalhadores**, pois o **serviço integrado no Poder Superior regenera a Alma e resolve as mazelas do Brasil e da humanidade.**

Ademais, o Sublime Operário dos Céus deplora o comportamento omisso e a falta de audácia na prática do Bem, conforme este Seu lamento:

> — *Os filhos da Terra são mais perspicazes do que os filhos da Luz.*
>
> Jesus (Lucas, 16:8)

Cortando os marasmos espirituais e materiais

Jesus vem com a espada afiada de dois gumes que sai da Sua boca para nos **livrar dos marasmos espirituais e materiais**, do desânimo paralisante diante dos aborrecimentos. Ele quer sacudir as mentes e despertá-las do entorpecimento iníquo e perverso, do fascínio pelas ilusões humanas de todas as espécies, que submetem vidas aos frustrantes modismos passageiros.

Então, Ele precisa muitas vezes se manifestar com uma **Palavra Divina forte, enérgica, eloquente, justíssima**, pois fará o que for necessário para nos resgatar, conforme afirmou claramente na passagem da ovelha perdida, quando o Zeloso Pastor deixa 99 ovelhas em segurança a fim de buscar aquela única que se desgarrou[45]. Lembremos com atenção o que advertiu o saudoso Irmão Zarur:

> — *Uma palavra pode salvar uma vida. Uma palavra pode perder uma vida.*

E vejamos ainda a figura de linguagem que ele utilizava em suas pregações, citando uma situação hipotética de alguém se afogando no mar, e o guarda-vidas não pode permitir que aquela pessoa se segure nele caso esteja se debatendo com desespero, senão ambos vão para o fundo. Como salvar em uma circunstância como essa, em que a vítima pode matar o seu herói? Zarur, então, explicou durante importante Cruzada do Novo Mandamento de Jesus, em Americana/SP, a 2 de junho de 1974:

[45] Evangelho de Jesus, segundo Lucas, 15:3 a 7; e Mateus, 18:10 a 14.

— Às vezes, para salvar uma pessoa, tem que dar um soco no queixo, não deixar se afogar. "Pois haverá tempo em que não suportarão a sã doutrina; pelo contrário, cercar-se-ão de 'mestres' segundo as suas próprias cobiças" (Segunda Epístola de Paulo a Timóteo, 4:3 e 4).

É óbvio que aqui se traduz em uma forma retórica, não é para sair batendo em ninguém por aí. Ele estava provando um ponto, ilustrando algo que é sabido pelos socorristas, que possuem as suas técnicas de imobilização durante os resgates. Por vezes, é necessário tomar medidas extremas, dar o remédio amargo, a exemplo de uma palavra franca, com o intuito de salvar um Irmão ou uma Irmã que está em perigo.

Agora, reparem nesse alerta final trazido pelo Proclamador da Religião Divina, citando o Apóstolo Paulo, para que não estejamos enquadrados nesse vaticínio. Que permaneçamos integrados na **Doutrina Ecumênica de Jesus**, sem nos deixar seduzir por aqueles que afagam o ego e bajulam a vaidade, todavia buscarão, apavorados, esconderijo quando a situação verdadeiramente apertar no mundo. É como lemos nesta séria advertência contida no Sexto Selo do Apocalipse, 6:15 a 17:

15 Os reis da Terra, os príncipes, os grandes, os tribunos, os comandantes, os ricos, os poderosos, e todo

escravo e todo livre ***se esconderam nas cavernas e nos penhascos dos montes***
16 *e disseram aos montes e aos rochedos:* ***Caí sobre nós, escondei-nos da face Daquele que se assenta no trono e da ira do Cordeiro de Deus,***
17 *porque chegou o grande Dia do furor deles.* ***Quem poderá sobreviver?***

O Templo da Boa Vontade e a Espada do Cristo

O Templo da Boa Vontade, a Pirâmide das Almas Benditas, a Pirâmide dos Espíritos Luminosos — Sede Espiritual da Religião de Deus, do Cristo e do Espírito Santo —, cumpre igualmente esse papel de sacudir o ser humano entorpecido pelo mundanismo, nesse vínculo exagerado à matéria.

Por isso, temos muito o que aprender com os erros cometidos pelos integrantes da Igreja em Pérgamo para que não precisemos cair nas armadilhas a que se prenderam. No momento em que a corrupção entra no seu seio, quando há uma associação indevida entre o poder espiritual e o poder temporal, mundano, profano, aí tudo desanda. Como se diz popularmente, "ocorre o diabo". Se não houver antes a reforma dos seres humanos, a História se repete, como sucedeu lá.

Para evitar que isso aconteça, recomendo a leitura do capítulo "Quanto à abrangente missão do Templo da Boa Vontade", constante das *Sagradas Diretrizes*

Espirituais da Religião de Deus, do Cristo e do Espírito Santo, volume 2 (1990), no qual abordamos **a realidade flagrante do Mundo Espiritual**, os impactos dela no nosso cotidiano e a fundamental **União Consciente entre as Duas Humanidades** (a da Terra à do Céu da Terra).

Destaco o seguinte trecho do subtítulo "Somos todos sensitivos" para nossa reflexão: Na realidade, políticos, filósofos, religiosos, cientistas, artistas, esportistas etc., somos todos médiuns. Mas, se não formos sensitivos **evangelizados e apocaliptizados, iluminados pela vivência do Novo Mandamento do Cristo, que é Amor**, nada mais poderemos ser do que instrumentos do mal, como sói acontecer nos dias que correm.

Agora comento que é necessário rever essa história de que a mediunidade é algo pertencente a apenas alguns indivíduos com um dom especial. Não! **Toda a humanidade é sensitiva** e precisa saber disso para não servir de pasto a espíritos atrasados. Enquanto se negar a existência do Mundo Espiritual, os espíritos chamados de trevosos, ignorantes, que as Religiões apontam, vão produzindo um estrago nos destinos humanos por simplesmente não se conhecer os mecanismos de defesa capazes de neutralizá-los, como veremos no próximo capítulo.

Então, o **Templo da Boa Vontade** — com a sua abrangência, que **brada** que **os mortos não morrem** e que existe a ligação compulsória, isto é, obrigatória e inevitável, entre os planos físico e etéreo — **sacode as mentes e clama a todos para deixarem de ser escravos de obsessores**, “os lobos invisíveis”, que já denunciei em meus livros[46]. É urgente que se libertem desses algozes que tentam conduzir e dominar quem estiver invigilante da sua atuação para levá-lo a cometer as maiores barbaridades.

Por tudo isso, **o TBV se vale da espada afiada de dois gumes que sai da boca do Cristo de Deus para educar as mediunidades** e livrar as criaturas humanas de dores e sofrimentos oriundos dos seus equívocos.

Se Jesus não pregou a hostilidade, também não o fez quanto à tibieza, nem ao conformismo diante do erro, nem à vassalagem aos rapinadores do mundo, nem à covardia ante a prepotência. Basta ver que Ele convocou o mundo à mais grandiosa das reformas, que deve preceder a todas as outras: a do ser humano, pela consciência plena dos seus valores espirituais.

[46] Para melhor entendimento sobre o assunto, leia *A Missão dos Setenta e o “lobo invisível”* (2018), de autoria de Paiva Netto. Acesse www.PaivaNetto.com/livros.

JESUS CONHECE AS NOSSAS ADVERSIDADES

Academia Jesus, o Cristo Ecumênico, o Divino Estadista — *Caríssimas Irmãs e caríssimos Irmãos leitores, nesta sequência de capítulos, sugerimos a todos que elevem ainda mais alto seus pensamentos, sintonizando os Maiores da Espiritualidade Superior, para que estejamos sempre blindados contra a influência do astral inferior, de onde almas ainda perversas tentam desestabilizar os corações que buscam ascender no Conhecimento Divino.*

Paiva Netto*, Presidente-Pregador da Religião do Amor Universal, na explicação do versículo 13 da Missiva do Cristo aos Seus fiéis em Pérgamo, denuncia a manipulação exercida pelo* "trono de satanás" *na vida dos distraídos e como se proteger dessa pérfida ingerência:*

> [13] *Conheço o lugar em que habitas, onde está o trono de satanás, e que conservas o meu nome e não negaste a minha fé, ainda nos dias de Ântipas, minha fiel testemunha, o qual foi morto entre vós, onde satanás habita.*
>
> (Apocalipse, 2:13)

O Divino Amigo asseverou, em Sua Boa Nova, a todos os que O quiseram ouvir pelos milênios ser Ele o verdadeiro alicerce para uma vida em plenitude espiritual, moral e material, ao declarar:

> — *Eu sou a Árvore, vós sois os ramos. (...) Sem mim, nada podereis fazer.*
>
> Jesus (João, 15:5)

Apenas com a análise do versículo 12 do capítulo 2 do Seu Redentor Apocalipse, no qual o Divino Mestre apresenta-se à Sua Igreja em Pérgamo com uma espada afiada de dois gumes, vimos o quanto precisamos de Seu imprescindível apoio para o nosso caminhar sobre os espinheiros de uma vida repleta de animosidade neste orbe ainda tão atrasado em múltiplos aspectos.

Ao avançarmos ainda mais por essa importante Carta do Imaculado Cordeiro, no versículo 13, vislumbramos a dimensão dessa premência de contarmos com as armas espirituais que Ele nos oferece ante os terríveis desafios vindouros. Afinal, Jesus é Aquele que nos compreende em um nível molecular, podemos dizer assim. Nada escapa à Sua visão percuciente que

— *sonda rins e corações* (Apocalipse, 2:23).

O Psicólogo Divino é capaz de mostrar à humanidade tanto a vergonha quanto as atitudes valorosas de cada um. E vocês verão como isso foi imprescindível para o que os fiéis em Pérgamo enfrentariam. No versículo 13 do capítulo 2, notamos que Ele enaltece as qualidades daqueles Seus seguidores.

O trono da maldade

O primeiro ponto a mencionarmos nesse trecho em questão é que **o Sublime Pastor sabe dos enormes desafios que aqueles Irmãos enfrentam**, ao dizer que conhece o local em que habitam, *"onde está o trono de satanás"*. E ainda assim conseguiram conservar o nome do Cristo de Deus e não negar a Fé Nele.

Percebam a insistência do Grande Amigo da humanidade em referir-se a *"onde satanás habita"* por duas vezes no mesmo versículo. Afinal, onde essa entidade vive e em que lugar está o seu trono? Para o entendimento mais amplo dessa Igreja, é bom observar essa recorrência.

Precisamos então retomar o que tratamos no estudo dedicado à Igreja em Esmirna: satanás não deve ser interpretado como aquele personagem vermelho chifrudo com rabo e um tridente à mão, como infelizmente tem sido representado no imaginário popular. Isso é importante para não sermos enganados quanto à sua verdadeira feição, muito mais solerte e insidiosa.

Essas figuras apavorantes geralmente surgem porque espíritos que se encontram em atraso moral assumem determinadas aparências horripilantes para causar assombro nos seres encarnados. Tudo é vibração. Se alguém se coloca na sintonia desses infelizes irmãos, acaba por enxergar tais imagens — até em pesadelos — e as reproduz. Os filmes de terror estão aí para comprovar isso, visto que muitos dos que os produzem, pela lei da atração, percorrem paragens terríveis no **astral inferior** ou se inspiram em relatos semelhantes catalogados na História humana. Por isso mesmo, muito cuidado com esse tipo de material. É bom que se mantenham bem distantes dessa ambiência pesada. O que reforça a magnitude da abrangência do Templo da Boa Vontade, que abordamos no capítulo anterior, para nos **conectarmos conscientemente com as Almas Luminosas**, que trabalham pelo bem dos povos e habitam idílicas regiões do **Astral Superior**.

O que é satanás?

Afinal, o que ou quem seria satanás? Trata-se de um homem ou de uma mulher? Um ser humano ou um animal? Ou os dois? O conceito criado pelos povos sobre ele foi se modificando ao longo do tempo. E respondemos a essa pergunta com a definição feita pelo saudoso Irmão Alziro Zarur e que sempre repetimos nessas aulas:

— *Satanás é a soma de todas as maldades humanas. O dia em que o ser humano deixar de ser mau, satanás deixará de existir.*

Goethe

Vemos que a sua presença está pautada no afastamento voluntário das Leis Divinas de Amor e da Perfeita Justiça. O filósofo e escritor alemão Goethe (1749-1832) anotou:

— *Não há nada mais terrível do que uma ignorância em atividade.*

E Zarur enriqueceu esse ensinamento do autor de *Fausto* ao asseverar:

— *A pior desgraça humana é a ignorância da Lei Divina.*

De *A Missão dos Setenta e o "lobo invisível"*

É oportuno reproduzir trecho de minha obra *A Missão dos Setenta e o "lobo invisível"* (2018), no qual me valho da passagem do Evangelho do Cristo, segundo Lucas, 10:3, quando o Zeloso Pastor ordena:

> — *Ide! Eis que vos envio como* ***cordeiros para o meio de lobos.***

Ao analisar essa figura do lobo, aproveito a oportunidade para lhes falar de algo que muita gente ignora e que o Celeste Pegureiro incessantemente combateu e a todos ensinou a fazer: na Natureza espiritual, existe o "lobo invisível". E o que seria o tal "lobo invisível"? Por acaso, um espécime análogo ao que temos aqui na Terra, cumprindo seu papel na cadeia alimentar, que apenas escapa ao espectro dos nossos olhos? Antes fosse... Mas lamento que não o seja... Alerto-os em alto e bom som: **o "lobo invisível" é o espírito obsessor, a serviço do mal**!

Esse é o motivo do emprego das aspas ao citá-lo. Bípede (ou quadrúpede, ou mesmo sem forma definida), essa alma perturbada e perturbadora — **inimiga da Verdade, do Bem, da Fraternidade, do Amor; enfim, avessa ao Reinado do Cristo no planeta Terra, porquanto predadora espiritual** — está sempre à espreita para tornar algum invigilante dos Assuntos Divinos sua vítima, causando-lhe sérios danos e arrastando-o a situações de grave sofrimento.

É importante ressaltar que, ao discorrer sobre o "lobo invisível" (ou até mesmo visível, isto é, um espírito trevoso reencarnado), não me refiro a alguém em específico, mas **a todo aquele que se submete a essa péssima condição**. Amanhã, não poderão argumentar que afirmei ser fulano ou sicrano, pois não é isso que estou dizendo, não!

"Orai e vigiai"

Mais adiante no livro, ainda escrevo ser essencial esclarecer que esses seres invisíveis, que sobrevivem nas esferas espirituais atrasadas, têm seus correspondentes na Terra. São os seres humanos que se comprazem no mal, em grande escala ou em pequenas ordens, provocando enormes estragos sobre os indivíduos, suas coletividades ou a humanidade inteira.

É urgente saber derrotar os "lobos", **convencendo-os** de que se encontram no caminho do mal para que se desvencilhem da iniquidade, de modo que não fiquem a "soprar" sugestões perversas nos "ouvidos" daqueles que se submetem ao seu guante. É preciso orar sempre por eles, por sua iluminação espiritual e para a segurança nossa.

Trata-se de uma situação da qual os escravos do "lobo invisível" não se podem livrar, por culpa própria, porque desmentem a toda hora a possibilidade da existência do inimigo feroz invisível. A esses, novamente, recordamos a determinação de Jesus, em Sua Boa Nova, consoante Mateus, 26:41:

— *Vigiai e orai, para não cairdes em tentação,*

isto é, *"vigiai e orai"*, para não cair sob o domínio de forças trevosas, ainda perversas. E por serem imperceptíveis aos nossos olhos físicos, conduzem, sorrateiros, muitos à ruína espiritual, moral e material.

Uma lição espiritual para todos da Terra e do Céu

A respeito desse versículo bíblico, convém refletirmos sobre a palavra amiga do Espírito Irmão Flexa Dourada, generosamente transmitida durante importante reunião do Centro Espiritual Universalista, o CEU da Religião de Deus, do Cristo e do Espírito Santo — a Quarta Revelação, por intermédio do sensitivo Cristão do Novo Mandamento Chico Periotto, no dia 2 de fevereiro de 2013 (sábado):

> **"Orai e vigiai"** [disse Jesus no Evangelho, segundo Mateus, 26:41]. ***Isso serve para todo mundo.*** *Serve para Flexa Dourada. Em primeiro lugar, serve para nós aqui em Cima. Antes de servir aos seres encar-*

nados, serve aos desencarnados. Todo o tempo estamos sendo tentados. E às vezes por situações formadas nas mentes das pessoas. ***Assim são construídos os carmas, as provações.*** *Às vezes, a pessoa passa a militar no pensamento por situações que não seriam dela.*

Por isso, ***são importantes*** *a Corrente da Boa Vontade, a prece e a invocação, a chamada para que todos sempre parem e pensem nisso.*

Se Jesus, que é Jesus, foi tentado, imaginem como não seremos nós? E Ele é o próprio Mestre, o Cristo! Por isso, a prece e a boa vibração são um ***grande escudo*** *para todas as pessoas.*

O Divino Mestre apresenta-se à Sua Igreja em Pérgamo com uma espada afiada de dois gumes, e vimos o quanto precisamos de Seu imprescindível apoio para o nosso caminhar sobre os espinheiros de uma vida repleta de animosidade neste orbe ainda tão atrasado em múltiplos aspectos.

A desolação de Jó, na arte digital de William Luz.

A PERSEVERANÇA E A PACIÊNCIA DE JÓ

***Academia Jesus, o Cristo Ecumênico, o Divino Estadista** — Dando sequência ao seu estudo do versículo 13 do capítulo 2 do Apocalipse, juntamente com os Simples de Coração, o Presidente-Pregador da Religião Divina discorrerá sobre a origem do termo "satanás", para um melhor entendimento, e sobre as ferramentas para enfrentá-lo.*

***Paiva Netto** então prossegue:*

A origem etimológica do termo satanás vem do aramaico *"ha-satan"*, no qual *"ha"* significa "o" e *"satan"*, "adversário" ou "opositor". Logo, trata-se de **tudo aquilo que vai de encontro à Paz, ao Amor, à Generosidade e à Fraternidade Ecumênica**, tentando prejudicar a marcha do progresso espiritual do indivíduo, em qualquer parte do mundo, independentemente de crenças ou descrenças.

O saudoso Proclamador da Religião de Deus, do Cristo e do Espírito Santo, Alziro Zarur, quando escrevia sobre as Lições do Centro Espiritual Universalista, o CEU da Quarta Revelação, no fim da década de 1960, publicou, na centenária *Gazeta de Notícias*, do Rio de Janeiro/RJ, explicação bastante ilustrativa presente no primeiro tomo de *Os Quatro Evangelhos*, de Jean-Baptiste Roustaing (1805-1879):

> *Satanás, o diabo, o demônio — são nomes alegóricos, pelos quais se designa* ***o conjunto dos maus espíritos*** *empenhados na perda do homem e da mulher.*
>
> *Satanás não era um Espírito especial, mas a síntese dos piores espíritos que, purificados agora na sua maioria, perseguiam os homens e mulheres, para desviá-los do caminho do Senhor.*
>
> *Mas todos se purificarão com o tempo, por meio de uma série de provações e expiações em reencarnações sucessivas, precedidas, cada uma, no espaço, na erraticidade, dos sofrimentos ou torturas morais apropriados e proporcionados aos crimes ou faltas cometidas.*
>
> *Tais são, para o Espírito culpado, encarnado ou errante, o inferno, o purgatório, a expiação, a reparação, o progresso.*
>
> ***A reencarnação é a escada santa que todos os homens terão de subir.*** *Constituem-lhe os degraus,*

as fases das diversas existências nos mundos inferiores, depois nos mundos superiores, porque Deus determinou que, para chegar a Ele, teria o homem de nascer, "morrer" e renascer até aos limites da perfeição. E nenhum chegará até Ele sem se purificar pela reencarnação.

(Os destaques são de Paiva Netto.)

A provação do patriarca Jó

Uma referência ao termo satanás aparece, por exemplo, no Antigo Testamento da Bíblia Sagrada, no livro de Jó, logo no primeiro capítulo, versículos de 6 a 12:

6 *Um dia em que os filhos de Deus* [isto é, os Anjos] *vieram apresentar-se perante o Senhor, veio também satanás entre eles.*
7 *Então, perguntou o Senhor a satanás: De onde vens tu? Satanás respondeu ao Senhor e disse: Andei dando volta pelo mundo e passeando por ele.*
8 *Perguntou ainda o Senhor a satanás: Observaste o meu servo Jó? Porque não há ninguém na Terra semelhante a ele. É um homem íntegro e reto, temente a Deus e que se mantém longe do mal.*
9 *Então, respondeu satanás ao Senhor: É a troco de nada que Jó teme a Deus?*
10 *Acaso, não cercaste, qual uma muralha, a sua pessoa, a sua casa e todos os seus bens? Abençoaste*

tudo quanto ele faz e seus rebanhos cobriram toda a região.
11 Mas estende a mão, e atinge tudo o que ele tem, e verás se não blasfema contra Ti na Tua face.
12 Disse o Senhor a satanás: Pois bem! Tudo o que ele possui está em teu poder. Somente não estendas a tua mão contra a sua pessoa. E satanás saiu da presença do Senhor.

Lembrem-se de que a Bíblia Sagrada precisa ser estudada e vivida em Espírito e Verdade, à luz do Novo Mandamento do Cristo — *"Amai-vos como Eu vos amei. Somente assim podereis ser reconhecidos como meus discípulos"* (Evangelho, segundo João, 13:34 e 35). Nunca ao pé da *"letra que mata"*, no dizer de Paulo Apóstolo, na sua Segunda Epístola aos Coríntios, 3:6. Caso contrário, perdemos a lição moral e espiritual ao nos prendermos à literalidade do texto.

É claro que o Pai-Mãe Celestial jamais faria uma aposta sádica com satanás que prejudicasse qualquer um de Seus filhos na Terra. Isso não faz o menor sentido diante da concepção do Deus Divino que temos exaltado em toda a Doutrina Ecumênica da Religião do Terceiro Milênio. Isso é uma **representação de como aquele povo interpretava o dilema espiritual** envolvendo a trajetória de Jó e as lutas que teve de sobrepujar.

O que vai acontecer com ele? Jó era rico, justo e temia a Deus. Porém, as adversidades do caminho — simbolizadas por satanás ou almas atrasadas que querem se opor aos que se dedicam ao Bem — farão com que ele perca tudo, desde as suas posses até os seus filhos. A prova dele foi tão grande que chegou a amaldiçoar o dia que tinha nascido (livro de Jó, 3:2 e 3). Imaginem que tormento! Agora, pensem e me respondam: não é assim a vida humana, repleta de infortúnios e obstáculos com os quais temos de lidar, parecendo às vezes que soçobraremos?

Tribulações vencidas com a perseverança em Deus

Qual foi, porém, a reação de Jó quando as tribulações chegaram, causando um verdadeiro armagedom na vida dele?

> 20 *Então, Jó se levantou, rasgou o seu manto, rapou a cabeça, caiu prostrado em terra e adorou;*
> 21 *e disse: Nu saí do ventre de minha mãe e nu voltarei.* ***O Senhor o deu e o Senhor o tirou; bendito seja o nome do Senhor!***
> 22 *Em tudo isto Jó não cometeu pecado algum, nem proferiu contra Deus blasfêmia alguma* (livro de Jó, 1:20 a 22).

E ele, com sua famosa paciência, **foi perseverando** diante das turbulências, mantendo-se **fiel** aos Preceitos Divinos, suportando as angústias e **superando** os desafios, até **reconquistar**, com as Bênçãos dos Céus, **o dobro da prosperidade** material que possuía, além de **gerar outros descendentes**. É óbvio que Deus não deseja o fracasso de ninguém, muito menos permite uma prova maior do que a nossa capacidade de vencê-la.

Não ao suicídio!

Por isso, **jamais deixem as nefastas ideações suicidas** — mais uma pérfida forma de agir do espírito do mal — **invadir os seus pensamentos. Reajam! Pela Vida vale a pena lutar!**

Não nos esqueçamos desta importantíssima lição do Irmão Zarur:

> ***— O suicídio não resolve as angústias de ninguém!***

Em vez disso, precisamos encarar nossa trajetória terrena como uma **escola permanente de aprimoramento**, cujas **oportunidades a todo instante nos batem à porta**. Saibamos identificá-las. Além disso, você sempre encontrará na Religião de Deus, do Cristo e do Espírito Santo ombros que lhe trarão **conforto e auxílio espiritual**[47].

---

[47] **Atendimento "Pela Vida, vale a pena lutar!"** — Essa ação de Assistência Espiritual Ecumênica da Religião Divina visa acolher, confortar e esclarecer Irmãs e Irmãos que enfrentam graves desafios, especialmente

Aliado a essa busca, igualmente conte com os recursos materiais, os quais, graças à Misericórdia do Cristo, vêm se aprimorando na Medicina com o tratamento de enfermidades que, se não cuidadas, podem agravar os quadros que levam a essa tragédia.

Nunca considere cortar o fio da própria existência, pois — ao procurar o "fim" do sofrimento, chegando ao Outro Lado — ficará surpreso e aterrorizado com o prosseguimento da Vida, com suas incorruptíveis Normas funcionando a todo vapor. E você sofrerá sanções indescritíveis pelo ato levado a termo.

Afinal, os dramas que enfrentamos no cotidiano não se extinguirão ao acordarmos na dimensão nova. Outrossim, serão exponencialmente agravados por uma série de tormentosas repercussões no perispírito, decorrentes do corte abrupto de nossa existência física. Como seres em evolução, não devemos presumir entender os complexos mecanismos do Plano Invisível de maneira superficial. **Essa é uma dimensão tão colossal como o Espírito Divino que a criou.** E basta que nós — feitos à imagem e semelhança de Deus, portanto de forma apta a compreender a Sua própria Lei no Espaço e no Tempo Dele — queiramos ou ousemos trilhar esse instigante caminho de apren-

---

os que pensam no suicídio. A ação ocorre virtualmente nas redes sociais e ainda conta com visitas presenciais e *on-line* nos lares. Mande mensagem pelo *chat*: Facebook.com/ReligiaodeDeus.

dizado, deixando de ser blasfemadores e nos tornando amantes das Suas Ordenações. **O Pai Celestial aguarda que** vivamos segundo **a semeadura luminosa que Ele fez** nas nossas consciências espirituais e que **essa sementeira se projete do nosso Espírito para a sociedade** em que vivemos. Aí haverá a Grande Revolução Espiritual de que o mundo necessita. E isso ocorrerá.

A Justiça Divina é infalível

Todo o livro de Jó é interessantíssimo para refletirmos acerca da Justiça Divina, que não obedece às frágeis lógicas humanas e nem pode ser confundida com a noção distorcida de justiçamentos mundanos. Gosto de destacar em minhas pregações fraternas **o discurso de Eliú, um amigo de verdade de Jó**, que vai apresentar sua visão e seus conselhos sobre toda aquela desventura, **fazendo com que ele despertasse do seu lamento**. Podemos relacionar isso com **o papel dos nossos Anjos da Guarda**, Amigos Invisíveis que nos ajudam diuturnamente ao longo da vida. Eles nos **sopram palavras de sensatez aos ouvidos** para nos acalmar nos momentos de transtorno diante dos obstáculos, **ao mesmo tempo que insuflam motivação ao movimento dos nossos braços**, para que possamos buscar a sobrevivência neste mundo e auxiliar os demais por meio da Caridade Bendita.

Disse, então, Eliú:

> — *Pelo que vós, homens sensatos, escutai-me: longe de Deus o praticar Ele a perversidade, e do Todo-Poderoso o cometer injustiça. Pois* ***retribui ao homem segundo as suas obras*** *e faz que a cada um toque segundo o seu caminho* (livro de Jó, 34:10 e 11).

Comentei durante a série radiofônica "Evangelho de Jesus, segundo João", nos dias 6 de fevereiro e 21 de março de 2003, que essa passagem demonstra que Deus não vai arbitrariamente condenar uma pessoa ou sair punindo de forma aleatória quem quer que seja. Ele estabeleceu Leis Universais e devemos procurar viver conforme essas Normas Sublimes, sendo **o Amor o suprassumo delas**. Vocês não veem como a sociedade fica se destruindo a todo o momento? E a impunidade está grassando solta por aí. **Percorramos**, então, **o caminho da Luz para nos libertarmos**. O outro lado, **o das trevas, será uma trilha escura que nos levará à ruína**. Por ela, digamos, daremos topadas nas pedras pontiagudas, podemos cair de um penhasco e quebrar a cabeça.

O que fica claro é que **a base da Justiça Divina é a Lei do Apocalipse, ou a Lei das Obras. O Pai Celestial não é injusto nem incompassivo, apenas permite que as Suas Ordenações Perfeitas se cumpram.** Caso contrário, o Universo viraria uma bagunça incontrolável e qualquer um se sentiria à vontade para fazer o que bem entendesse sem arcar com as consequências de seus atos. Sempre digo que **Deus nos deixa moralmente livres, mas não imoralmente livres**.

Não sabemos os motivos pelos quais Jó passou por aquelas lutas, tivessem elas origem naquela vida ou em outra, pois a Lei Universal da Reencarnação é a chave para compreendermos os mecanismos dos Estatutos Espirituais do Cosmos. Além do mais, por ele estar a serviço do Bem na Terra, encontraria a resistência natural por parte de quem não quer ver a vitória da Luz Divina. No entanto, podemos concluir que a ação de satanás não é sem limites nesse mundo e ele não possui poder por si próprio. Apenas consegue causar flagelo a quem o atrai para si. O que é fundamental mesmo é que **Jó fez valer a irrestrita confiança de Deus nele** e provou que o espírito trevoso estava errado, **não sucumbindo às suas artimanhas**.

O Pai Celestial é o verdadeiro Dono do Poder no Universo e está sempre nos **amparando diante das provações da jornada**, pois acredita na **nossa capacidade de vencer as intempéries da Vida**. É como lemos no livro dos Salmos, 34:19:

> — ***Muitas são as aflições do justo, mas o Senhor de todas o livra.***

Ou ainda na Primeira Epístola de Pedro, 5:10:

— ***O Deus de toda graça**, que em Cristo vos chamou à Sua eterna glória, depois de terdes sofrido por um pouco, **Ele mesmo vos há de aperfeiçoar, firmar, fortificar e fundamentar**.*

ADENDO

Como lutar contra as seduções das trevas

***Academia Jesus, o Cristo Ecumênico, o Divino Estadista** — Aproveitamos o ensejo do tema, nesta profunda análise da Carta de Jesus à Igreja em Pérgamo, que juntos estamos estudando com Paiva Netto, para reproduzir uma história que ele apresentou em sua série radiofônica "Lições de Vida", no dia 23 de julho de 1986. Ela é intitulada "Remédio contra tentações", de autoria do Irmão X (Espírito), na psicografia do Legionário da Boa Vontade Chico Xavier (1910-2002), e nos ensina a nos desviar do caminho do erro com a permanente Proteção de Deus:*

Remédio contra tentações

***Instado por um cristão** novo de Jerusalém, que se fazia portador de preciosos títulos sociais, desejoso de ouvi-lo **quanto a remédio eficaz contra as tentações, Simão Pedro, já bem velhinho, explicou** sem rebuços:*

— Certo homem de Gaza, que amava profundamente o Senhor e observava, cauteloso, os mandamentos, após cumprir todos os deveres para com a família direta, viu-se, na meia-idade, plenamente liberto das obrigações mais imediatas e, porque suas aspirações mais altas fossem as de integração definitiva com o Altíssimo Pai, consagrou-se à contemplação dos mistérios divinos. Recolheu-se à oração e à meditação exclusivas. Extasiava-se diante das árvores e das fontes, perante o lar e o céu, louvando o Criador em cânticos interiores de reconhecimento. Tão maravilhosamente fiel se tornara ao Poder Celestial, que as Forças Divinas permitiram ao espírito das trevas aproximar-se dele, qual aconteceu, um dia, a Jó, na segurança de sua casa em Hus [para testar a força da fé do dedicado discípulo].

O maligno acercou-se do crente perfeito e passou a batalhar com ele, tentando turvar-lhe o coração.

Após longos dias de conflito acerbo, o aspirante ao paraíso implorou ao Eterno, em soluços, lhe fornecesse recursos com que se esquivar à tentação. Suplicou auxílio com fervor tão intenso, que o Pai Misericordioso, através de um Emissário, aconselhou-o a cultivar a terra.

O piedoso devoto atendeu à ordem, rigorosamente.

(...) Preparou sementeiras, adubou-as; (...) dividiu as águas com inteligência; tomou a colaboração de regular exército de servidores e, vindo o perverso dominador, tão ocupada lhe encontrou a mente que foi obrigado a adiar a realização dos seus perversos propósitos.

O aliado de Deus agiu com tanto brilho que, em breve, a propriedade rural de que se fizera fiador converteu-se em abençoado centro de riqueza geral, a produzir, mecanicamente, para a fartura de todos.

Atendida a designação que procedia do Alto, o mordomo voltou a repousar e o maligno se lhe abeirou dos passos, novamente.

Outro combate silencioso e o devoto suplicou a intervenção do Altíssimo.

Manifestando-se, por intermédio de devotado mensageiro, recomendou-lhe o Pai Bondoso fiar a lã dos rebanhos de ovinos que lhe povoavam as pastagens, e o beneficiado do conselho celeste observou fielmente a determinação.

Movimentou pessoal, selecionou carneiros, adquiriu teares e agulhas, fez-se credor de larga indústria do fio e, chegando o maligno, notou-o tão ocupado que, sem guarida para provocações, refugiou-se a distância, aguardando oportunidade.

O esforço do missionário, em poucos anos, imprimiu grande prosperidade ao serviço fabril, dispensando-o de maiores preocupações.

Reparando-o livre, regressou o gênio satânico e rearticulou-se a guerra íntima.

O aprendiz da fé recorreu à prece e outra vez implorou medidas providenciais ao Doador das Bênçãos Celestiais.

O Deus Todo-Poderoso, exprimindo-se por um Anjo, induziu-o a moer grãos de trigo para benefício comum.

Voltou o favorecido ao trabalho e construiu, utilizando o concurso de muita gente, valiosos moinhos, suando, à frente de todos, na fabricação de farinhas alvas. Tornando o dragão das sombras e percebendo-lhe tão grande preocupação na atividade salvadora, retirou-se de novo, constrangido, espreitando ocasião mais oportuna.

Com o êxito amplo do servidor leal, novo descanso abriu-se para ele e satanás retornou, furioso, à batalha pela posse de sua vida.

O piedoso discípulo da salvação refugiou-se na confiança em Deus e o Todo Amantíssimo, por outro Emissário, aconselhou-o a erguer um pomar, em benefício dos servidores que lhe seguiam a experiência.

Retornou o fiel servidor ao trabalho ativo e tão entregue se achava às responsabilidades novas que o perseguidor se viu na contingência de retroceder, na expectativa de ensejo adequado.

A fidelidade conferiu ao trabalhador operoso novas bênçãos de merecida prosperidade e o apaziguamento lhe felicitou o caminho.

Quando se fixava o servidor fiel, feliz e despreocupado, na beatitude, a fim de melhor agradecer as dádivas divinas, eis que ressurge o maldito, convocando-o a retomar o duelo oculto.

O fiel servidor, entretanto, compreendendo, por fim, as lições do Senhor dos Mundos, não se internou em novas rogativas. Envolveu-se no serviço útil ao mundo e aos semelhantes, até ao fim de seus dias, quando, então, partiu da Terra ostentando a coroa da eternidade.

*O ouvinte sorriu, algo apreensivo, e **o velho Simão Pedro, calejado no sofrimento e no sacrifício, terminou muito calmo, dizendo-lhe:***

— Meu Irmão, o único remédio seguro que conheço contra as tentações é o mergulho do pensamento e das mãos no trabalho regenerador que nos dignifique a vida para Deus.

E deu por finda a fraternal entrevista.

(Os destaques são de Paiva Netto.)

A tentação de Jesus, por Gustave Doré (1832-1883).

JESUS VENCE A TENTAÇÃO

(Parte 1)

***Academia Jesus, o Cristo Ecumênico, o Divino Estadista** — Na década de 1980, em suas fraternas preleções pelo rádio e pela TV, o Presidente-Pregador da Religião do Terceiro Milênio nos trouxe, de improviso, valiosas reflexões sobre a temática acerca das agruras humanas causadas pelas influenciações maléficas, outrora aos Irmãos da Igreja em Pérgamo, hoje, a todos os povos. Veremos a importância do trabalho do Centro Espiritual Universalista, o CEU da Religião Divina, nessa peleja incessante em melhorar as nossas vidas ao elevar o tônus vibracional de nossas escolhas.*

*Leiamos o que nos revelou **Paiva Netto**:*

Minhas Amigas e meus Irmãos, minhas Irmãs e meus Amigos, o grande tesouro que carregamos em nosso Espírito por toda a Eternidade são as boas ações que praticamos, se soubermos honrar a Verdade, o Amor, a Justiça, a Generosidade e viver em harmonia com nossos semelhantes, a despeito de ser este um planeta de provas e expiações, no qual até exalçados Apóstolos são obrigados a se esmerar para o bom cumprimento de suas missões espirituais.

Ainda na década de 1960, na *Gazeta de Notícias*, o saudoso Irmão Alziro Zarur, em suas lições do CEU, fez um resumo dos esclarecimentos do Espírito da Verdade acerca das diversas categorias planetárias:

> — *A escala dos mundos é infinita. Entretanto, todos eles podem ser classificados assim:* ***mundos primitivos****, onde o Espírito faz as suas primeiras encarnações;* ***mundos de provas e expiações****, como a Terra que habitais, onde dominam o mal e os sofrimentos morais e físicos;* ***mundos de regeneração****, onde os Espíritos adquirem novas forças e descansam da fadiga de suas lutas;* ***mundos felizes****, onde predomina o Bem sobre o mal;* ***mundos celestes ou divinos****, onde impera somente o Bem e não se conhecem sofrimentos físicos nem morais. É o Céu.*

A grande luta dos Irmãos em Pérgamo

Considerando o atual estágio evolutivo deste orbe em que vivemos e o que lemos no versículo 13 do capítulo 2 do Apocalipse de Jesus — *"Conheço o lugar em que habitas,* ***onde está o trono de satanás****, e que conservas o meu nome e não negaste a minha fé, ainda nos dias de Ântipas, minha fiel testemunha, o qual foi morto entre vós,* ***onde satanás habita****"*—, a Igreja em Pérgamo está enfrentando uma acirrada luta, porque dentro dela se encontra o veneno de satanás. Essa atuação material e espiritual contrária aos interesses crísticos começa a distrair a atenção dos fiéis de Jesus, que haviam sofrido as fortes perseguições na Igreja de Esmirna. Porém, o espírito do mal, que se acha o "dono" da Terra — visto que muito breve esse livre trânsito dele será cassado, conforme veremos adiante —, certamente raciocina assim:

> — *Não vamos deixar caminharem mais assim, não! Muitas Almas estão indo para o Cristo, nós somos do anti-Cristo...*

E Jesus assim o permite porque neste mundo todos temos de ser provados para sobrevivermos, isso faz parte do processo de evolução de nosso planeta. De outra forma, como o Mestre saberia o real pendor das pessoas? Como poderia confiar um trabalho ou uma responsabilidade no cuidado de outros Espíritos, se não as testasse antes? E não estou falando nada além do que qualquer administrador não saiba. Vejamos, de que modo se chefia alguém se não souber a sua capacidade operacional? **Jesus faz questão de provar em que pé**

está a nossa Alma. Por exemplo, qual demonstração de fidelidade oferecemos a Ele pelos tesouros que nos entrega às mãos? Lembrem-se desta advertência do Cristo:

> — *Àquele, porém, a quem muito foi dado, muito lhe será exigido; e àquele a quem muito se confia, muito mais lhe pedirão* (Evangelho, segundo Lucas, 12:48).

As tribulações que vêm para a humanidade não se manifestam apenas em forma de guerras com armas materiais. São, acima de tudo, a guerra moral, psíquica, emocional e espiritual. E não é entre soldadinhos de chumbo, não. É entre Jesus e tudo o que é contra Ele. Mas essa é **uma batalha que o Cristo de Deus flagrantemente vence**, como já vimos no Primeiro Selo do Apocalipse (6:2):

> — *E olhei, e eis um cavalo branco e o seu cavaleiro com um arco; e lhe foi dada uma coroa;* ***e Ele saiu vencendo e para vencer.***

Jesus é o oposto da trindade do mal

Ora, é fácil desmascarar a ação solerte da trindade do mal (satanás, anti-Cristo e falso profeta) e daqueles que se aliam a ela: é só nos firmarmos no Divino

Mestre e percebermos tudo o que seja contrário ao que representa o Rei dos reis e Senhor dos senhores. Dessa maneira, nos colocamos bem distantes desses desvios catastróficos.

Jesus apontou a direção:

> — *Eu sou o Caminho,* ***a Verdade*** *e a Vida; ninguém vem ao Pai senão por mim* (Boa Nova, segundo João, 14:6).

Todavia, satanás é a própria imagem da calúnia:

> — *Vós tendes por pai ao diabo e quereis satisfazer os desejos de vosso pai.* ***Ele foi homicida desde o princípio e não se firmou na Verdade, porque não há Verdade nele.*** *Quando ele profere mentira, fala do que lhe é próprio, porque* ***é mentiroso e pai da mentira*** (Evangelho, segundo João, 8:44).

Evangelista Marcos

Jesus é o Cristo, o Ungido de Deus, o Supremo Governante da Terra, que promove a união entre todos os seres vivos deste planeta, encarnados e desencarnados, e revela no Seu Evangelho, segundo Marcos, 3:22 a 26:

> 22 *Os escribas, que haviam descido de Jerusalém, diziam: Ele está possesso de Belzebu. E: É pelo maio-*

ral dos demônios que expele os demônios.
23 Então, convocando-os Jesus, lhes disse, por meio
de parábolas: Como pode satanás expelir a satanás?
24 Se um reino estiver dividido contra si mesmo, tal
reino não pode subsistir;
25 se uma casa estiver dividida contra si mesma, tal
casa não poderá subsistir.
26 Se, pois, satanás se levantou contra si mesmo e
está dividido, não pode subsistir, mas perece.

E ainda:

— ***Quem não é por mim é contra mim; e quem comigo não ajunta espalha.*** *Por isso, vos declaro: todo pecado e blasfêmia serão perdoados aos homens; mas a blasfêmia contra o Espírito de Deus*[48] *não será*

---

[48] <u>**Nota de Paiva Netto**</u>

Espírito de Deus — Em geral, as traduções bíblicas trazem esse versículo da seguinte forma: *"mas a blasfêmia contra o **Espírito** não será perdoada"*. Nos relatos de Mateus (12:32), de Marcos (3:29) e de Lucas (12:10), é comum aparecer "Espírito Santo" no lugar de "Espírito". No entanto, o saudoso Irmão Zarur sabiamente explicou que pode ter havido uma interpolação nesse trecho, o que seria um crime. Infelizmente, ao longo dos séculos, aconteceram erros de copistas — importantes profissionais que copiavam à mão manuscritos, documentos, escrituras, testamentos e outros registros. É possível ser esse o caso aqui. Em nosso ponto de vista, não parece lógico serem perdoadas as blasfêmias proferidas contra Jesus, mas não o serem contra o Espírito Santo, que, na Santíssima Trindade, é a terceira categoria, portanto inferior à do Cristo Planetário. Vale lembrar que, na Antiguidade, Espírito significava Deus. Jesus mesmo afirmou que

> *perdoada* (Evangelho, consoante Mateus, 12:30 e 31).

Além do mais, qual é o sinete do anti-Cristo? Dividir para reinar. Ou seja, o exato oposto do Cristo.

Ao concluir este capítulo, reitero que **Jesus é o Profeta Divino, Médium de Deus na Terra**. Ao contrário Dele, o falso profeta lança enganações com truques baratos, para confundir as mentes e fazê-las se dispersarem do Rebanho Ecumênico do Cristo. Mas só vai atrás desses devaneios perniciosos quem quer. **Nós, há muito, nos decidimos por Jesus, o Sublime Pegureiro, pois somos as ovelhas de Deus**, que sempre procuram nutrir **os sentimentos bons**, que carregamos desde a nossa criação, pelos milênios dos milênios, portanto não ouvimos a voz do estranho, isto é, do mal. **Apenas reconhecemos o som das palavras do Bondoso Pastor** (Evangelho, segundo João, 10:2 a 4).

"Deus é Espírito". Por isso, grafamos a transcrição desses versículos com o uso de **Espírito de Deus**, para não haver dúvidas do que se trata.

Neste mundo todos temos de ser provados para sobrevivermos, isso faz parte do processo de evolução de nosso planeta. De outra forma, como o Mestre saberia o real pendor das pessoas? Como poderia confiar um trabalho ou uma responsabilidade no cuidado de outros Espíritos, se não as testasse antes? E não estou falando nada além do que qualquer administrador não saiba. Vejamos, de que modo se chefia alguém se não souber a sua capacidade operacional? Jesus faz questão de provar em que pé está a nossa Alma. Por exemplo, qual demonstração de fidelidade oferecemos a Ele pelos tesouros que nos entrega às mãos?

JESUS VENCE A TENTAÇÃO

(Parte 2 — final)

Enfrentar todos os desafios

Ainda sobre os testes da vida, recorro à palavra do Amigo Espiritual, valoroso Guerreiro de Jesus na Revolução Mundial dos Espíritos de Luz, na Quarta Revelação, nosso Irmão Flexa Dourada (Espírito). Percebamos o valioso ensinamento desse trabalhador do Espaço, que chegou até nós durante reunião do Centro Espiritual Universalista, o CEU da Religião de Deus, do Cristo e do Espírito Santo, pela sensitividade de Chico Periotto, em 27 de março de 2010 (sábado), na cidade do Rio de Janeiro/RJ:

Flexa Dourada

A Vida é um constante treinamento

"Ah, mas vai ter isso, vai ter aquilo, vai ter aquilo outro, vai ter prova e tal". No dia que não tiver prova, é hora de estar do Outro Lado da Vida ***e aí vai ter outra espécie de avaliação.***

Alguém na Terra pode perguntar: "Tudo tem de caminhar 100%, acontecendo provas o tempo todo?"

As provas virão, Deus desafia todos os dias os Seus filhos. Porém, Ele não sufoca, não lhes joga aquilo que não é possível ser feito. Ele não acaba com os Seus filhos. A prova é para ser superada, ser conquistada, faz parte do plano de evolução, do conhecimento e do entendimento espiritual.

Na Terra, as pessoas devem ***pensar antes de falar****. Com a leitura dos livros espirituais, da Literatura da Boa Vontade, é possível aprender isso. É um treinamento. Treinar, treinar, treinar...* ***A vida é um treinamento***[49]*.*

Estamos no mundo fazendo o que esse tempo todo? ***Treinando! Cada um treina na missão que Deus lhe deu.***

Jesus não fugiu às Suas provas

O próprio Jesus não deixou de passar por provas quando da Sua Primeira Vinda Visível ao mundo. Aliás, ao final de Sua Oração Ecumênica, o *Pai-Nosso*, Ele nos ensina a suplicar ao Criador a Proteção Infalível Dele:

---

[49] Essa instrutiva mensagem do Irmão Flexa Dourada também foi transcrita na seção "Salve, Jesus!", da edição 184 de JESUS ESTÁ CHEGANDO!, junho de 2024.

— E não nos deixeis cair em tentação, mas livrai--nos do mal, porque Vosso é o Reino, e o Poder, e a Glória para sempre. Amém!

Jesus (Mateus, 6:13)

Satanás, em sua efêmera ilusão, nesta arrogância sem fim de se achar o detentor do domínio sobre a Terra, por três vezes ensejou ao Cristo que caísse em tentação. Porém, sua ardilosidade não foi páreo para a Sabedoria Magnânima do Pedagogo Celeste, que a sobrepujou com a Autoridade Espiritual que recebeu do Pai.

Aprendamos a fazer o mesmo lendo o relato do Santo Evangelho, segundo Mateus, 4:1 a 11:

A tentação de Jesus

1 *Então, Jesus foi levado pelo Espírito ao deserto, para ser tentado por satanás.*

2 *Depois de jejuar quarenta dias e quarenta noites, teve fome.*

3 *Então, o tentador, aproximando-se, Lhe disse: — "Se és o Filho de Deus, manda que estas pedras se tornem pães".*

4 *Mas Jesus respondeu: — "Está escrito: Nem só de pão viverá o homem, mas de toda palavra* [espada] *que sai da boca de Deus".*

5 *Então, o diabo O levou à Cidade Santa, O colocou sobre o pináculo do templo*

6 e Lhe falou: — "Se és o Filho de Deus, lança-Te
daqui abaixo, pois está escrito: — Aos seus anjos or-
denará a teu respeito e eles te sustentarão nas suas
mãos, para não tropeçares em pedra alguma".
7 Jesus replicou: — "Também está escrito: Não ten-
tarás o Senhor, teu Deus".
8 De novo satanás O levou a um monte muito alto e
Lhe mostrou todos os reinos do mundo e a glória deles,
9 dizendo: — "Tudo isto, Jesus, eu Te darei se,
prostrado, me adorares".
10 Mas Jesus lhe respondeu: — "Vai-te, satanás,
pois está escrito: — Ao Senhor, teu Deus, adorarás, e
só a Ele servirás".
11 Então, satanás O deixou, e eis que vieram Anjos
e O serviam.

É evidente que, conforme explicava o saudoso Irmão Zarur, satanás não teria condições de realmente testar o Comandante Máximo da Terra. Na *Mensagem da Ave, Maria!*[50], o Proclamador da Religião Divina revelou a respeito desse fato:

[50] **Prece da Ave, Maria!** — Diariamente, às 18 horas (com reprise às seis da manhã e à meia-noite), a Comunicação 100% Jesus veicula gravações históricas feitas pelo Irmão Alziro Zarur. Trata-se de uma Corrente de Amor Universal — formada no Templo da Boa Vontade (TBV), o Templo da Paz, nas Igrejas Ecumênicas da Religião Divina e na Mídia da Boa Vontade — dedicada à Mãe de Jesus. Você é nossa convidada, nosso convidado para também entrar nessa sintonia. Acesse: boavontade.com/tv e baixe o aplicativo Boa Vontade Play.

Maria e o Menino Jesus, na concepção de Roberto Ferruzzi (1853-1934).

— *Nós sabemos perfeitamente como foi* ***a tentação de Jesus. Evidentemente um símbolo.*** *Como Jesus poderia ser tentado por satanás e este Lhe dizer, mostrando-Lhe todas as glórias, todas as riquezas do planeta: —* "Tudo isto eu Te darei, Jesus, se, ajoelhado, me adorares". *Como é que satanás ia oferecer a Jesus o que já era de Jesus? (...) É que tudo isto é simbólico.* ***A tentação de Jesus está na própria condição humana que Ele tomou.***

O Verbo de Deus se fez carne e submeteu-se às tribulações do mundo para que ninguém dissesse que Ele foi poupado ou privilegiado. **O Divino Amigo conhece na pele as provações e as contingências** pelas quais a humanidade atravessa. E **Ele pode, com Seu exemplo de vitória, nos oferecer alento e socorro inigualáveis**.

Passando pelo batismo de fogo

Em 23 de março de 1991, durante programa radiofônico da série "Evangelho Unificado de Jesus", expliquei que a passagem que antecede esta que estamos analisando é o batismo de Jesus nas águas do rio Jordão, com João Batista (Evangelho, segundo Mateus, 3:13 a 17). Ora, o verdadeiro sentido do **batismo do Cristo**, que Ele oferece à humanidade, é este: **com o Espírito Santo e com fogo** (Boa Nova, segundo Lucas, 3:16).

E isso significa subsistir, no deserto das provações humanas, a todas as tentações.

O simbolismo do deserto é flagrante: fala diretamente às conflagrações que sofremos em nosso íntimo, naquele local ermo, em que apenas estamos nós com as nossas provas. E, **sempre que nos afastamos da sintonia de Deus e entramos em tentação, a aridez de suas areias secam a nossa Alma**. É, portanto, **fundamental hidratá-la com a Água da Vida Eterna, Jesus**, que jorra profusamente[51] e nos sacia a sede!

Muitas vezes, na hora da dor, alguém tristemente lamenta:

> — *Ah, meu Deus, estou sozinho, me encontro sozinha! Jesus do Céu, estou abandonada, todos me abandonaram!*

É como escrevi em *Como Vencer o Sofrimento* (1990): Quando sofremos, o tempo nos parece vagaroso. Mas só parece. É que estamos consolidando em nós a lição do sofrimento, e **a Dor é a libertação da Alma**. Contudo, a Palavra de Deus enche de conforto o coração do discípulo fiel.

---

[51] Evangelho, segundo João, 4:14 — Jesus respondeu à mulher samaritana: *"Aquele, porém, que beber da água que Eu lhe der nunca mais terá sede; pelo contrário, a água que Eu lhe der será nele uma fonte a jorrar para a Vida Eterna"*.

Estar na plenitude do Cristo

Então, **saiamos da secura dos sentimentos**, pois é melhor que **entremos nos férteis planaltos** que temos dentro da nossa própria contextura espiritual. **Lá encontraremos Jesus** e os nossos Amigos Espirituais, de braços abertos, a nos acolher. **A nossa riqueza e a nossa pobreza estão no cérebro e no coração.**

Ainda em *Como Vencer o Sofrimento* (1990), anotei: na Felicidade ou na dor, **o ser humano jamais está sozinho**. Sabendo ou não sabendo, crendo ou não crendo, **tem Deus por si**. No deserto ou nos vergéis, na montanha ou nos vales, na cidade ou nos campos, se, reverente, contemplar o Alto, verá multidão de estrelas, carregando em seu bojo bilhões de bilhões de existências.

O importante alerta que fica é este tão bem sintetizado pelo nobre Irmão Dr. Bezerra de Menezes (Espírito), durante reunião do Centro Espiritual Universalista, o CEU da Religião do Terceiro Milênio, em 21 de fevereiro de 2015 (sábado), por intermédio do sensitivo Cristão do Novo Mandamento Chico Periotto:

> — ***Todos são ligados a Jesus. Devem vigiar para não cair em tentação****, para não sair de seus roteiros no Bem,* ***desviando-se por qualquer tipo de ambição****. Falamos há muito tempo, há muito tempo, sobre isso. Repetimos a todos da Terra, porque, enquanto na*

carne, todos são vulneráveis e devem ser lembrados de suas responsabilidades. ***Se Jesus foi tentado, e Ele é o Mestre, Senhor de nossas vidas, como nós não seremos advertidos?!*** *Somos amigos; por isso, assim os instruímos. Não nos omitimos. E felizes na Terra aqueles que falam, que dizem, que lembram e que trabalham* ***combatendo as tentações****, como faz nosso Irmão Maior Paiva Netto. Combate as tentações pelo rádio, pela televisão, pela imprensa, pela internet e por todos os meios possíveis.*

E humildemente os convoco a fazerem o mesmo, a fim de livrarmos cada vez mais Irmãs e Irmãos nossos das ciladas do mal. **Com Jesus, venceremos sempre, sempre e sempre!**

O simbolismo do deserto é flagrante: fala diretamente às conflagrações que sofremos em nosso íntimo, naquele local ermo, em que apenas estamos nós com as nossas provas. E, sempre que nos afastamos da sintonia de Deus e entramos em tentação, a aridez de suas areias secam a nossa Alma. É, portanto, fundamental hidratá-la com a Água da Vida Eterna, Jesus, que jorra profusamente e nos sacia a sede!

A DERROCADA DE SATANÁS

(Parte 1)

Minhas Amigas e meus Irmãos, minhas Irmãs e meus Amigos, nas preleções fraternas durante todas essas décadas, tenho afirmado repetidas vezes que o Apocalipse de Jesus permeia toda a Bíblia por ser uma Divina Revelação. O seu sentido profético está presente desde a Gênese Mosaica até o Último Livro do Cânone Sagrado. E a certeza da derrocada de satanás é um tema que Deus faz questão de transmitir a todos aqueles que O amam, em qualquer cultura, etnia ou nação da Terra.

Essa é uma parte importante do nosso estudo desse versículo 13 do capítulo 2 do Apocalipse, pois os seguidores do Cristo em Pérgamo precisam saber em seus corações — e cada um de nós também — que **a maldade no mundo não é permanente**.

Vejamos a interligação da Profecia nas Santas Escrituras, a começar pelo Antigo Testamento, nos vaticínios do Profeta Isaías, capítulo 14, versículos de 12 a 16:

> 12 *Como caíste do céu, ó estrela da manhã, filho da*
> *alva! Como foste lançado por terra, tu que debilita-*
> *vas as nações!*
> 13 *Tu dizias no teu coração: Eu subirei ao céu; aci-*
> *ma das estrelas de Deus exaltarei o meu trono e no*
> *monte da congregação me assentarei, nas extremida-*
> *des do Norte;*
> 14 *subirei acima das mais altas nuvens e serei seme-*
> *lhante ao Altíssimo.*
> 15 *Contudo, ó estrela, serás precipitada para o reino*
> *dos mortos, no mais profundo do abismo.*
> 16 *Os que te virem te contemplarão, hão de fitar-te*
> *e dizer-te: É este o homem que fazia estremecer a*
> *terra e tremer os reinos?*

Não poderia ser maior a queda dessa alma soberba! Querer ser o maioral entre todos, comparando-se a Deus?! Ora, não é sem motivo a seriíssima advertência que encontramos no livro de Provérbios, 16:18:

> ***— A soberba precede a ruína, e a altivez do espírito, a queda.***

É aquilo que repito sempre: onde está o poder dos "poderosos"? Pensam possuí-lo eternamente, mas, num piscar de olhos, Deus cassa o seu mandato. E vão prestar contas do mau uso dos segundos de poder que tiverem, contrariando as ordens que do Altíssimo receberam ao descer à Terra. Seu compromisso era empregá-lo em favor das criaturas humanas. Pobre daquele que for pego nessa chave. **A Justiça de Deus é feita de Amor, porém é implacável em sua cobrança.**

Parco brilho

Algumas traduções bíblicas vão trazer o termo lúcifer no lugar de estrela da manhã — que era a autodenominação do rei da Babilônia sobre quem Isaías está profetizando —, pois os romanos batizaram o planeta Vênus com esse nome, em virtude do seu conhecido brilho matutino. Lembrava o Irmão Zarur que essa designação simbolizando satanás vem mesmo do latim *"lux"* (genitivo *"lucis"*) e significa "portador de luz". Logo, era um ser de relativa luminosidade (tinha certa inteligência). Porém, nem todo Espírito de luz tem a Claridade Suprema da integração no Dia do Senhor, o Espaço-Tempo de Deus.

Por vezes, desenvolveram grandes capacidades racionais e **parco brilho no sentimento**. Tal desequilíbrio entre cérebro e coração tem levado a enormes catástrofes catalogadas na História da humanidade, sendo muito explorado por obsessores que visam espalhar suas maldades. Daí sempre ressaltarmos a necessidade de **razão e emoção, Ciência e Fé**, trilharem **caminhos de concórdia e harmonia**[52].

A autêntica Estrela da Manhã e o Seu fulgor resplandecente

Esse brilho claudicante de lúcifer, por mais que impressione eventualmente os incautos olhos humanos, em nada se compara ao **esplendoroso Astro que a tudo ilumina, não cria sombras**, e é de fato **a verdadeira Estrela Dalva, a Estrela da Manhã**, conforme o próprio Cristo se revela à Sua Igreja em Tiatira[53] e nas admoestações e promessas finais do Apocalipse[54]. **Sem Jesus estaremos sempre nas trevas, porque Ele é a Luz do mundo.**

---

[52] **Ciência e Fé na trilha do equilíbrio** — Leia a série de artigos com esse título no *blog* PaivaNetto.com. Trata-se de documento, traduzido para diversos idiomas, encaminhado pelo autor aos participantes da primeira sessão plenária do **Fórum Mundial Espírito e Ciência, da LBV**, promovido, de 18 a 21 de outubro de 2000, pelo Parlamento Mundial da Fraternidade Ecumênica — o ParlaMundi da LBV —, localizado em Brasília/DF, ao lado do Templo da Boa Vontade (Quadra 915 Sul — www.tbv.com.br).

[53] Apocalipse, 2:28.

[54] **Estrela da Manhã ou Estrela Dalva** — *"Eu, Jesus, enviei o meu Anjo para vos testificar estas coisas às Igrejas. Eu sou a raiz e a geração de Davi, a brilhante Estrela da Manhã"* (Apocalipse, 22:16).

E o que é o *"mais profundo do abismo"*? Isso mesmo: vão pensando qual a sua correlação com o poço do abismo, representando o astral inferior, citado no Apocalipse de Jesus.

Caindo do céu como um relâmpago

Academia Jesus, o Cristo Ecumênico, o Divino Estadista *— Jesus, o Profeta Divino, anunciou a queda de satanás aos Seus setenta Discípulos quando estes retornaram da missão que foram cumprir pelo mundo, por ordem Dele mesmo. É uma passagem sobre a qual o Presidente-Pregador da Religião Divina já esclareceu bastante. Apresentaremos a vocês improvisos feitos por ele em viagens missionárias, na década de 1980, pela expansão da Legião da Boa Vontade e propagação da Religião de Deus, do Cristo e do Espírito Santo em várias cidades brasileiras. Destacamos em especial os encontros ocorridos nos Estados de Goiás e de Minas Gerais, particularmente em Divisa Nova/MG, durante a Cruzada do Novo Mandamento de Jesus, em 22 de novembro de 1986, acrescidos de outras análises do autor realizadas ao longo dos anos.*

Antes das explicações de ***Paiva Netto****, vamos à transcrição dos versículos bíblicos:*

O regresso dos setenta Discípulos de Jesus

(Lucas, 10:17 a 20)

> 17 *E voltaram os setenta com alegria, dizendo: Os próprios espíritos da treva se nos submeteram pelo Teu nome, Jesus!*
>
> 18 *Mas Ele lhes respondeu: Eu via satanás caindo do céu como um relâmpago.*
>
> 19 *Eis que vos dei autoridade para pisardes serpentes e escorpiões e sobre todo o poder do inimigo, e nada, absolutamente nada, vos causará dano.*
>
> 20 *Não obstante, alegrai-vos, não porque os espíritos se vos submetem,* ***e sim porque o vosso nome está inscrito nos Céus****.*

A alegria sã dos Discípulos

Agora, apresento-lhes, versículo a versículo, alguns pontos para meditação:

> 17 *E voltaram os setenta com alegria, dizendo:* ***Os próprios espíritos da treva se nos submeteram pelo Teu nome, Jesus!***

Quer dizer, os setenta retornaram felizes e tinham mesmo de estar esfuziantes, pois fizeram coisas extraordinárias! Pensem que uma pessoa estava possuída por um obsessor e eles ordenavam: "*Cala-te, obsessor!*

Cala-te, demônio! Sai, satanás!", e aquela influência trevosa se desfazia.

Àqueles em quem confia, Jesus lhes entrega essa Autoridade. Por isso, não podemos brincar com os Dons Divinos que recebemos do mais Alto, servindo de pedra de tropeço aos que precisam realmente de conforto e esclarecimento espiritual. A esses cabe a duríssima repreensão do Celeste Juiz:

> — *Ai daquele por intermédio de quem o Filho de Deus está sendo traído! Melhor seria que não houvesse nascido!* (Evangelho, segundo Mateus, 26:24).

Todo o Poder Espiritual promana do Evangelho-Apocalipse de Jesus

Por isso, nós não podemos aceitar, nem estar submissos à influenciação perversa dos que são maléficos. Não é só afastar o demônio da pessoa que está possuída, antes de tudo devemos manter uma conduta ilibada que o afugente para longe de nós mesmos. Como é que um doente pode curar o outro, se ele nem consegue ficar em pé?! O Médico Infalível já nos advertiu:

> — *Pode, por acaso, um cego guiar outro cego? Não cairão ambos no barranco?* (Evangelho, segundo Lucas, 6:39).

Todo o Poder Espiritual promana do Evangelho--Apocalipse de Jesus. Quem o ouve medita, estuda, aprende, vive e ama as Palavras do Cristo, aplicando-as em seu cotidiano, torna-se verdadeiramente liberto, pois não cria condições que lhe dificultem a vida. Todo mundo sabe: "Quem semeia ventos colhe tempestades". **Que façamos sempre a boa semeadura!**

A Profecia Divina sobre a queda de satanás

> 18 *Mas Jesus lhes respondeu* [aos setenta Discípulos]*: Eu via satanás caindo do céu como um relâmpago.*

Essa queda, fortemente alegórica, é algo sobre o qual precisamos refletir profundamente, avaliando os impactos que seus efeitos vêm causando no planeta. Ela está inexoravelmente vinculada à exacerbação das ações malignas e das tribulações humanas. E essa passagem do Evangelho de Jesus, segundo Lucas, 10:18, é emblemática ao retratar o momento cataclísmico em que satanás é subjugado no Céu e arremessado à Terra, intensificando, por desespero, sua nefasta influência direta nos seres encarnados. Representa ainda o prelúdio dos tormentos que se abateriam sobre a humanidade.

Conforme expliquei na série radiofônica "Apocalipse e Profecias", quando satanás e seus anjos caem, eles trazem para cá toda a sua problemática de defeitos, recalques e diferenças e se apossam do que conseguem. E quem são esses? São aqueles espíritos expulsos de planetas em condição mais elevadas. Eram tão atrasados, tão renitentes que não mereciam permanecer naqueles mundos melhores; e perderam aqueles paraísos para eles (daí a derrocada do paraíso para a Terra). E vejam, é para o bem deles, de maneira a vencerem com o suor do próprio rosto, enquanto lá, tinham formas muito mais fáceis de sobreviver.

Mas à narrativa de Lucas acrescenta-se o grave soar da Quinta Trombeta do Apocalipse de Jesus (9:1 e 2):

> 1 *O Quinto Anjo tocou a trombeta, e vi uma estrela caída do céu na Terra. E lhe foi dada a chave do poço do abismo.*
> 2 *E, com ela, abriu o poço do abismo, e subiu fumaça do poço como fumaça de grande fornalha, e, com a fumaceira saída do poço, o sol e o ar escureceram.*

Com o seu declínio, essa *"estrela caída"* se desespera por perder o domínio sobre os seus subjugados na Terra, sem que muitos desses súditos saibam que estão sendo feitos de marionetes. Estão hipnotizados e nem sequer percebem os espíritos do mal atuando em torno deles e de suas famílias.

Então, tendo a chave do poço do abismo — que nos faz recordar o que o Profeta Isaías escreveu quanto à estrela ser precipitada *"no mais profundo do abismo"* (14:15) —, satanás recorre às piores espécies de crueldades do astral inferior para se manter no controle. Eis a razão do lamento dramático registrado no Livro da Revelação, 12:12:

> *— (...) Ai da Terra e do mar, pois o diabo desceu até vós, cheio de grande cólera,* ***sabendo que lhe resta pouco tempo****.*

A agonia e a ira desmedida de satanás, ciente de sua brevidade, resultam em inúmeras aflições e provações aos habitantes do orbe terrestre. Esse período de adversidade é, indubitavelmente, um teste severo, em que a maldade parece imperar. Daí o Sábio dos Milênios abrir o Seu Arsenal Divino e tranquilizar os Seus Emissários, afirmando:

> *19* ***Eis que vos dei autoridade para pisardes serpentes e escorpiões e sobre todo o poder do inimigo****, e nada, absolutamente nada, vos causará dano.*
>
> Jesus (Lucas, 10:19)

Esse Divino Poder que reveste os Missionários do Cristo, em todos os tempos, é demonstrado também no livro de Malaquias, 4:3:

Profeta Malaquias

— *Pisareis os perversos, porque se farão cinzas debaixo das plantas de vossos pés, naquele dia que prepararei, diz o Senhor dos Exércitos.*

Outro aspecto dessa **derrocada do gênio das trevas** nos explicita muito acerca da **ignorância deixando de ser a lua escura da humanidade**. É o domínio do mal se dissolvendo, porque **Jesus trouxe o Seu Reino de Luz**, que vai conquistando fraternalmente as Almas. Com isso, é natural o refúgio de satanás se desfazer. Por esse motivo, **ele está caindo** e vai se esparramar no chão, se arrebentar agora nesse final de ciclo apocalíptico.

Sobre o versículo 18 do capítulo 2 do Evangelho do Cristo, segundo Lucas, o saudoso Irmão Zarur, durante o 14º Congresso dos Homens e Mulheres da Boa Vontade de Deus e 2º Congresso do Apocalipse, em 4 de outubro de 1970, no Rio de Janeiro/RJ, revelou:

— *Jesus via **satanás caindo** do Céu. Isto é, o mal perde terreno cada vez mais. Quando a Luz se propaga, a Verdade se impõe por si mesma.*

É aquilo que dizemos sempre: **a melhor proteção contra o mal é agir com Amor ao próximo**, pois não se combate o ódio, a ignorância ou a calúnia na mesma moeda. Quando estivermos diante das trevas, não percamos tempo atiçando-a: **apenas acendamos uma luz e a escuridão se desfará**.

A Autoridade Espiritual que Jesus nos oferece

> 19 *Eis que vos dei autoridade para pisardes serpentes e escorpiões (...).*

Agora, não vá nenhum de vocês aí tentar pisar em escorpiões e serpentes por conta dessa fala de Jesus. Não, porque aí é tentar o Senhor Deus, e Ele aconselha que não façamos isso.

Esses seres peçonhentos são as dores do mundo, as guerras, a fome, o ódio, o feminicídio, o infanticídio, a pedofilia, a efebofilia, o estupro, a destruição ambiental, o racismo, o preconceito, a calúnia, a infâmia, enfim tudo o que é errado, deletério e precisa ser pisado pela força da Verdade. Não para esmagar as pessoas, dado que não as combatemos. Enfrentamos o mal que ainda habita nos corações, justamente para libertá-los.

> 19 *(...) e sobre todo o poder do inimigo (...).*

Se Jesus outorgou esse poder aos setenta, então, o que há para temer? O Irmão Zarur, em sua famosa quadrinha "Legionários da Boa Vontade, Legionários em marcha", versejou:

Marcharemos no Sul e no Norte...
Ninguém pode esta marcha deter!
Pois, se nós não tememos a morte,
A quem é que nós vamos temer?

E tornou-se tradição popular responder a essa pergunta bradando: *"Ninguém! Jamais!"*

Permanecer na Frequência Divina

Devemos nos precaver das nossas próprias fraquezas e dos atavismos que nos encarceram. E, ao vencê-los, olhar sempre adiante, mirando o porvir, deixar o passado para trás. Portanto, **saudade?! Só do futuro!** O ontem serve apenas como referência, para que não repitamos os equívocos de outrora. Só!

E atenção: os únicos que podem nos prejudicar somos nós mesmos e mais ninguém. Jamais abdiquemos do controle de nossos pensamentos e atos. Se abrirmos espaço para a ação psíquica de espíritos perversos, vingativos, entraremos na baixa sintonia deles. Ao permanecermos **na Frequência Divina**, nada nos faz mal e **nosso coração palpita de Paz.**

Essa tarefa que o Sublime Professor nos quer entregar é árdua, não vem fácil. É preciso provar aos nossos Amigos Invisíveis que realmente estamos prontos e que não capitularemos com o "canto da sereia", ao baque da primeira dificuldade que nos assolar na estrada. Afinal, Deus, o Cristo e o Espírito Santo não são tolos, e a Lei Divina não é a lei do "jeitinho".

> *19 (...) e nada, absolutamente nada, vos causará dano.*

Essa é a deixa para podermos sair pelo mundo pregando fervorosamente os Magnos Assuntos Espirituais, pautados pelo Evangelho-Apocalipse de Jesus, que nada fará mal à nossa Alma. **O Cristo de Deus sempre achará uma maneira de nos proteger, se assim merecermos**, mesmo se os nossos corpos se depararem com os flagelos da ignorância humana, como ocorreu com os primeiros cristãos.

Estou desde os meus 15 anos labutando na Seara da Boa Vontade de Deus **e não me arrependo da minha obstinada decisão por Jesus**! Não quero chegar aqui e bancar o valentão, mas não temo dificuldades, porque acredito no Divino Provedor pra valer, do fundo do coração! E digo que elas surgiram e continuam aparecendo aos montes. Entretanto, **com Fé Realizante vamos transportando as montanhas dos desafios para bem longe**, pois tenho plena certeza de que **estou ba-**

talhando por uma Causa Dele: meu Mestre, meu Guia, meu Chefe[55]. E esse é o exemplo de pertinácia que deixo para vocês. **Perseverança em Jesus!**

O maior júbilo da Alma

> 20 *Não obstante, alegrai-vos, não porque os espíritos se vos submetem, e sim porque o vosso nome está inscrito nos Céus.*
>
> Jesus (Lucas, 10:20)

Eis aí! O Cabeça da humanidade brindando nossos corações com a maior glória para um servidor Dele: **ter os nomes inscritos no Livro da Vida Eterna**, pelas nossas Boas Obras. Não devemos ficar impressionados pelos fenômenos espirituais que o Bom Pastor permite que ocorram por nosso intermédio, nem tampouco achar que temos qualquer tipo de poder pessoal em tais situações. Portanto, **o Poder e a Autoridade são do Cristo e não nossos**! O que realmente compete a nós é **vivermos em Espírito e Verdade, à luz do Novo Mandamento, o Evangelho-Apocalipse de Jesus, nosso Senhor**.

---

[55] **Jesus, nosso Senhor, Mestre, Guia e Chefe** — Paiva Netto conta, como testemunha do fato, que, certa noite, lá pelo início da década de 1960, no auditório da antiga Rádio Mundial do Rio de Janeiro/RJ, durante o programa *Jesus Está Chamando!*, num instante de forte emoção espiritual, Alziro Zarur proferiu esta exclamação tocante: ***"Jesus, meu Mestre, meu Guia, meu Chefe!"***

A DERROCADA DE SATANÁS

(Parte 2 — final)

A queda definitiva de satanás no Apocalipse de Jesus

Vimos a queda de lúcifer no Antigo Testamento da Bíblia Sagrada, nos relatos do Profeta Isaías. Depois, a visão do próprio Cristo revelando a decadência de satanás com a atuação de Seus Discípulos espalhando Luz Divina sobre a Terra. E no Apocalipse nos deparamos com a ruína completa de todo o mal.

É evidente que Jesus, a Fonte da Vida, não deseja o sofrimento de ninguém, pois todos os habitantes do planeta são filhos de Deus. Quem está na ignorância merece ainda mais cuidados dos Espíritos Luminosos, as Almas Benditas, que formam a Falange do Espírito Santo. Porém, é incontestável que o colapso dos domínios da treva é certeiro, e não teria como ser diferente.

A decisiva derrocada da trindade do mal está anunciada a partir do capítulo 18 do Livro das Profecias Finais, quando há o desmoronamento da grande Babilônia. Já expliquei em muitas ocasiões que essa cidade não se refere a determinada crença, como alguns pensam. Representa, na verdade, a escuridão das trevas interiores que carregamos em nós. Babilônia é a parte podre que os seres humanos ainda conservam dentro de si, por escolha própria. É só dar vez à **Luz do mundo**, que é o Cristo, o Pastor das Ovelhas, e tudo ao nosso redor se encherá de claridade. Isso acontece porque, ao abrirmos a **porta** de nosso coração para Aquele que, com paciência, nunca desiste de nós, **Ele faz ressurgir a luminosidade de nossa Alma, que sempre existiu. O Divino Pegureiro continua a bater**[56] **à nossa porta.**

O Pai Celestial, portanto, não é maldade nem ódio. ***"Deus é Amor"*** (Primeira Epístola de João, 4:16).

O fim da trindade do mal

O salto de Fé Realizante tão necessário para a destruição desses sentimentos obscuros, que infelizmente habitam as criaturas humanas, desdobra-se no que encontramos nos capítulos seguintes do Apocalipse, nos quais o Cristo derrota a besta, o falso profeta e satanás:

19 E vi a besta e os reis da Terra, com os seus exér-

---

[56] **Jesus bate à nossa porta** — *"Eis que estou à porta e bato; se alguém ouvir a minha voz e abri-la para mim, entrarei em sua casa e cearei com ele, e ele, comigo"* (Apocalipse, 3:20).

citos, congregados para pelejarem contra Aquele que estava montado no cavalo e contra o Seu exército.
[20] *Mas a besta foi aprisionada, e com ela o falso profeta que, com os sinais feitos diante dela, seduziu aqueles que receberam a marca da besta e eram os adoradores da sua imagem. E os dois foram lançados vivos dentro do lago do fogo que arde com enxofre.*
[21] *Os restantes foram mortos com a espada aguda que saía da boca Daquele que estava montado no cavalo. E todas as aves se fartaram das suas carnes* (Apocalipse, 19:19 a 21).

E ainda:

[10] *E satanás, que os enganava, foi lançado para dentro do lago de fogo e enxofre, onde também se encontram não só a besta como o falso profeta; e serão atormentados de dia e de noite, pelos séculos dos séculos* (Revelação, 20:10).

O ápice após esses acontecimentos, que mudarão para sempre a História da humanidade, é **o Juízo de Deus**, retribuindo indistintamente a cada um de acordo com as obras de cada um:

[11] *Vi um grande trono branco e Aquele que nele se assenta, de cuja presença fugiram a Terra e o Céu, e não se achou lugar para eles.*

> 12 *Vi também os mortos, os grandes e os pequenos, postos em pé diante do trono. Então, os livros foram abertos. Ainda outro livro, o Livro da Vida Eterna, foi aberto também. E os mortos foram julgados, segundo as suas obras, conforme o que se achava escrito nos livros.*
>
> 13 *E o mar deu os mortos que estavam nele. A morte e o além entregaram os mortos que neles havia. E foram julgados, um por um, segundo as suas obras.*
>
> 14 *Então, a morte e o inferno foram lançados para dentro do lago do fogo. E esta é a segunda morte, o lago do fogo.*
>
> 15 *E, se alguém não foi achado inscrito no Livro da Vida Eterna, esse foi lançado para dentro do lago do fogo* (Apocalipse, 20:11 a 15).

Reparem novamente na importância de alcançarmos a honra de termos nossos nomes inscritos no Livro da Vida Eterna, pois **a Justiça de Deus é infalível**.

Majestoso trabalho do TBV para a União das Duas Humanidades

Não é extraordinária a conexão entre o Antigo e o Novo Testamento da Bíblia Sagrada? Conseguiram perceber o Apocalipse interligando as Profecias Divinas nas Escrituras Santas?

E reforçamos o majestoso trabalho do Templo da Boa Vontade, abrindo à compreensão de todos esta realidade que a turma não sabia: **o relacionamento entre os vivos e os mortos é constante, compulsório**. Ele serve de espada afiada de dois gumes, para que ninguém se permita ser joguete nas mãos de quem não deseja o bem da humanidade. Para isso, a Pirâmide das Almas Benditas e dos Espíritos Luminosos propõe que haja **uma ligação responsável com a nação invisível**, cortando, com a **lâmina do Saber Espiritual**, qualquer conexão invigilante com as regiões umbralinas. Temos de parar com essa perigosa distração, com essa história mal contada, que dissemina o medo da própria sombra, de que Espírito seja assombração. Esse tipo de mentalidade facilita a vida de satanás, ao não possibilitar nosso avanço no conhecimento acerca dessa realidade palmar.

É preciso dar um basta nisso e enfrentar qualquer pavor cara a cara, com a força da Verdade Divina. Hoje, Jesus determina o fim dessa ignorância, porque, quando afirmamos que os Tempos são chegados, eles são chegados mesmo! E agora faremos todo intercâmbio espiritual possível, todavia com as hostes dos planos mais elevados da Espiritualidade Superior, Amigos Invisíveis, Anjos do Altíssimo, Entidades Sublimes ansiosíssimas em nos auxiliar. Haja vista que **esse roteiro apostólico da Quarta Revelação, a Religião de Deus, do Cristo e do Espírito Santo, com sua Sede**

Espiritual no TBV, veio do Astral de Jesus, do Seu Reino de Glória! Graças a Deus!

ADENDO

A missão dos Cristãos do Novo Mandamento de Jesus

Academia Jesus, o Cristo Ecumênico, o Divino Estadista *— Gostaríamos de lhes trazer agora trecho de uma circular que o Líder da Religião Divina endereçou aos Legionários da Boa Vontade e Cristãos do Novo Mandamento, Amigos de Jesus, em 31 de outubro de 1988, reforçando em todos o sublime compromisso que recebemos de Deus, do Cristo e do Espírito Santo no esclarecimento espiritual das massas.*

Escreve ***Paiva Netto****:*

A inofuscável Glória de Jesus

Eis a missão reiterada dos Legionários da Boa Vontade de Deus e Cristãos do Novo Mandamento: indicar ao mundo o caminho da salvação neste final de ciclo apocalíptico que antecede a Próxima e Triunfal Volta do Cristo Planetário, neutralizando com a força do Bem a investida dos que procuram ofuscar o inofuscável: **a Suprema Glória de Jesus**. Na Religião do Terceiro Milênio, não existe clima favorável à ambiência sombria do fanatismo ignorante.

Livre-arbítrio e determinismo

Pelejamos, pois, resolutamente pela vitória da Luz, até que a grande serpente — o atraso do ser humano a respeito das Coisas Divinas — se envenene com sua própria peçonha. **Cada um constrói o seu destino.** Livre-arbítrio e determinismo coexistem[57]. Ato algum deixa de ter consequência.

Todo o intento do mal é inútil

A Verdade é como o Sol. O máximo que consegue a nuvem é escondê-lo, não o anular, **ocultá-lo por um tempo, até** que poderosamente **os seus raios voltem a iluminar** os pontos mais distantes, **espantando as trevas** e destruindo a sua ação poluidora, anti-higiênica, **que torna enferma a Alma planetária** necessitada do fulgor da Verdade. O intento do mal é de todo inútil. Um dia, a sua algazarra cessará e apenas será ouvida onde há *"choro e ranger de dentes"*[58].

---

[57] **Livre-arbítrio e determinismo coexistem** — Leia mais sobre o assunto no capítulo "Deus, livre-arbítrio relativo e responsabilidade", da obra *Os mortos não morrem* (2018), de Paiva Netto.

[58] ***"choro e ranger de dentes"*** — Evangelho, segundo Lucas, 13:28.

Desce do mais alto Céu aos Anjos do Apocalipse a ordem para despir os lobos de sua veste de cordeiro: vem aí o Terceiro Ai, o próximo e último Armagedom deste ciclo. **Ninguém se atreverá, em estulta pretensão, a cobrir com o roto véu da mentira o Sol da Verdade.** Onde o poder humano capaz de impedir a realização dos Desígnios Divinos? E se, por temor, vos calardes deixando de pregar a Mensagem final do Cristo ao Brasil e ao mundo, *"até as pedras clamarão"*[59]. Mas, antes, se levantarão contra vós e vos abaterão.

A Religião de Deus, do Cristo e do Espírito Santo é o derradeiro alertamento de Paz de Cristo Jesus à Alma turbulenta do ser humano infrene.

[59] ***"até as pedras clamarão"*** — Evangelho, consoante Lucas, 19:40.

Jesus, a Fonte da Vida, não deseja o sofrimento de ninguém, pois todos os habitantes do planeta são filhos de Deus. Quem está na ignorância merece ainda mais cuidados dos Espíritos Luminosos, as Almas Benditas, que formam a Falange do Espírito Santo. Porém, é incontestável que o colapso dos domínios da treva é certeiro, e não teria como ser diferente. A decisiva derrocada da trindade do mal está anunciada a partir do capítulo 18 do Livro das Profecias Finais, quando há o desmoronamento da grande Babilônia. Já expliquei em muitas ocasiões que essa cidade não se refere a determinada crença. Representa, na verdade, a escuridão das trevas interiores que carregamos em nós. Babilônia é a parte podre que os seres humanos ainda conservam dentro de si, por escolha própria.

A visão do Trono de Deus, tela do artista plástico alagoano Sátyro Marques (1935-2019), que integra o acervo da Galeria de Arte do Templo da Boa Vontade (Brasília/DF, Brasil).

O TRONO DE DEUS: SÍMBOLO DO VERDADEIRO PODER

***Academia Jesus, o Cristo Ecumênico, o Divino Estadista** — Além de confirmar o enorme sucesso da série dedicada aos Simples de Coração, a beleza espiritual deste estudo e o cuidadoso zelo com que foi conduzido pelo Presidente-Pregador da Religião do Terceiro Milênio alimentam e emocionam a nossa Alma. Um exemplo disso veremos em mais uma sequência de improvisos dele, ao traçar uma linha bem delimitada entre a Magnanimidade do Poder Divino e a efêmera atuação do trono de satanás.*

***Paiva Netto** nos guia em mais esta expansão de nossas mentes e iluminação de nossos corações pelo conhecimento dos assuntos concernentes ao Espírito:*

Vocês estão gostando deste despretensioso estudo, feito em Espírito e Verdade, à luz do Novo Mandamento do Cristo — *"Amai-vos como Eu vos amei. Somente assim podereis ser reconhecidos como meus discípulos"* (Evangelho, segundo João, 13:34 e 35)? Dada a atenção que Jesus dedicou à referência ao trono de satanás, nesta Sua Carta à Igreja em Pérgamo, eu não poderia passar por esse ponto como "gato sobre brasa". Seria um desrespeito ao importantíssimo alertamento que o Mestre dos mestres está endereçando a toda a humanidade.

Muitos intérpretes vão designar o Império Romano como esse trono do corruptor dos homens. Outros o associarão ao fato de haver em Pérgamo o altar a Zeus. Conforme vimos com a grande Babilônia, não é suficiente e nem acertado apontarmos o dedo para este ou aquele para representar de forma integral e única as mensagens proféticas da Bíblia. É evidente que, ao longo da História, alguns adversários do Cristianismo do Cristo vão atuar de modo mais marcante, como foi o caso da Roma Antiga naquele período inicial dos seguidores do Caminho, como também eram conhecidos os primeiros cristãos.

O ecumênico Príncipe dos Apóstolos

Embora o Império Romano naquele momento fosse usado pelo dragão como seu instrumento de atrocidades sem precedentes, o mesmo não se dava com todo cidadão que tivesse nascido nele. É necessário recordar a lição sobre Ecumenismo que o Grande Pescador da

Galileia compreendeu quando foi convidado à casa do centurião romano de nome Cornélio, da coorte chamada Italiana. Homem piedoso, temente a Deus e muito caridoso, ele é considerado o primeiro gentio, ou seja, não judeu, a se converter ao Cristianismo.

O oficial teve uma visão em que um Anjo do Senhor lhe dizia para enviar mensageiros a Jope e chamar Pedro (Atos dos Apóstolos de Jesus, 10:3 a 6), ao que ele prontamente obedeceu. Contudo, a Espiritualidade Superior já havia se antecipado à organização de tais acontecimentos, pois, enquanto os homens se dirigiam até à mencionada cidade, na manhã seguinte, Pedro sobe no eirado, a fim de orar, e lhe sobrevém uma revelação espiritual (Atos, 10:11 a 16). Em êxtase, ele vê o céu se abrir e descer um objeto como um grande lençol, baixando sobre a terra pelas quatro pontas, contendo toda sorte de quadrúpedes, répteis e aves. Surge então uma voz que ordena ao Príncipe dos Apóstolos, por três vezes, que mate e coma aquelas criaturas. Ao recusar fazê-lo, por jamais se alimentar de coisa impura ou profana, motivado por suas antigas tradições judaicas, recebe esta advertência (versículo 15):

> — *Ao que Deus purificou, Pedro, não consideres profano.*

Enquanto meditava sobre o significado da visão, os emissários de Cornélio chegaram à casa de Simão, o curtidor, à beira-mar, onde Pedro estava. Ele os recebeu e os hospedou.

Essa **visão** foi **reveladora** o bastante para que **o Apóstolo do Ecumenismo assimilasse a lição** vinda do Reino Celestial: de que as **antigas barreiras** culturais e as tradições de seu povo **jamais poderiam ser impeditivos para que o Santo Evangelho do Cordeiro Imaculado fosse ensinado** a toda gente.

Pois bem, no dia seguinte, foram a Cesareia. E o que ocorreu quando se aproximavam da residência do oficial militar romano?

> 24 *(...) Cornélio os estava esperando, havendo reunido seus parentes e amigos íntimos.*
> 25 *Aconteceu que, entrando Pedro, lhe saiu Cornélio ao encontro e, prostrando-se aos seus pés, o adorou.*
> 26 *Mas Pedro o ergueu, dizendo: Levanta-te, que eu também sou apenas um homem.*
> 27 *Falando com ele, entrou, encontrando muitos reunidos ali,*
> 28 *a quem se dirigiu, dizendo: Vós bem sabeis que é proibido a um judeu ajuntar-se ou mesmo aproximar-se de estrangeiros, mas Deus me demonstrou que a nenhum homem considerasse comum ou imundo.*
> (Atos dos Apóstolos de Jesus, 10:24 a 28)

Enquanto o humilde pescador pregava com elevada eloquência a Palavra de Deus, dizendo:

Pedro Apóstolo batiza o centurião Cornélio, por Francesco Trevisani (1656-1746).

— *Reconheço, por verdade, que* ***Deus não faz distinção de pessoas****; pelo contrário,* ***em qualquer nação, aquele que O teme*** *e faz o que é justo Lhe é aceitável* (Atos dos Apóstolos, 10:34 e 35) —,

o Espírito Santo desceu sobre todos os gentios que o ouviam, e eles falaram outras línguas, **e foram batizados pelo universalista Servidor dos Amigos de Jesus,** que disse **não poder negar o batismo da água a quem já havia recebido o do Espírito Santo.**

Prodigiosa Fé

Ainda temos estas comoventes Palavras de Jesus quando um centurião romano se colocou à Sua frente, suplicando pela cura de seu servo que estava adoentado. E, convicto, exclamou ao Mestre que não precisava ir à sua casa, pois não era digno de recebê-Lo, mas bastaria apenas uma ordem para aquele milagre se cumprir:

> 10 *Ouvindo isto, admirou-se Jesus e disse aos que O seguiam: Em verdade, em verdade vos digo que nem mesmo em Israel achei tamanha Fé como esta.*
> 11 *Digo-vos que* ***muitos virão do Oriente e do Ocidente e tomarão lugares à mesa com Abraão, Isaque e Jacó no reino dos Céus****.*
> 12 *Ao passo que os filhos do reino serão lançados para fora, nas trevas; ali haverá choro e ranger de dentes.*
> 13 *Então, disse Jesus ao centurião: Vai-te, e* ***seja feito conforme a tua Fé****. E, naquela mesma hora, o servo foi curado.*
>
> (Evangelho, segundo Mateus, 8:10 a 13)

Extraordinário! E saibam que esses retratam apenas alguns casos, pois são vários os personagens estrangeiros que apoiaram o Caminho durante a presença visível do Cristo na Terra e após o Seu retorno aos Céus.

Deus, Sua Natureza Divina e o antropomorfismo

Considerando o que temos estudado até aqui sobre as influências maléficas que ainda desafiam as criaturas humanas, é como expliquei na popular série radiofônica "O Apocalipse de Jesus para os Simples de Coração", justamente quando analisávamos a Carta do Cristo à Igreja em Pérgamo, no dia 18 de dezembro de 1990: o trono de satanás representa a convocação dos sentidos para o gozo imediato das coisas da carne, que depois frustram a pessoa que só se apega à satisfação do que é palpável, e essas distrações se encontram em toda a parte.

As ilusões fugazes da matéria nunca serão suficientes, pois, vale reiterar, **o ser humano foi criado à imagem e semelhança de Deus**, que é **Espírito**. Ao ignorarmos a matéria quintessenciada presente na Biologia Espiritual, causamos uma enorme confusão no entendimento da Natureza Divina do Pai Celeste.

Há aqueles que tendem a manter viva a imagem de um deus antropomórfico, criado à semelhança de si próprios, atribuindo ao Criador os seus defeitos, como faziam muitos povos da Antiguidade, dentre eles os gregos e os romanos. E essa mentalidade ainda não foi extirpada, gerando, mesmo que inconscientemente, uma figura folclórica desequilibrada e cheia de pecados e vícios, pois o ser humano, por mais que se esforce, é imperfeito, uma vez que está suscetível às pressões da matéria, em seu longo processo de aprendizado. Por isso, não venham para cima de mim com santidade excessiva, porque a gente fica logo com medo dessas pessoas. Não erram, não pecam, não realizam nada... Já dizia o Irmão Zarur, com seu inigualável bom humor:

> — *Onde houver uma pessoa perfeita, vocês embrulhem num papel de presente e mandem para mim aqui, porque nós estamos precisando.*

No entanto, isso não é um convite à perpetuação da malandragem. Além da compaixão para com os que estão em falta, mas desejam se corrigir, **todos devemos nos esforçar com Fé Realizante e perseverança incessante por alcançar o sublime objetivo da nossa jornada espiritual**, expresso nas palavras de Paulo Apóstolo:

> — *até que todos cheguemos à* ***Unidade da Fé****, ao* ***pleno conhecimento do Filho de Deus****, ao estado de homem feito, à medida da* ***estatura da plenitude do Cristo*** (Efésios, 4:13).

O Trono de Glória — Poder, Autoridade e Boas Obras

O Deus Divino — que não pode ser confundido com o deus humano furibundo — **está assentado no Seu Trono de Glória**, conforme descrito no Apocalipse de Jesus, verdadeiramente **reinando nos Universos**. Esse é o autêntico símbolo de Poder e Autoridade Espiritual legítima, capaz de julgar nossas obras e espantar todo o mal que existe do planeta. Conforme citamos:

> [11] *Vi um grande trono branco e Aquele que nele se assenta, de cuja presença fugiram a Terra e o Céu, e não se achou lugar para eles* (Apocalipse, 20:11).

Assim, devemos nos **integrar plenamente e dar honras e glórias ao Trono de Deus, exaltando-O na Terra, reproduzindo as Suas Boas Obras — e Jesus nos dá as ferramentas para essa vitória**. Dessa forma, nos manteremos vigilantes e não seremos tisnados pelo trono de satanás nem cairemos em suas ciladas.

REVELAÇÕES DO TRONO CELESTIAL: A PORTA ABERTA NO CÉU

Academia Jesus, o Cristo Ecumênico, o Divino Estadista *— A exaltação e o reconhecimento ao Verdadeiro Poder neste planeta e nos Universos são também assuntos abordados pelo Líder da Religião do Terceiro Milênio em uma circular que escreveu às vésperas do Dia dos Pais, na madrugada de 12 de agosto de 2000. Ela foi ao ar pela Super Rede Boa Vontade de Rádio naquele mesmo sábado, por sugestão do Espírito Flexa Dourada, que se manifestou na reunião do Centro Espiritual Universalista, o CEU da Religião de Deus, do Cristo e do Espírito Santo, pela sensitividade do Cristão do Novo Mandamento Chico Periotto.*

Sobre esse documento, afirmou ***Flexa Dourada****:*

"Essa é uma carta-convocação. Que horas entrará no rádio? Essa é uma carta-convocação para os da Terra e os do Céu da Terra. Quem quer ir para a frente e quem quer ficar para trás. Os Espíritos estão vibrando em cima.

"Essa carta está divinamente inspirada. Não saiu só do coração, saiu da sua quantidade de vida espiritual. É muito tempo, hein, Irmão de Paiva?! Por isso, tem que sair coisas assim tão belas.

"Os Espíritos estão cantando em cima, ouça o Coral de cima em seu coração, estão cantando junto. Tudo o que veio fazer na Terra o senhor vai cumprir. Nada, nada, nada vai impedir. Nada, nada, nada! A sua mão é embalada pela mão do Cristo. Então, nada o impedirá.

"Isso não é palavra somente de um Amigo Espiritual, isso é a palavra de um Espírito que sabe quem está com o senhor. Com os homens do mundo encontra-se o deus lucro, o deus dinheiro. Mas com o Irmão de Paiva existe o Deus Todo-Poderoso, Aquele que faz e acontece na hora que bem quiser.

"Salve Jesus!"

Leiamos agora, como muita unção espiritual, esse histórico documento da lavra de ***Paiva Netto****:*

Minhas Amigas e meus Irmãos, minhas Irmãs e meus Amigos, da Terra e do Céu da Terra,

Deus Está Presente!
Jesus Está Chegando!

Ao observar o crescimento orgânico e estruturado da Legião da Boa Vontade e tudo o que dela brotou, continua despontando e ainda surgirá do trabalho de Fé Realizante e Boa Vontade, nossa Alma se comove. Isso porque vemos progredir a semente lançada, em 1º de janeiro de 1950, por seu Fundador, Alziro Zarur (1914-1979), da qual estamos com extremo cuidado tratando para que, em honra a Deus, ao Cristo e ao Espírito Santo, se desenvolva com **a blandícia e a grandiosidade dos Assuntos Divinos**.

Diante disso, percebemos **a Magnitude do Criador**, o Pai de todos nós, e a comprovação de Sua Onisciência, Onipresença, Onipotência, Onidirigência e Majestade.

Para o leal trabalhador da Seara do Cristo Ecumênico, o Divino Estadista, na Terra e no Plano Espiritual, são oferecidos raros momentos de repouso.

Novas tarefas são anunciadas pela Espiritualidade Maior para os dedicados discípulos do Provedor Celeste, resultantes de Decisões Supremas, relativas a sentenças decorrentes das ações espirituais e humanas, somadas e multiplicadas no transcorrer dos milênios. Não é sem motivo esta advertência do Excelso Taumaturgo, no Seu Santo Evangelho, segundo Mateus, 16:27:

— *A cada um de acordo com as suas próprias obras.*

Nada mais, nada menos!

O Martelo de Deus

Sinos poderosos, cujos toques nos chegam das Elevadas Regiões onde os horizontes não conhecem limites, anunciam que **vem próxima a hora do resgate. As massas humanas serão como o Martelo de Deus a derruir as estruturas da arrogância e da impiedade.** Elas têm servido de base à opressão do desprezo, a qual vem mantendo, na ignorância espiritual e na pobreza dela decorrente, os Filhos do Altíssimo, que foram criados para a fortuna inesgotável Dele oriunda.

Nossa missão — e a de muitos idealistas pelo planeta — é colaborar no **direcionamento do Rebanho Ecumênico do Cristo para as Glórias do Reino Divino**, que baixa à Terra, consoante o anunciado pelo Anjo ao toque da Sétima Trombeta:

— *O reino do mundo se tornou de nosso Deus e do Seu Cristo, e Ele reinará pelos séculos dos séculos* (Apocalipse, 11:15).

Aqueles sinos plangem, pressagiando o fim de um tempo no qual o egoísmo foi soberano e atraindo **as matinas de uma era nova**, em que **o Espírito se sobreporá às convocações da excessiva materialidade**.

Palavras que jamais passarão

A ruína moral em que se abate o mundo, paradoxalmente, anuncia **a vitória do Evangelho que redime**, expressa nas páginas do Apocalipse Redentor que conforta e reconforta.

As lágrimas e o sangue dos mártires semearam a terra, e não foram em vão.

Os olhos espirituais e humanos verão, assombrados, que realmente **tudo foi consumido, menos as lições do Cristo**, consoante Ele próprio anunciara (Evangelho, segundo Mateus, 24:35):

> — *Passará o Céu, passará a Terra, mas as minhas palavras não passarão.*

Velho conto oriental relata que, certa vez, um potentado convocou os sábios de sua corte para que lhe trouxessem uma conclusão decisiva sobre o valor das realizações unicamente humanas. Depois de muito pensar e discutir, a ele se dirigiram e disseram:

— Majestade, eis que lhe trazemos a nossa tese, após demorada maturação: — Na vida tudo passa; até isto passa...

Mas nós — Legionários da Boa Vontade e Cristãos do Novo Mandamento, Amigos de Jesus, dos Dois Planos — sabemos que uma exceção existe para o resultado das meditações dos doutos da pequena história: **são as Profecias e os Ensinamentos do Sábio dos sábios, Jesus.**

Quem tem juízo leva-os, mais que tudo, a sério nas suas alegrias e nos seus padeceres diários.

A Porta do Céu para a Terra

Um dragão espreita na sombra as atividades inconsequentes de homens, povos e nações. Entretanto, uma **Porta do Céu** para este mundo foi **aberta pelo Cristo**, para que as **multidões possam trilhar**, sob os auspícios do **Trono de Deus**, isto é, de **Sua Autoridade**, um caminho seguro à realização de seus mais justos anseios:

A visão do Trono de Deus

(Apocalipse, 4:1 a 11)

1 Depois disso, olhei, e eis não somente uma porta aberta no Céu, como também a primeira voz que

ouvi, como de trombeta ao falar comigo, dizendo:
Sobe para cá, e Eu te mostrarei o que deve acontecer
depois destas coisas.
2 Logo fui arrebatado em Espírito, e eis armado no
Céu um trono, e nele Alguém sentado;
3 e esse que se acha assentado é semelhante, no as-
pecto, à pedra de jaspe e de sardônio, e, ao redor do
trono, há um arco-íris que se assemelha, no aspecto,
à esmeralda.
4 Ao redor do trono, há também vinte e quatro tro-
nos, e assentados neles, vinte e quatro anciãos vesti-
dos de branco, em cujas cabeças estão coroas de ouro.
5 Do trono saem relâmpagos, vozes e trovões, e
diante dele ardem sete tochas de fogo, que são os Sete
Espíritos de Deus.
6 Há diante do trono um mar de vidro, transpa-
rente, semelhante ao cristal, e também, no meio do
trono e à volta dele, quatro seres viventes cheios de
olhos ao redor e por dentro.
7 O primeiro ser vivente é semelhante a leão, o se-
gundo semelhante a novilho, o terceiro tem o rosto
como de homem, e o quarto ser vivente é semelhante
a uma águia quando está voando.
8 E os quatro seres viventes, tendo cada um de-
les respectivamente seis asas, estão cheios de olhos, ao
redor e por dentro; não têm descanso, nem de dia
nem de noite, proclamando: Santo, Santo, Santo é o

Senhor Deus, o Todo-Poderoso, Aquele que era, que é e que há de vir.
9 Quando esses seres viventes davam glória, honra e ações de graça ao que se encontra sentado no trono, ao que vive pelos séculos dos séculos,
10 os vinte e quatro anciãos se prostravam diante Daquele que se encontra sentado no trono, e adoravam ao que vive pelos séculos dos séculos, e depositavam as suas coroas diante do trono, proclamando:
11 Tu és digno, Senhor e Deus nosso, de receber a glória, a honra e o poder, porque todas as coisas Tu criaste, sim, por causa da Tua Vontade vieram a existir e foram criadas.

Religião do Terceiro Milênio — Portal Divino

Diante disso, dizemos, sem pretensões injustificáveis, que este **Portal Divino também é a Religião de Deus, do Cristo e do Espírito Santo. Nascida do Coração do Pai de todos nós, o Celestial**, seu nobre desígnio é realizar **a maior reforma** nunca imaginada pelos mais competentes pensadores laicos e líderes religiosos deste planeta: **unir, num grande e fraterno abraço, à Humanidade de Cima a humanidade de baixo, sob as Bênçãos do Mandamento Novo do Cristo**:

— *Amai-vos como Eu vos amei. Somente assim podereis ser reconhecidos como meus discípulos. Não há maior Amor do que doar a própria vida pelos seus amigos* (Evangelho, segundo João, 13:34 e 35; e 15:13).

Nosso dever, Irmãos da Terra e Irmãos do Espaço, é levar às mentes, que se encontram espalhadas desde as favelas até aos palácios, com a firme decisão comum aos verdadeiros seguidores do Cristo, a já mencionada **Fórmula Urgentíssima**:

— *Buscai primeiramente o Reino de Deus e Sua Justiça, e todas as coisas materiais vos serão acrescentadas* (Evangelho, segundo Mateus, 6:33).

Eu, humildemente, nomeei-a de **a Fórmula Urgentíssima Econômica do Cristo**. Ela resume todos os **Estatutos Superiores da Esperança e da Paz**, que só podem vicejar onde imperam **a Verdade e o Amor, a Humildade e o Bem**.

Rasgar o véu entre as dimensões espiritual e material

A Política de Deus — Política para o Espírito Eterno do ser humano — tem como uma de suas missões permanentes, desobsidiar as criaturas materiais e espirituais, para que possam estar **em sintonia constante com a Sublime Dimensão de onde Ele nos governa.**

Eis **a Substancial Transformação** que permite a mais inigualável das materializações: **a do Reino de Deus entre nós** (Evangelho, segundo Lucas, 17:21). Isto é, **a União das Duas Humanidades, da Terra e do Céu da Terra**, os habitantes deste e do Outro Lado da cortina, que ainda aparta, em diversas esferas, Irmãos que urgentemente precisam se abraçar.

Nosso dever é rasgá-la, de cima até à sua extremidade inferior, como ocorreu no dia da crucificação do Filho de Deus[60], para que finalmente possamos **confraternizar na lide redentora do Divino Amigo. Jesus realmente volta.** Desta vez, porém, **não será mais traspassado**.

A palavra agora é **união**. Abaixo a tirania da separação daqueles que se amam em Jesus, nosso Mestre, Guia e Chefe.

Prossegue, com renovado vigor, a Revolução Mundial dos Espíritos de Luz, na Quarta Revelação.

A morte deixa de ser a fronteira que limita a ação conjunta daqueles cujo destino glorioso é servir ao Divino Ressuscitado.

---

[60] Evangelho do Cristo, segundo Mateus, 27:51 — *"**Eis que o véu do santuário se rasgou em duas partes de alto a baixo**; tremeu a terra, fenderam-se as rochas".*

Não há mais morte. Agora, tudo é Vida, porque os mortos jamais se findaram.
Louvado seja Deus! Para sempre seja louvado!

Viva Jesus, cuja Misericórdia nos sustenta, em nossos corações para sempre!

Aquele que os ama,

José de Paiva Netto
Servidor dos Amigos de Deus

Sinos poderosos, cujos toques nos chegam das Elevadas Regiões onde os horizontes não conhecem limites, anunciam que vem próxima a hora do resgate. As massas humanas serão como o Martelo de Deus a derruir as estruturas da arrogância e da impiedade.

Ântipas a caminho de Pérgamo, na arte digital de William Luz.

ÂNTIPAS, A FIEL TESTEMUNHA

(Parte 1)

***Academia Jesus, o Cristo Ecumênico, o Divino Estadista** — Na sequência dessa nossa jornada pelos incalculáveis ensinamentos contidos nesta Carta do Cristo aos Seus seguidores em Pérgamo — e notem que ainda não saímos do versículo 13 do capítulo 2 do Livro da Revelação —, o Divino Mestre fará uma exaltação a um mártir do Cristianismo nascente: Ântipas.*

*É o próximo assunto que **Paiva Netto** abordará em suas palestras, mostrando quanto esse herói foi perseguido e sacrificado naquele tempo em Pérgamo:*

*13 Conheço o lugar em que habitas, onde está o trono de satanás, e que conservas o meu nome e não negaste a minha fé, **ainda nos dias de Ântipas,***

> ***minha fiel testemunha, o qual foi morto entre vós****, onde satanás habita.*

Vejam que honra para esse Espírito receber do Cristo o título de *"fiel testemunha"*, o mesmo com o qual o Divino Mestre se apresentou a João Evangelista, na dedicatória às Sete Igrejas da Ásia:

> *— João, às Sete Igrejas que se encontram na Ásia: Graça e paz a vós outros, da parte Daquele que é, que era e que há de vir, da parte dos Sete Espíritos que se acham diante do Seu trono, e da parte de* ***Jesus Cristo, a Fiel Testemunha, o Primogênito dos mortos e o Soberano dos reis da Terra*** (Apocalipse, 1:4 e 5).

São incomensuráveis as lutas enfrentadas pelos que amam o Provedor Celeste, para conservar o Seu nome e não negar a Fé que têm Nele, pois **esse também foi o testemunho do Cristo ao doar a Sua vida por nós**. E **o Reconhecimento Divino vem** a todo aquele que não esmorece perante as inúmeras batalhas pelo caminho, conforme encontramos nessas Excelsas Missivas que estamos estudando e nas quais são ressaltadas as qualidades de cada comunidade logo no início.

Observem o caso desse nosso Irmão de jornada Ântipas. Não obstante algumas especulações e teorias, até hoje nenhum registro foi descoberto sobre quem ele foi ou o que fez. Entretanto, a maior glória para essa Alma não é constar das páginas dos livros de História, mas nas do maior Compêndio de todos os tempos da humanidade, o Apocalipse, e ser destacado pelo Sublime Pegureiro como um exemplo a ser seguido, afora ter seu nome *"inscrito no Livro da Vida Eterna"* (Apocalipse, 21:27).

Ele é um símbolo também para todos aqueles que se dedicam à Causa Gloriosa de Deus entre as criaturas humanas. São os que erguem, portanto, a bandeira da Paz, da Generosidade, da Justiça, da Fraternidade Ecumênica e do Amor. Ressalte-se que o Pai Celestial nada tem a ver com as guerras que ocorreram em Seu Santo Nome, nem com toda a "astúcia" que foi praticada para que o poder religioso tivesse a hegemonia sobre os demais. E eu **sou um defensor de que a Religião deve caminhar na vanguarda ética da humanidade**, em benefício de todos os povos do planeta, **todavia jamais na forma do nefasto sectarismo das crenças**, que deve ser extirpado já e se tornar defunto.

Encarnando o Evangelho-Apocalipse de Jesus

Que cada ser vivente da Terra e do Espaço que busca com fidelidade seguir os fraternos ensinamentos de Jesus Dessectarizado, não importa sua crença ou descrença, possa se sentir homenageado ou homenageada na figura de Ântipas, a fiel testemunha, por toda a dedicação e pelas batalhas vencidas. É como sempre brado: **servir a Jesus não é sacrifício. É privilégio.**

Em 17 de janeiro de 1988, ao realizar uma Cruzada do Novo Mandamento de Jesus no Lar[61] pelas ondas do rádio, afirmei, de improviso, que, **estudando a Palavra Celeste** — na Boa Nova e no Apocalipse, que constituem a Fortuna de Deus para Seus filhos —, **seremos nós, os seres espirituais e humanos, o Quinto Evangelho a ser erguido, vivo e atuante**. Sim, **nós o estamos escrevendo com atos de Fé Realizante**, a fim de que **a nossa existência seja uma Revelação de Jesus** exposta ao exame de todos, sem necessidade de empregarmos muitas expressões na admoestação dos que desejamos ver evoluindo na direção de Deus.

O Cristão do Novo Mandamento, sim, é o próprio Evangelho-Apocalipse do Cristo em marcha pela iluminação espiritual dos povos, agora e sempre. Amém!

---

[61] **Cruzada do Novo Mandamento de Jesus no Lar** — Veiculada, toda segunda-feira, pela Super Rede Boa Vontade de Comunicação (veja a relação de emissoras no portal boavontade.com e baixe o aplicativo Boa Vontade Play), a Cruzada do Novo Mandamento de Jesus no Lar é transmitida diretamente da Igreja Familiar nº 1 da Religião de Deus, do Cristo e do Espírito Santo, sob a responsabilidade do casal Paiva Netto, e estendida a todas as demais Igrejas Familiares da Religião do Amor Universal. Para se inteirar ainda mais sobre esse importante trabalho da Religião Divina, leia o primeiro volume das *Sagradas Diretrizes Espirituais da Religião de Deus, do Cristo e do Espírito Santo* (1987).

ÂNTIPAS, A FIEL TESTEMUNHA

(Parte 2)

Subi para cá!

Para entendermos o profundo sentido do sacrifício de Ântipas, qual passagem do Livro das Profecias Finais nos inspira a sermos em plenitude a Palavra de Deus Revelada pelos nossos bons atos, sustentando o espírito de profecia por todos os tempos da humanidade? Aos que responderam "As Duas Testemunhas Mártires", parabéns! Leiamos o que nos apresenta o Apocalipse de Jesus, 11:3 a 14, antecedendo a Sétima Trombeta:

As Duas Testemunhas Mártires

3 Darei às minhas Duas Testemunhas que, vestidas de pano de saco, profetizem por mil duzentos e sessenta dias.

4 Estas são as duas oliveiras e os dois candeeiros que
se acham em pé diante do Senhor da Terra.
5 Se alguém pretender causar-lhes dano, sairá fogo
das suas bocas e devorará os inimigos; sim, se alguém
os quiser ofender, importa que seja morto.
6 Elas têm a autoridade para fechar o céu, para que
não chova durante os dias em que profetizarem. Têm
poder também sobre as águas, para convertê-las em
sangue, bem como para ferir a Terra com toda sorte
de pragas, tantas vezes quantas quiserem.
7 Depois que elas tiverem acabado de dar o seu tes-
temunho, a besta que surge do abismo pelejará con-
tra elas, e as vencerá, e matará,
8 e os seus cadáveres ficarão estirados na praça da
grande cidade que espiritualmente se chama Sodoma
e Egito, onde também o seu Senhor foi crucificado.
9 Então, muitos dentre os povos, as tribos, as lín-
guas e as nações contemplarão os cadáveres das Duas
Testemunhas, por três dias e meio, e não permitirão
que seus corpos sejam sepultados.
10 Os habitantes do mundo se alegrarão por causa
da morte deles, realizarão festas e enviarão presentes
uns aos outros, porquanto esses dois Profetas ator-
mentaram os que moram sobre a Terra.
11 Mas, depois dos três dias e meio, um Espírito de
vida, vindo da parte de Deus, entrou neles, que se
ergueram sobre seus pés, e àqueles que os viram redi-
vivos sobreveio grande medo;

12 e as Duas Testemunhas ouviram grande voz vin-
da do Céu, dizendo-lhes: Subi para cá! E se elevaram
ao Céu numa nuvem, e os seus inimigos as contem-
plaram subindo.
13 Naquela hora, sobreveio grande terremoto, e
ruiu a décima parte da cidade, e morreram nesse
terremoto sete mil pessoas, ao passo que as outras fi-
caram sobremodo aterrorizadas, e deram glória ao
Deus do Céu.
14 É passado o segundo Ai. Mas eis aqui o terceiro,
que cedo virá.

Faremos apenas alguns comentários para voltarmos a esse rico trecho bíblico em futuras ocasiões.

Afinal, quem são essas Duas Testemunhas Mártires? Na nossa modesta interpretação, representam, neste encerramento de ciclo apocalíptico, **o Antigo e o Novo Testamento da Bíblia Sagrada e aqueles que reencarnam com a missão de manter as suas chamas sempre acesas**. E eles são perseguidos mesmo!

Quando chegou a hora, a besta que surgiu do abismo acertou as Duas Testemunhas Mártires, matando-as. Falo assim, porque prego aos Simples de Coração. À época, igualmente acharam ter "vencido" Jesus, porém, no momento em que O crucificaram e elevaram a cruz, O colocaram acima de todas as cabeças, além da craveira comum. Aí é que Ele reinou mesmo. Já dizia o Irmão Zarur:

— Só a Verdade ficará de pé. Quem está com a Verdade nada pode temer.

Não adianta perseguir um homem ou uma mulher de valor. A História demonstra quão inútil é esse intento. Por exemplo, o Gandhi (1869-1948), prenderam-no tantas vezes na África do Sul e na Índia que, somando todo o tempo, ficou mais de seis anos detido. E o que adiantou? Foi aí que, encarcerado, mais ele escrevia páginas extraordinárias que imortalizaram a sua trajetória. Adiantou crucificarem Jesus? **Absolutamente, não, porque Ele suplantou o martírio e, em seguida, como fênix, ressurgiu vitorioso das cinzas da morte, razão por que Deus Lhe confirmou o Poder**, conforme escrevi em *Jesus, a Dor e a origem de Sua Autoridade — O Poder do Cristo em nós* (2014).

Crucificação para além do Gólgota

Infelizmente, a crucificação do Cristo não se restringiu ao funesto Gólgota. Ela ocorre sempre que a Mensagem Redentora e de Paz é massacrada com atos e gestos odientos que a negam peremptoriamente. Ao comentar acerca das Duas Testemunhas Mártires, no ano de 1967, o saudoso Irmão Zarur se recordou do lamentável episódio da Noite de São Bartolomeu, em 24 de agosto de 1572, na França. Foi um horrendo assassinato de milhares de protestantes (huguenotes), engendrado pela impiedosa Catarina de Médici (1519-1589), mãe do rei Carlos IX (1550-1574), que teve início em Paris e se espalhou por várias cidades francesas. Disse Zarur:

> — *Uma conspiração foi feita na França para destruir os huguenotes. O horrendo massacre de São Bartolomeu com suas 70 mil vítimas constitui uma nódoa inapagável na História da França. Assim, Jesus foi espiritualmente crucificado nos seus membros, nos cristãos assassinados na noite de São Bartolomeu. (...) Assim se pode dizer, portanto, mais uma vez, com verdade, onde o Senhor deles foi crucificado, como está no versículo 8* [capítulo 11 do Apocalipse], *foi mesmo (...). Também moralmente foi, espiritualmente foi e até hoje está sendo. Porque crucificar não é só pegar um corpo e pregar na cruz.*

Sim, pois se traduz nos cruentos conflitos e guerras em vários lugares do mundo, que infelizmente já tiveram como protagonistas a religião e incontáveis religiosos a se digladiarem em nome do próprio Deus, como se o Pai Celestial fosse aprovar tamanha barbaridade.

A penosa crucificação do Divino Mestre e todo o martírio dos cristãos ao longo dos séculos tocaram o coração de Santa Teresa de Jesus ou Santa Teresa de

Santa Teresa de Ávila

Ávila (1515-1582). É atribuído a ela este inspirado soneto, que reproduzo aqui na versão do saudoso componente do Departamento Editorial da Legião da Boa Vontade Fernando Antonio Franco da Rocha (1933-2001):

Ao Cristo Crucificado

Não me comove, meu Deus, para amar-Te
o céu que Tu me tens prometido;
não me comove o inferno tão temido,
para deixar por isso de ofender-Te.

Tu me comoves, Senhor; comove-me o ver-Te
cravado numa cruz e escarnecido;
comove-me ver Teu corpo tão ferido;
comove-me Teu sofrimento e Tua morte.

Comove-me, enfim, Teu Amor, de tal maneira,
que, embora não houvesse céu, Te amaria,
e, se não houvesse inferno, a Ti temeria.

Nada tens de me dar porque Te queira,
pois, ainda que tanto espere, não mereça,
o mesmo que Te quero, Te quereria.

Padre Antônio Vieira

Vêm-me à lembrança comoventes e significativas palavras do padre Antônio Vieira (1608-1697), que, à sua maneira, complementam o sentido da poesia de Santa Teresa de Ávila. Consta de seu Sermão do Quarto Domingo do Advento, quando o proeminente orador jesuíta proferiu:

> — *Muito melhor me conheço diante da imagem de um pecado que diante da imagem de um Cristo crucificado. Quando estou diante da imagem de Cristo crucificado, parece que tenho razões de me ensoberbecer, porque vejo o preço pelo qual Deus me comprou; mas, quando me ponho diante da imagem de um pecado, não tenho senão razões de me humilhar, porque vejo o preço pelo qual eu me vendi. Quando vejo que Deus me compra com todo o Seu sangue, não posso deixar de cuidar que sou muito; mas, quando vejo que eu me vendo pelos nadas do mundo, não posso deixar de crer que sou nada.*

Que façamos por merecer todo o sacrifício do Divino Ressuscitado, com nosso intenso labor e destemido testemunho a serviço do Amor de Deus!

A ressurreição das Duas Testemunhas Mártires, na arte digital de William Luz.

ÂNTIPAS, A FIEL TESTEMUNHA

(Parte 3 — final)

A festa macabra do cinismo e da covardia

Prosseguimos em nosso estudo fazendo a correlação de Ântipas com as Duas Testemunhas Mártires, que foram aparentemente derrotadas, embora apenas praticassem o Bem e trouxessem luz aos que vivem na escuridão. É aquela coisa, há quem goste de ficar no breu mesmo e não adianta o esforço desses heróis a curto prazo. Mas Deus não tem pressa, Ele tem precisão em Suas ações. Porque, somente após muito sofrimento pelas reencarnações sucessivas, os que na contemporaneidade lhes foram ingratos entenderão os sacrifícios dessas duas Almas Benditas. **Elas simbolizam os milhares de Emissários que o Cristo pelos tempos envia ao mundo.**

Por isso, há algo que sempre lembro a vocês e o nosso preclaro Irmão Dr. Bezerra de Menezes (Espírito) também — em particular nesta mensagem trazida por intermédio do Irmão Flexa Dourada (Espírito), no dia 28 de julho de 2007 (sábado), na cidade do Rio de Janeiro/RJ, pela sensitividade do Cristão do Novo Mandamento Chico Periotto:

> — ***Há uma coisa que o Dr. Bezerra fala à equipe, a toda ela, no Mundo Espiritual:*** *"Meus Irmãos, minhas Irmãs, façam concessão no coração de vocês. Sejam os primeiros a ouvir e com humildade. E as conquistas de Deus vão se impor todas, em toda a parte, em todo o serviço a ser feito, em toda a comunicação a ser realizada. O melhor vai surgir! O melhor vai surgir sempre que houver cada vez maior espírito de colaboração mútua.* ***A questão é semear, semear. A colheita é com Jesus.*** *Esse é o espírito de Boa Vontade que o Mundo Espiritual espera de todos na Terra. Fora disso não há razão de ser".*

Pois bem, os corpos das Duas Testemunhas ficaram insepultos, porque **ninguém conseguiu nem conseguirá jamais enterrar o Antigo e o Novo Testamento**, por mais que tentem.

E muitos habitantes da Terra se alegraram por causa da "morte" deles. **As coisas espirituais irritam quem quer baderna. É a espada afiada de dois gumes que sai da boca de Jesus tirando as pessoas do comodismo mundano**, dos que não querem nada com a vida, que preferem ficar no *dolce far niente* no péssimo sentido. Por isso, realizaram festas e enviaram presentes uns aos outros, porquanto esses Dois Profetas "atormentaram" com a Luz do Cristo — que desmascara os seus malfeitos — os que moram sobre a Terra. Imaginem o que pensavam:

> — *Oba! Vamos para a esbórnia! Que Evangelho o quê?! Que Apocalipse nada! Que Jesus?! É hora da fuzarca!*

E o mundo ao redor pegando fogo... Ora, ninguém é contra as celebrações genuínas. A doce arte de não fazer nada, como na frase italiana, na verdade, reflete aquilo de se desconectar do materialismo sufocante, ler um bom livro, ouvir uma elevada música, passar bons momentos entre amigos e família ou simplesmente tirar um tempo para uma caminhada benfazeja, ouvir o som da Natureza, se reconectando com a nossa Essência Espiritual, hábitos que a Ciência vem comprovando ter impacto benéfico para a longevidade saudável. **Deus é felicidade! O Pai Celestial é essa paisagem linda com a qual dotou nossa morada coletiva.**

Mas ali, não! Conforme vimos no relato bíblico estudado[62], tratava-se de uma festa macabra de celebração doentia ao extermínio daqueles Celestes Emissários, que apenas lhes queriam o Bem.

As Duas Testemunhas Mártires erguem-se de sua "morte"

Todavia, acontece o inusitado: depois de três dias e meio, um Espírito de Vida vindo da Parte de Deus entrou nas **Duas Testemunhas Mártires** e estas **se ergueram sobre seus pés**. Isso também está ocorrendo no mundo inteiro: **a pregação do Evangelho-Apocalipse do Cristo sempre encontra uma maneira de sobreviver às maiores tentativas de a sufocar**. Ela prossegue desbravando novas estradas por entre as mentes, cumprindo o *"Ide e pregai"* de Jesus, quer chova, quer faça Sol.

E nós estamos procurando fazer a nossa parte e cada um à sua moda também, **chegando a lugares antes jamais alcançados**. São os templos das diversas devoções sendo abertos pelo planeta. Respeitamos todas as Religiões e não seguimos essa conversa fiada de que apenas a nossa forma de pregar, de esclarecer esteja certa. Não, isso é coisa de gente sectária, perturbada ou mal-inten-

---

[62] Apocalipse, 11:10 — *"Os habitantes do mundo se alegrarão por causa da morte deles, realizarão festas e enviarão presentes uns aos outros, porquanto esses dois Profetas atormentaram os que moram sobre a Terra"*.

cionada, o que dá no mesmo. Zarur sempre defendeu esta bandeira de vanguarda da Religião Divina:

> — *Há tantas religiões quantos são os graus de entendimento das criaturas humanas.*

Ninguém pode assassinar a Palavra de Deus, que não está somente na Bíblia Sagrada dos cristãos, mas permeando todos os Textos Santos das inúmeras crenças pelo orbe. Não há donos da Verdade, a não ser Deus. Todos os emissários da Religião, da Ciência, da Política, da Filosofia, da Economia, da Arte, do Esporte, enfim, de todas as áreas do conhecimento espiritual-humano foram mandados à Terra por Ele. Por isso, erguemos bem alto, desde os nossos primórdios na década de 1940, a bandeira do Ecumenismo sem fronteiras[63].

O lamento dos hipócritas

E o que vai acontecer depois de as Duas Testemunhas Mártires aparecerem redivivas? Àquela turma da

[63] **Os Quatro Pilares do Ecumenismo — "Ecumenismo Irrestrito"** e **"Ecumenismo Total"** são expressões criadas por Alziro Zarur e conceituadas por Paiva Netto, que ainda nos trouxe e elucidou mais estes dois vanguardeiros conceitos: **"Ecumenismo dos Corações"** e **"Ecumenismo Divino"**. Leia mais sobre o assunto no primeiro volume das *Sagradas Diretrizes Espirituais da Religião de Deus, do Cristo e do Espírito Santo* (1987) ou em *Reflexões da Alma* (2003), *best-sellers* do mesmo autor. Adquira: www.PaivaNetto.com/livros.

desordem sobreveio grande temor, afinal estavam com a consciência pesada. Ora, vem a salvação, vem o Bem, e eles ficam temerários? Por quê? É simples: estavam de "rabo preso", como se diz popularmente, e se regozijaram com os perseguidores e assassinos que pensaram ter levado à morte os Dois Expoentes do Cristo.

A imagem desse fato me faz recordar este extraordinário e confortador versículo do Apocalipse:

> — *Eis que* ***Jesus vem com as nuvens****, e todos os olhos O contemplarão, até mesmo aqueles que O traspassaram.* ***E todas as nações da Terra se lamentarão sobre Ele.*** *Certamente. Amém!* (Apocalipse, 1:7).

Até os Soldadinhos de Deus, como carinhosamente são chamadas as crianças na Religião Divina, sabem por que todas as nações da Terra se lamentarão. Pelo simples motivo de terem debochado e não quererem saber das Profecias contidas no Evangelho-Apocalipse de Jesus, que são o passaporte para escaparem ilesos do que inevitavelmente ocorrerá. Ao desprezarem o fraterno convite de elevação de suas Almas, trucidam as Duas Testemunhas Mártires nos seus corações.

Essas nações pensam que o Divino Crucificado está morto. Lamentarão quando do Seu Retorno sobre as nuvens, porque não acreditaram na Sua Magnífica Ressurreição e, por consequência, não creem na promessa da Sua Gloriosa Volta. **O Soberano Senhor da Terra vem para tomar a posse definitiva do Governo do planeta, do qual jamais abriu mão, pois deixou certa responsabilidade a alguns e agora lhes pedirá contas[64].**

Meus Irmãos, minhas Irmãs, e a Justiça Divina é implacável em sua sentença!

Preparando os caminhos da Volta Triunfal de Jesus

As Duas Testemunhas Mártires estão aí ressuscitadas. Em vista disso, ó pregadores ecumênicos da Religião de Deus, do Cristo e do Espírito Santo, **é soada a hora de pregar, pregar e pregar o Santo e Redentor Evangelho-Apocalipse de Nosso Mestre, livre do véu da letra que mata, mas exultante no Espírito que vivifica[65], logo igualmente em Verdade, à luz do Novo Mandamento do Cristo.**

Jamais percamos tempo, uma vez que às portas está o Terceiro Ai do Apocalipse (Livro da Revelação, 11:14). E quando ele chegar, aqueles que se acovardaram, que não ousaram levar adiante esse legado da

---

[64] **Jesus lhes pedirá contas** — Lição muito bem explicada pelo Cristo em Sua "Parábola dos Dois Servos", registrada nos Evangelhos, consoante Mateus, 24:45 a 51; e Lucas, 12:42 a 46.

[65] ***"A letra mata, mas o Espírito vivifica"*** — Segunda Epístola de Paulo aos Coríntios, 3:6.

coragem inaudita das bravas Testemunhas do Senhor, preferindo antes o fundamento do mundo ao Fundamento Jesus[66], portanto traindo o próprio Cristo de Deus com sua apatia, não terão nem mais as suas línguas, moral e espiritualmente falando. Isso porque elas lhes serão arrancadas por um Poder Superior, visto que não a utilizaram para servir de *"espada afiada de dois gumes"*. Daí para frente, essas Almas serão convocadas a ouvir o caos que se estabeleceu em suas consciências, pois se negaram a testemunhar o seu Grande e Verdadeiro Amigo, **o Coautor do Apocalipse**, que já **vem e trará** consigo a **punição** espiritual **aos temerosos** e claudicantes ou a **Recompensa** Divina **aos vanguardeiros** e corajosos.

Não podemos brincar com os compromissos assumidos em nossas Agendas Espirituais. Conforme alertou Paulo Apóstolo, em sua Epístola aos Gálatas, 6:7:

> — *De Deus não se zomba. Aquilo que o homem semear, isso mesmo terá de colher.*

Minhas Irmãs e meus Amigos, minhas Amigas e meus Irmãos, faço esse grave alertamento a todos, porque **jamais poderemos deixar que a corrupção do**

---

[66] Leia o capítulo "O fundamento do mundo e o Fundamento Jesus", constante do primeiro volume das *Sagradas Diretrizes Espirituais da Religião de Deus, do Cristo e do Espírito Santo* (1987), da lavra de Paiva Netto. Adquira: www.PaivaNetto.com/livros.

Espírito, que lamentavelmente seduziu alguns distraídos de Pérgamo, se espalhe em nosso entorno espiritual. O Profeta Divino reserva a todos os perseverantes pregoeiros de Seu Trono de Glória as benfazejas promessas do Apocalipse, mesmo em face do Terceiro Ai que está por vir.

Que a Graça e a Paz de Nosso Senhor Jesus Cristo, que ressuscitou as Duas Testemunhas Mártires, esteja agora e sempre sobre todos! E vamos trabalhar por Ele neste mundo que tanto necessita da Sua Palavra de Caminho, Verdade e Vida!

A Religião de Deus, do Cristo e do Espírito Santo prefere o Fundamento Jesus!

As Duas Testemunhas Mártires estão aí ressuscitadas. Em vista disso, ó pregadores ecumênicos da Religião de Deus, do Cristo e do Espírito Santo, é soada a hora de pregar, pregar e pregar o Santo e Redentor Evangelho-Apocalipse de Nosso Mestre, livre do véu da letra que mata, mas exultante no Espírito que vivifica, logo igualmente em Verdade, à luz do Novo Mandamento do Cristo.

PÉRGAMO — O COMBATE À CORRUPÇÃO ESPIRITUAL

Academia Jesus, o Cristo Ecumênico, o Divino Estadista *— Navegar pelas sublimes águas dessa Mensagem do Sábio dos Milênios a Pérgamo nos leva a mergulhar profundamente na essência do que é salutar para as nossas Almas. Combater a corrupção espiritual em nossas vidas, em nossos lares — Igrejas abençoadas pelo Divino Cordeiro — resume esse enorme esforço no envio de Sua Missiva aos seguidores do Caminho naquela cidade. E é a esse aprendizado que o grande pregador da Palavra de Deus, o Irmão Paiva Netto, nos guiará. Em sua série para os Simples de Coração, ele dedicou sete programas inteiros à análise do versículo 14 do capítulo 2 do Apocalipse. Usando o seu marcante método cômico-mnemônico, arrancou muitos risos da plateia e dos ouvintes ao contar a história de Balaão, Balaque e da famosa jumentinha. Aliás, ele costuma falar que* "não é por pregarmos o Evangelho-Apocalipse que devemos ser mal-humorados. Esse negócio de ficar com cara de pau dá cupim. Quem tem o seu coração carregado de Caridade deve sentir a felicidade na Alma, mesmo que se comova diante do sofrimento alheio, porque, ao fazer o Bem, você sentirá a alegria que isso lhe traz. Com bom humor, levamos também leveza a temas extremamente pesados. E a plateia, a audiência passa a entender o profundo ensinamento contido neles".

*Com **Paiva Netto**, então, vamos retornar aos dias 17, 18 e 19 de dezembro de 1990; e aprender com suas aulas imorredouras, acrescidas de comentários posteriores dele para o enriquecimento deste trabalho:*

Minhas Amigas e meus Irmãos, minhas Irmãs e meus Amigos, o que sempre chamou a atenção da grande audiência para os programas radiofônicos e televisivos sobre o Apocalipse de Jesus é que são dirigidos aos Simples de Coração, pessoas de todas as classes sociais, etnias, crenças e descrenças, visto que se encontram em todas elas. E é o que continuamos fazendo agora, sem perda de tempo, transpondo para os escritos essa mesma característica, conversando com as Almas humildes, abertas a receberem a Luz dessa Palavra de Libertação Espiritual que o Príncipe da Paz nos oferece.

A Religião de Deus, do Cristo e do Espírito Santo apresenta sempre de maneira direta ao povo a sua Sacrossanta Doutrina Ecumênica, totalmente consubstanciada no Mandamento Novo do Celeste Amigo:

> — *Amai-vos como Eu vos amei. Somente assim podereis ser reconhecidos como meus discípulos. (...) Não há maior Amor do que doar a própria vida pelos seus amigos* (Evangelho, segundo João, 13:34 e 35; e 15:13).

Reiteradas vezes, ouvi o saudoso Irmão Zarur, um gênio do rádio brasileiro, destacar a forma toda especial com que os primeiros Apóstolos e Discípulos do Cristo falavam, a exemplo de Pedro, João Evangelista e Paulo. Eles se dirigiam ao povo de maneira simples, mas sem perder a solenidade. E o Proclamador da Religião do Terceiro Milênio recorria ao modo de pensar, como pregador, do Apóstolo dos Gentios:

> — *Prefiro dizer cinco palavras que entendo, para instruir também os outros, a falar dez mil palavras em outra língua* (Primeira Epístola aos Coríntios, 14:19).

Em outros termos, mais vale ser compreendido do que demonstrar conhecimento. Por isso, é necessário se expressar com simplicidade, às vezes de forma até simplória, para o povo entender. É assim que também vamos apresentando nossas preleções fraternas.

Voltemos à Igreja em Pérgamo. Observem que ela sofre uma ameaça terrível, aquela que é mais letal, porque se instala dentro de suas fronteiras. Partam daí e vocês encontrarão o recado principal dessa Carta.

Já lhes explicamos: o significado abrangente das Sete Igrejas da Ásia permite-nos concluir que elas estão interligadas em seus ciclos de aprendizado e evolução. Percebam que a de Esmirna sofria a ofensiva de fora para dentro, até que o desenrolar dos acontecimentos foi fazendo da Igreja perseguida cada vez menos acossada pelos inimigos e, pouco a pouco, ela foi se tornando mais poderosa nas coisas materiais. E esse é o momento em que se deve prevenir de algo gravíssimo: a corrupção.

Lord Acton

Lembro-me das palavras do historiador inglês Lord Acton (1834-1902), em carta ao bispo anglicano M. Creighton (1843-1901), em 5 de abril de 1887, quando afirmou:

— *O poder tende a corromper: o poder absoluto corrompe absolutamente.*

Por isso, **me refiro à Igreja de Pérgamo como a do combate à corrupção espiritual**.

Balaão, Balaque e novamente os nicolaítas

Estamos obedecendo à sequência do Livro das Profecias Finais e, a partir dele, pesquisamos outros textos do Antigo e do Novo Testamento, como temos feito até aqui. Procederemos novamente assim para melhor estudar estes próximos versículos da Carta de Jesus à Igreja em Pérgamo (Apocalipse, 2:14 e 15):

> 14 *Tenho, todavia, contra ti algumas coisas, pois que tens aí os que sustentam a doutrina de Balaão, o qual ensinava a Balaque a armar ciladas diante dos filhos de Israel*[67]*, para que comessem coisas sacrificadas aos ídolos e praticassem a prostituição.*
> 15 *Outrossim, tens aí também os que da mesma forma sustentam a doutrina dos nicolaítas.*

Já discorremos acerca dos nicolaítas no estudo dedicado à Igreja em Éfeso. Aqui, eles novamente surgem e é provável que também estivessem em Tiatira. Contudo, os Irmãos de Éfeso foram exaltados por desprezarem as más obras desse grupo (Apocalipse, 2:6).

Pouco se sabe sobre sua origem e suas ideias, mas é de compreensão geral que incentivavam práticas imorais e descaminhos, especialmente no campo sexual.

[67] Hoje, em termos proféticos, Israel significa o mundo inteiro. Leia mais sobre o tema em *Somos todos Profetas* (1991), obra literária de Paiva Netto.

Todavia, aqui parece haver algum paralelo entre a doutrina de Balaão e a dos nicolaítas. Por isso, entender um pode ajudar a saber mais sobre o outro.

De antemão, explico que comer coisas sacrificadas aos ídolos (versículo 14) não é só naquele sentido antigo, em que alimentos eram dispostos às entidades espirituais, representadas por estátuas, e suas partes depois vendidas nos mercados ou consumidas pelos próprios sacerdotes. É um alertamento geral para que **não participemos da idolatria**, pois, conforme expôs Paulo Apóstolo, na sua Primeira Epístola aos Coríntios, 8:4:

> — *No tocante à comida sacrificada a ídolos, sabemos que o ídolo, de si mesmo, nada é no mundo e que não há senão um só Deus.*

Também a prostituição não é só a do sexo. É igualmente **o desvirtuamento que ocorre em todos os sentidos nos diversos campos do saber espiritual-humano**. Dizia o grande jurista baiano Rui Barbosa (1849-1923):

Rui Barbosa

> — *O ladrão prostitui, com o roubo, as suas mãos. O mentiroso, com a mentira, a própria boca, a palavra e a consciência.*

A função da Religião do Amor Universal é iluminar e esclarecer as Almas

A principal função da Religião de Deus, do Cristo e do Espírito Santo é iluminar e esclarecer as Almas; falar, pensar e agir de maneira que os ensinamentos sublimes fiquem bem claros, para não haver desvios e nem se usar a Palavra Divina para julgar ou atacar quem quer que seja. Afinal, na excelsa trajetória da Religião do Terceiro Milênio, como explicou o Irmão Zarur, ao fazer a sua Proclamação[68], em Maringá/PR, Brasil, a 7 de outubro de 1973:

> — ***A Religião de Deus nunca foi, não é e nunca será contra ninguém.*** *Mas, cumprindo a Ordem do Alto, combate o materialismo ateu que se opõe à evangelização das massas populares. Nós, os Legionários da Boa Vontade de Deus, somos contra o materialismo, porque somos a favor dos materialistas, lutando pela sua felicidade: ninguém pode prescindir da Divina Providência. Também somos contra a doença, porque somos a favor dos doentes. Como somos a favor dos analfabetos por sermos contra o analfabetismo, principalmente o analfabetismo espiritual. E isso é possível, porque na Religião de*

[68] **A excelsa trajetória da Religião do Terceiro Milênio** — Leia mais sobre o assunto no terceiro volume das *Sagradas Diretrizes Espirituais da Religião de Deus, do Cristo e do Espírito Santo* (1991).

Deus não há donos da Verdade: o Dono da Verdade é Nosso Senhor Jesus Cristo.

E foi o próprio Mestre Quem advertiu em Seu Evangelho, segundo Mateus, 7:1 e 2:

— *Não julgueis, para não serdes julgados. Pois, com o critério com que julgardes, sereis julgados; e, com a medida com que tiverdes medido, vos medirão também.*

Dito isso, vamos analisar em vários capítulos essa relação espúria entre Balaque e Balaão, pois aprenderemos que, apesar da interferência do Altíssimo, temos o nosso livre-arbítrio até para praticar o mal, só que teremos de **responder pelos nossos atos e pagar as dívidas acumuladas perante a Lei Divina**. Não é Deus Quem nos pune, somos nós mesmos que nos punimos quando infringimos as Suas Soberanas Ordenações. Nada mais, nada menos!

Jesus, o Soberano Senhor da Terra, vem para tomar a posse definitiva do Governo do planeta, do qual jamais abriu mão, pois deixou certa responsabilidade a alguns e agora lhes pedirá contas. Meus Irmãos, minhas Irmãs, e a Justiça Divina é implacável em sua sentença!

José interpreta o sonho do faraó, na concepção de Gustave Doré (1832-1883).

A SAGA DO POVO HEBREU

(Parte 1)

***Academia Jesus, o Cristo Ecumênico, o Divino Estadista** — Antes de nos dedicarmos propriamente à passagem contida em Números, livro do Pentateuco Mosaico, no Antigo Testamento da Bíblia, na qual consta a narrativa sobre Balaão e Balaque, é necessário destacarmos alguns aspectos da saga do povo hebreu na Antiguidade. Será apenas uma síntese para colocar em contexto certos trechos que estudaremos.*

*Prossigamos nessas maravilhosas narrativas apresentadas por **Paiva Netto** na Comunicação 100% Jesus:*

José do Egito

Segundo o livro de Êxodo, 12:40, os judeus viveram durante 430 anos no Egito. A datação é um tanto imprecisa, contudo é provável que isso tenha ocorrido em algum período entre os séculos 18 e 12 a.C. Eles chegaram lá desde quando José, o décimo primeiro filho de Jacó, sendo vendido como escravo pelos próprios irmãos que o invejavam, tornou-se um respeitado administrador do faraó. Isso se sucedeu após ele decifrar aquele famoso sonho das sete vacas magras que saíram do rio Nilo e devoraram sete vacas gordas, mas permaneceram magras. E o mesmo acontecia com sete espigas magras, que também saíam do Nilo e comiam sete espigas gordas, continuando magras.

Antes disso, porém, José esteve na prisão por causa daquela trama engendrada pela mulher de Potifar, oficial do faraó a quem o jovem hebreu servia em sua casa, conforme registrado em Gênesis, capítulo 39. Para resumir, ela se apaixonou por José e lançou os seus olhares sensuais para ele, insistindo que se deitasse com ela. Certo dia, quando não havia mais ninguém na casa, aí pronto, imaginem o que se passou:

— *É agora! De hoje, aquele jovem não me escapa!*

Acontece que José respeitava o seu patrão e bradou:

— *Essa, não!*

Sentindo-se rejeitada, ela segurou o seu manto, mas ele fugiu, deixando suas vestes nas mãos dela. A mulher, então, as usou como prova falsa para acusá-lo de tentativa de sedução. Tendo Potifar admiração por José, não mandou matá-lo, somente prendê-lo.

Estando um longo tempo na prisão, conquistou a confiança do carcereiro e interpretava os sonhos dos prisioneiros, dentre eles, oficiais do faraó que foram também encarcerados (Gênesis, capítulo 40). Até que, um dia, o soberano teve dois sonhos que ninguém era capaz de decifrar. Pela fama que corria do cárcere de que José sabia mesmo fazer interpretações oníricas, ele foi levado ao palácio. Então, na sua presença, antes de lhe revelar o significado do sonho, disse: *"Não está isso em mim;* ***mas Deus dará a resposta*** *favorável ao faraó"* (Gênesis, 41:16):

José interpreta os sonhos do faraó
(Gênesis, 41:29 a 36)

29 E eis que vêm sete anos de grande abundância
por toda a terra do Egito.
30 Seguir-se-ão sete anos de fome, e toda aquela
abundância será esquecida na terra do Egito, e a
fome consumirá a terra;
31 e não será lembrada a abundância na terra, em
vista da fome que seguirá, porque será gravíssima.
32 O sonho do faraó foi dúplice, porque a coisa é
estabelecida por Deus, e Deus se apressa a fazê-la.

> 33 *Agora, pois, escolha faraó um homem ajuizado e*
> *sábio e o ponha sobre a terra do Egito.*
> 34 *Faça isso, faraó, e ponha administradores sobre*
> *a terra, e tome a quinta parte dos frutos da terra do*
> *Egito nos sete anos de fartura.*
> 35 *Ajuntem os administradores toda a colheita dos*
> *bons anos que virão, recolham cereal debaixo do po-*
> *der de faraó, para mantimento nas cidades, e o guar-*
> *dem.*
> 36 *Assim, o mantimento será para abastecer a terra*
> *nos sete anos da fome que haverá no Egito; para que*
> *a terra não pereça de fome.*

José, sob a Inspiração Divina, fez "barba, cabelo e bigode", porque afinal, além de decifrar o enigma, apontou a solução, sugerindo ao tirano que procurasse alguém apto a resolver essa problemática, estabelecendo instruções e ordens para que fossem criadas as leis. A interpretação do sonho impressionou o faraó e seus servos. Eles reconheceram que José tinha o Espírito de Deus e era um homem sábio. O líder egípcio, reconhecendo a acurada inteligência dele, o libertou da prisão e o empossou como governador sobre toda a terra do Egito.

Quando a fome se abateu no mundo, atingindo também os judeus, deu-se o reencontro do filho de Jacó — agora governador do então todo-poderoso Egito — com sua família, que saiu de Canaã e foi acolhida naquele território para não morrer na penúria, embora seus irmãos tenham feito aquela maldade contra ele.

Observem o perigo: após a morte de José, as gerações foram se sucedendo, se esquecendo de sua História, de como chegaram naquele local e começaram a se deixar levar por todo aquele "canto da serpente", que era o conhecimento mágico do Egito. Enquanto os descendentes de Abraão não cresciam e não se tornavam uma ameaça aos cidadãos originais daquela terra, eram aceitos. Mas, quando os egípcios perceberam que acabariam sendo dominados por eles, que se multiplicavam em maior número, aí a coisa desandou, culminando com a escravidão dos judeus. Para tentar conter essa superpopulação estrangeira, o faraó daquela época cruelmente decretou que fossem mortos os filhos homens dos hebreus no nascimento.

Moisés, o libertador dos hebreus

Como os Planos de Deus eram outros, é nessa época que nasce Moisés, aquele que vai libertar os hebreus. Sua mãe, Joquebede, escondeu-o para protegê-lo da ordem do prepotente governante. Ele foi encoberto em um cesto de junco e colocado no rio Nilo. A filha do faraó o encontrou e adotou Moisés, que cresceu na corte egípcia. Quando adulto, ele demonstrou preocupação com seu povo e, para defender um dos cativos que estava sendo cruelmente espancado, acabou matando um egípcio, o que o obrigou a fugir para Midiã, onde se casou e viveu por muitos anos.

A narrativa continua e é muito conhecida, pois ele retornará ao Egito e conseguirá libertá-los. E, à medida que avançam pelo deserto durante os 40 anos, rumo à Terra Prometida, ou seja, Canaã, os israelitas não apenas sobrevivem, mas também prosperam. Eles assumem o controle dos lugares por onde passam, enfrentando batalhas e aumentando sua população. Claro que, ao longo dessa jornada, igualmente enfrentam reveses e desafios.

Deus, quando empenha a Sua Palavra, Ele a cumpre. Os seres humanos é que são, em grande parte, atrasados no tocante aos Assuntos Divinos. Por isso, dão-se mal em particular ou coletivamente. Afinal, as nações são formadas por indivíduos. O motivo de tanta desventura é a quebra da aliança que assumimos na Pátria Espiritual, antes de reencarnarmos.

Moisés descendo do Monte Sinai, na concepção de Gustave Doré (1832-1883).

Anjo aparece para Josué, na concepção de Gustave Doré (1832-1883).

A SAGA DO POVO HEBREU

(Parte 2 — final)

Josué Ben-Nun, sucessor de Moisés

Com o falecimento de Moisés, quem o sucedeu foi o fidelíssimo Josué, filho de Nun, que fora preparado pelo Grande Legislador do povo hebreu para ser o líder dos israelitas. A Josué transferiu seu poder espiritual revestido por Deus. Este, um exímio estrategista militar e obediente ao Pai Celestial, conduziu os judeus à Terra Prometida por meio de suas notáveis campanhas na região.

Depois que Josué cumpriu a missão dele e voltou à Pátria Espiritual, essa nação passou por um período turbulento e de declínio por conta do afastamento dela dos Preceitos Divinos estabelecidos desde Abraão. Em especial, o recorrente descumprimento do que ficou conhecido como o Primeiro Mandamento da Lei de Deus — que também tem a ver com Pérgamo:

— *Não terás outros deuses diante de mim* (Êxodo, 20:3).

Entretanto, Deus sempre manteve a aliança com Seu povo, mesmo que alguns integrantes teimassem em corromper tal tratado. E essa renitência é a causa do infortúnio deles.

Período dos Juízes

Observemos esse ponto nos versículos iniciais do capítulo 2 do livro dos Juízes, que está na sequência dos relatos de Josué — ambos vêm após o Pentateuco Mosaico —, quando ocorre uma severa repreensão aos israelitas:

> [1] *Subiu o Anjo do Senhor de Gilgal a Boquim e disse: Do Egito vos fiz subir e vos trouxe à Terra que, sob juramento, havia prometido a vossos pais. Eu disse:* ***nunca invalidarei o meu concerto convosco.***

Então, aqui está escrito: *"o Anjo do Senhor"*... Já vimos que se trata daqueles Espíritos de Luz que cuidavam do destino do povo hebreu, àquela altura, com a sua função importantíssima de espalhar pela Terra o monoteísmo.

"Concerto" nesse trecho não se refere à apresentação de uma orquestra, mas a tratado, aliança ou compromisso. **Deus, quando empenha a Sua Palavra, Ele a cumpre.** Os seres humanos é que são, em grande parte, atrasados no tocante aos Assuntos Divinos. Por

isso, dão-se mal em particular ou coletivamente. Afinal, as nações são formadas por indivíduos. O motivo de tanta desventura, repito, é a quebra da aliança que assumimos na Pátria Espiritual, antes de reencarnarmos.

Que fique claro que ninguém é feito na hora que o papai e a mamãe estão unidos no seu relacionamento sexual. O Espírito é anterior à junção do óvulo com o espermatozoide. É lá no Alto que a Vida começa. Nascemos com compromissos a serem cumpridos: alguns são de natureza individual, com os desafios da vida comum, e outros são missões, como a do povo hebreu nesses relatos.

Jamais quebrar a Aliança com Deus

Lembrando que, depois que Moisés e Josué — os dois grandes líderes cheios de energia e de força espiritual — retornaram à Pátria da Verdade, o povo passou a se consumir no desvio. Então, o Anjo do Senhor, nas reprimendas, os educa para acertarem os passos, porque, se você repreende por repreender, é criminoso. Todavia, ao exprobrar para instruir, aí você é amigo. Nisso também está a prova do que ele diz, relembrando o pacto com Deus desde os tempos de Abraão: ***"nunca invalidarei o meu concerto*** **[aliança]** ***convosco"***.

Prossegue o Guia Espiritual, exortando-os a viver retamente em suas jornadas:

2 E quanto a vós, porém, não fareis aliança com os moradores desta terra (...)[69].

Portanto, não entrareis na sua vida corrupta, como fizeram alguns de Pérgamo, quando o Cristianismo começou a se desenvolver após a dura provação vivida em Esmirna. É importante destacar que as Sete Igrejas da Ásia estão interligadas. E aquelas lutas vencidas anteriormente pelos esmirnenses — durante o cerco mais intenso daquele ciclo histórico-profético — mantiveram o povo integrado na doutrina, **pois a finalidade de Deus é salvar as nossas Almas, especialmente na hora da dor e da provação.**

Se não nos comportamos bem, Ele deixa, como popularmente se diz, "o pau comer na nossa moleira". Porque, notem, alcançamos uma situação de vitória ao resistir à luta e, com isso, chega o merecimento, perseveramos, principiamos a crescer. Todavia, superados tantos desafios, se não nos conservamos fiéis até o fim e além do fim e nos corrompemos por causa desse relacionamento espúrio com quem não tem nada para nos oferecer — no sentido da elevação moral e espiritual —, devemos encarar os resultados.

Isso não significa que Deus seja contra a comunhão de todos os Seus filhos da Terra. Deduzir isso é um absurdo. **O Pai Celestial nada tem a ver com segre-**

[69] Livro dos Juízes, 2:2.

gação ou exclusão social, consequentemente não é o que foi retratado nesses versículos.

Deus não firma compromisso com irresponsáveis

Nesta análise que estamos fazendo, precisamos entender o contexto do que está sendo dito, em Espírito e Verdade, à luz do Novo Mandamento do Libertador Divino.

Em um período no qual predominava a adoração irrefletida a tudo o que se podia imaginar, os hebreus eram monoteístas, acreditavam no Deus único. Isso representou um tremendo avanço espiritual, algo importante de sobreviver e ser repassado adiante. Se eles não se precavessem, poderiam se envolver de tal forma com as ondas do momento, sendo engolidos por determinados hábitos e costumes contrários aos seus, e desfigurar a importante Revelação que lhes foi confiada. Logo, precisavam conviver com os mais diferentes povos e preservar a sua própria identidade. Naquele ambiente tribal do *"olho por olho, dente por dente"* (Êxodo, 21:24), não era tarefa fácil. Por isso, aparecem essas palavras fortes no texto bíblico (Juízes, 2:2) para nos chamar a atenção.

Eram outros tempos, pessoal. Hoje estamos em plena era da mundialização, da tecnologia avassaladora... Por esse motivo, enviei à ONU a já citada revista *Globalização do Amor Fraterno* (2007), na qual reproduzi trechos que escrevi em *Reflexões e Pensamentos — Dialética da Boa Vontade* (1987) e, anteriormente, no *Jornal da LBV*, de janeiro de 1984:

Quando falamos na união de todos pelo bem de todos, alguns podem atemorizar-se, pensando em capitulação de seus pontos de vista, na **enfadonha planura de uma aliança despersonalizada, o automatismo humano deplorável. Não é nada disso.** Na Democracia Divina, **todos têm o dever** (muito mais que o direito) de — honestamente (quesito básico) e com espírito de tolerância (outro quesito básico) — **enunciar suas ideias**, sua maneira de ver as coisas. Entretanto, **ninguém tem o direito de odiar a pretexto de pensar diferente nem de viver intimidado pelo mesmo motivo.**

Gandhi

Dizia Gandhi:

— *Divergência de opinião não é motivo para hostilidade.*

E foi por nisso acreditar que o Mahatma se tornou, com certeza, o personagem principal da independência do seu povo. **O dever de expressar civilizadamente o seu ponto de vista não significa que — para viger a Democracia — tenha você de transformar-se a qualquer preço no vencedor.** Quem com isso não pode conviver não sabe o que é **Democracia**, que, por sinal, **é o regime da responsabilidade.**

Eis aí! Ademais, tivesse aquele povo traído a confiança do Altíssimo, sem cerimônias, o Soberano Senhor buscaria — como buscará, se assim qualquer um agir — outras nações que honrem a palavra empenhada. Não é Deus Quem depende de nós, pelo contrário, **nós é que ansiamos pelo Seu Amor e pela Sua Misericórdia** — sabendo disso ou não.

Sagrado altar do coração

> *[2] E quanto a vós, porém, não fareis aliança com os moradores desta terra; antes, derrubareis os seus altares; contudo, não obedecestes à minha instrução. Por que fizestes isso?*[70]

Atenção: não é para ninguém sair por aí literalmente derrubando o altar de quem quer que seja! Isso é crime! Permitir tal coisa é levar a humanidade à era primária da evolução religiosa. E vejam que não estou usando nenhum eufemismo, visto que em plenos séculos 20 e 21 isso ocorreu e ocorre aos borbotões.

Quando esse Anjo manda derrubar os altares da falsa adoração, significa **destronar, com a pregação da Verdade e a prática da Caridade Completa, toda a parte babilônica** — ou seja, a podridão espiritual e material

[70] Livro dos Juízes, 2:2.

— que se encontra em qualquer área da Religião, da Política, da Ciência, da Filosofia, da Economia etc. Em suma, é **acabar com a adoração ao erro**, a partir de nosso interior, **de nosso sagrado altar do coração.**

Tais púlpitos não são apenas compostos por ídolos palpáveis, porém igualmente por ideias corrompidas e corruptoras — aí é que mora o perigo — que esses mesmos ídolos representam. Sem estigmatizar ninguém, hoje eles estão em toda a sociedade, não sendo reclusos a um **paganismo histórico**[71]. Pois a trindade do mal (satanás, anti-Cristo e falso profeta) — que existe em contraposição à Trindade do Bem (Deus, o Cristo e o Espírito Santo) — instiga os seus seguidores no plano invisível e no visível a estabelecerem pedestais de adoração nos meios espirituais. Afinal, essa tentativa diabólica também se estende às demais louváveis tradições e correntes filosóficas que semeiam a Paz, o Amor e a Fraternidade entre seus adeptos. Estão entendendo?

É como se o Anjo perguntasse:

> — *Por que permitistes desvios e não me obedecestes? Não deveis prostituir os caminhos do Senhor.*

---

[71] **Paganismo histórico** — Refere-se a um termo que designava as pessoas que não acreditavam nos princípios judaico-cristãos. Geralmente, os pagãos pertenciam a culturas antigas de regiões como a Grécia, Roma, Egito, Escandinávia e Irlanda, cada uma com suas próprias crenças e práticas religiosas.

Ora, percebam a relação com o que lemos na Igreja de Pérgamo, quando satanás busca estabelecer seu trono em toda parte que ele puder e já havia obtido algum êxito naquela comunidade cristã. Se deixássemos, ele instalaria um na própria Religião de Deus, do Cristo e do Espírito Santo. No entanto, o saudoso Irmão Alziro Zarur assegurou, na 15ª Chave Bíblica da Volta Triunfal de Jesus ao planeta Terra, que isso não acontecerá em nosso meio, porque a Juventude Legionária, de todas as idades, não o permitirá, com a força da espada de sua boca. Ao denunciar a má ação do anti-Cristo pelo mundo, Zarur alertou:

> — *O anti-Cristo vai ganhar terreno, cada vez mais, cada vez mais! Entretanto, não o conseguirá na Religião de Deus: a Mocidade Legionária e os Soldadinhos de Deus estarão vigilantes em torno do Cristo, guiados por um velho rude, que já conhece os segredos de satanás e todas as ciladas do anti-Cristo.*

Enfrentando os adversários

Prossegue, então, o Anjo:

> *3 Pelo que também eu disse: não os expulsarei de diante de vós; antes, vos serão por adversários, e os seus deuses vos serão laços*[72].

---

72 Livro dos Juízes, 2:3.

Abordamos essa noção anteriormente na história de Jó: Deus não vai afastar dos nossos caminhos a luta ou os adversários, porque vencendo os obstáculos é que se cresce. Aquele povo não deu ouvidos às orientações espirituais de se manter afastado do perigo. Deu brechas e criou as condições de provação a que seria submetido.

Não adianta reclamar após descumprir os avisos benditos, e alguns reiteradas vezes, pois terá de lidar com as reações em resposta aos feitos praticados contra si mesmo. Todavia, devemos nos recordar de que **o Amparo do Altíssimo é permanente** para que qualquer um supere todos os desafios que surjam na jornada. O **Pai Celestial** não deseja a perdição de ninguém. Pelo contrário, quer que nos desenvolvamos todos em Sabedoria Espiritual, pois Ele **garante que nunca invalidará a Sua aliança conosco**.

Esses ensinamentos nos levam a meditar sobre aquela chave a respeito do que é a Religião do Terceiro Milênio na Terra. Alguém se lembra? **A Religião de Deus, do Cristo e do Espírito Santo é uma Escola de Iniciação Espiritual aos Assuntos Divinos de portas abertas, para esclarecer e confortar toda a humanidade nesta era transitória apocalíptica, com o Evangelho-Apocalipse de Jesus, em Espírito e Verdade, à luz do Novo Mandamento do Cristo — *"Amai-vos como Eu vos amei. Somente assim podereis ser reco-***

nhecidos como meus discípulos" (Boa Nova, segundo João, 13:34 e 35).

O choro tardio do arrependimento

E aqui o encerramento do trecho bíblico[73]:

> 4 *E sucedeu que, falando o Anjo do Senhor estas palavras a todos os filhos de Israel, levantou o povo a sua voz e chorou.*
> 5 *Pelo que chamaram àquele lugar Boquim; e sacrificaram ali ao Senhor Deus.*
> 6 *E havendo Josué despedido o povo, foram-se os filhos de Israel, cada um à sua herança, para possuir a terra.*

Em seguida, vem a infidelidade dos israelitas depois da morte de Josué e a consequente aplicação da Lei de Deus, ocasionando diversos momentos de servidão deles a outros povos. Por enquanto, vamos parar por aqui. Esse estudo é empolgante, não acham?

Em *Jesus, a Dor e a origem de Sua Autoridade — O Poder do Cristo em nós* (2014), ao analisar o sacrifício supremo do Divino Mestre por Amor à humanidade, escrevi: teço minhas reflexões a partir do extraordinário exemplo do Cristo; portanto, não para a derrota

[73] Livro dos Juízes, 2:4 a 6.

nossa no desânimo, **mas visando à vitória, visto que os tenho capacitado para pegar até do tormento e, com ele, alavancar a coragem**.

E, para concluir este capítulo, lhes pergunto: Qual foi a súplica de Jesus ao Altíssimo em Sua *Oração Sacerdotal*[74]?

> — *Não peço que os tire do mundo, mas os livre do mal* (Evangelho, segundo João, 17:15).

Vivamos e convivamos da melhor maneira possível neste mundo de tribulações e tentações, com pertinácia e denodo, porque em tempo algum nos será negada a Proteção de Deus contra toda e qualquer maldade.

Essa deve ser nossa postura ante as batalhas da vida, sem nunca ceder aos corruptores que atentaram contra a Igreja de Pérgamo. Jamais desistir! **Quanto maior a luta, maior a vitória, mais ela está acontecendo, mesmo que não a percebamos.**

---

[74] **Oração Sacerdotal** — Em *Joias do Bom Pensamento*, publicação da LBV, o saudoso Irmão Alziro Zarur (1914-1979) fez magistral síntese da tocante prece, também conhecida como *Oração de Jesus ao Pai*. Ela está registrada no capítulo 17 do Evangelho do Cristo, consoante João. E Paiva Netto a transcreveu em seu livro *A Esperança não morre nunca* (2020).

BALAÃO, BALAQUE E A CORRUPÇÃO ESPIRITUAL

(Parte 1)

Há momentos em que a gente gostaria de avançar na explicação, mas não pode, porque é hora de não deixar um item sequer sem esclarecimento espiritual. Aliás, é o correto a se fazer, e a nossa Religião Divina não torna isso demonstração de vaidade intelectual, cultural. Justamente por pregarmos aos Simples de Coração é necessário ter esse zelo. E falamos aqui dessa humildade de Espírito, daqueles que estão purificando as suas Almas, sejam materialmente ricos ou pobres, visto que a pessoa não é simples só por viver em um barraco ou soberbo por possuir monta de recursos. Às vezes, aquele que se encontra no casebre é a própria arrogância em si, como existem ricos humildes e outros não.

Enfim, onde estiver o ser humano é indispensável aumentar muitas linhas para aludir sua complexa natureza, bem como seus desvios comportamentais. Dizia o Irmão Zarur, repetindo um ditado antigo que nos leva a refletir sobre o tema:

— *Queres conhecer o vilão? Põe-lhe o bastão na mão.*

Deus é a Essência do que é bom

Os Simples de Coração estão presentes em todas as classes sociais, etnias, nações, culturas, religiões e filosofias, como lhes disse anteriormente. Quando falamos em Espiritualidade, alguns podem associá-la apenas às doutrinas que admitem a reencarnação. Todavia, ser espiritualista vai muito além disso: é crer no Espírito, independentemente de qualquer tradição específica. O espiritualista é o oposto do materialista, aquele que reduz tudo a forças físicas e materiais.

Aliás, um dia ele pode passar a acreditar nesse Poder Universal. Curiosamente, **Deus não tem pressa** de que isso ocorra. **Sua urgência está em ver todos os Seus filhos cultivando o Amor, a Bondade, a Honestidade, a Dignidade, a Fraternidade, a Compaixão, a Generosidade, a Justiça e a Verdade.** Quando vivenciamos esses valores eternos, sublimes, estamos, de fato, adorando a **Deus**, pois Ele **é a Essência da felicidade humana, de tudo o que é bom e nobre**.

A vigilância da Religião Divina

Bem, abriremos agora o livro de Números, parte do Pentateuco Mosaico. Estudaremos quase na íntegra três capítulos: "Balaão e Balaque"; "As profecias de Balaão"; e "Balaque edifica sete altares". Já, a partir disso, poderemos perceber como tudo está interligado.

Os personagens centrais são esses nossos velhos conhecidos, Balaão e Balaque. Balaque, o rei dos moabitas, deseja que Balaão amaldiçoe o povo hebreu. No entanto, Deus não permite que isso aconteça. Balaão ficará deslumbrado com o que lhe é consentido enxergar; contudo, por sua própria falha, ele acaba levando o citado povo a um prejuízo tremendo.

Uma grande lição aqui é que **devemos buscar constantemente a Proteção Divina**, seguindo os ensinamentos do sempre lembrado e exaltado Cristo Jesus. No versículo 38 do capítulo 14 do Evangelho, segundo Marcos, encontramos Sua instrução:

— *Orai e vigiai.*

Isso significa que, enquanto **Deus nos envia Seu amparo**, por ser um Pai Santíssimo, também temos **nossa parte a cumprir para manter esse Celeste Auxílio**. Precisamos orar, estabelecendo a sintonia com a Espiritualidade Maior, e estar vigilantes. O Criador atua para impedir que os balaões da vida nos amaldiçoem, mas, se não fizermos o que nos cabe, concordamos que eles andem em nosso meio pregando o desvirtuamento.

Isso aqui, na Religião do Terceiro Milênio, NÃO!

O pavor do rei dos moabitas

Bem, comecemos pelo capítulo 22 do livro de Números. Vejamos que contribuição esse texto nos traz para entendermos o recado do versículo 14 do capítulo 2 da Carta de Jesus à Igreja em Pérgamo:

Balaque e Balaão

1 Tendo partido os filhos de Israel, acamparam-se nas campinas de Moabe, além do Jordão, na altura de Jericó.

2 Viu, pois, Balaque, filho de Zipor, tudo o que Israel fizera aos amorreus,

3 e Moabe teve muito medo deste povo, porque era muito forte; e andava angustiado por causa dos filhos de Israel;

4 pelo que Moabe disse aos anciãos dos midianitas: Agora, lamberá esta multidão tudo quanto houver ao redor de nós, como o boi lambe a grama do campo. Naquele tempo, Balaque, filho de Zipor, era rei dos moabitas.

5 Este enviou mensageiros a Balaão, filho de Beor, a Petor, que está junto ao rio Eufrates, na terra dos

> *filhos do seu povo, a convocá-lo, dizendo: Eis que um povo saiu do Egito; eis que cobre a face da Terra, e parado está defronte de mim.*

Que povo era esse que saiu do Egito, como vimos anteriormente? Exatamente, os hebreus. E quem foram os seus dois grandes líderes? Isso mesmo, Moisés e Josué.

Agora, concentremos nossa atenção no rei Balaque. Ele governava os moabitas, um povo que habitava uma região próxima aos hebreus. Imaginem a cena: Balaque olhando para o horizonte e vendo aquela massa que havia escapado do Egito. Mas não era uma multidão qualquer; era uma congregação que cobria a face da Terra, para ele imponente e motivo de temor. O adjetivo crucial que falta no versículo 5 é "ameaçador". Grafaria desta maneira:

> 5 *Eis que um povo saiu do Egito; eis que cobre a face da Terra, e parado está,* ***ameaçador****, defronte de mim.*

Esse povo não era apenas um grupo errante. Moisés os havia tirado do Egito. E, com a ajuda de Josué, Caleb e outros judeus de têmpera rija carregavam consigo uma determinação feroz, uma vontade inabalável de cumprir o Propósito Divino e entrar na Terra Prometida. À forma brutal daquele tempo, do *"olho por olho, dente por dente"* (Êxodo, 21:24), à medida que avançavam, tomavam posse de novos territórios, causando enorme pavor a todos os que cruzavam seu caminho.

Entre esses temerosos, e com razão, estava o rei Balaque dos moabitas, que não sabia como lidar com essa situação. Ele não tinha mais a quem recorrer, exceto a esse profeta pagão.

Vamos seguir na leitura do capítulo 22 do livro de Números:

> 6 *Vem, pois, agora, Balaão, rogo-te, amaldiçoa este povo, pois mais poderoso é do que eu; para ver se o poderei ferir, e o lançarei fora da terra; porque eu sei que a quem tu abençoares será abençoado, e a quem tu amaldiçoares será amaldiçoado.*
>
> 7 *Então, foram-se os anciãos dos moabitas e os anciãos dos midianitas, com o preço dos encantamentos nas suas mãos* [desde aquele tempo, já se mercadejava os dons divinos]*; e chegaram a Balaão e lhe disseram as palavras do rei Balaque.*
>
> 8 *E Balaão lhes disse: Passai aqui esta noite, e vos trarei a resposta, como o Senhor me falar; então, os príncipes dos moabitas ficaram com Balaão.*

Mediunidade, responsabilidade e o contato com os "mortos"

Repararam? Isso é mediunidade pura! Então por que, mesmo, Moisés proibiu o contato com os mortos? Esse veto se deve à exploração equivocada dos dons espirituais, que infelizmente persiste até os dias de hoje, e ao fato de querer afastar seu povo dos costumes egípcios. No entanto, quando o Criador deseja que os Espíritos se comuniquem conosco, Ele faz acontecer e não pede licença a ninguém, independentemente de estarmos mais ou menos apressados em compreender a Sua Palavra.

Claro que, naquela época, Moisés precisava impor essa restrição para evitar que o intercâmbio entre os Dois Planos se transformasse em um mercado de malfeitos. Imaginem só: invocavam os Seres Espirituais, os Guias ou outras denominações, e esse era o tipo de pergunta que surgia:

> — *O que devo fazer para roubar a mulher do meu amigo? Como faço para conquistar a filha do fulano? Existe algum caminho para tomar a casa de beltrano? E, ah, como posso liquidar com a loja daquele miserável que se instalou ao lado da minha e está me levando à falência?*

Na Religião do Terceiro Milênio, jamais seguiremos esse caminho catastrófico para a Alma de quem pensa e age dessa torpe maneira. **A mediunidade é uma sagrada faculdade do Espírito e o seu uso deve ser pautado pela extrema responsabilidade** nesse intercâmbio, de modo que apenas sirva para a elevação dos povos. Ao nos relacionarmos com o Mundo Espiritual, precisamos fazê-lo com **discernimento e respeito aos Irmãos do Etéreo**. Esse tipo de miséria da Alma humana, esse contato deletério afastado de Deus só pode atrair energias trevosas e espíritos atrasados. Como diz séria advertência, cuja autoria é atribuída ao rei Salomão:

Rei Salomão

— *Abyssus abyssum invocat* (O abismo atrai o abismo).

Se buscamos a comunicação com entidades invisíveis, é imperativo tratarmos de assuntos elevados, de natureza divina, sob o risco de atrairmos indesejada obsessão. Quando fazemos uma prece, aproximamos os bons Espíritos: nosso Anjo da Guarda, nosso Guia ou, como denominavam os antigos, nosso Nume Tutelar. Essa invocação espiritual, sim, **fortalece nossa interação com o Altíssimo**. Afinal, para vivermos neste planeta de dores, **é preciso muita Proteção Celeste**.

Lembrem-se de que estamos constantemente granjeando influências boas ou más para perto de nós. **O ato de orar cria a condição ideal para os Anjos Guardiães nos auxiliarem**, pois os Espíritos Superiores não interferem indiscriminadamente em nossas vidas. Eles possuem imensas responsabilidades e **não podem ser feitos de serviçais**.

Se saímos da linha, podemos até enfrentar o afastamento temporário dos Maiores da Espiritualidade. Não porque sejam ruins, mas por não terem tempo a perder. Ora, vão ajudar aquelas e aqueles que querem de fato melhorar. Para quem não está nem aí com nada só a Vida ensina a duras penas. Mas recordem-se de que o Anjo Guardião é um Espírito muito amigo e caridosamente insiste no amparo ao seu tutelado:

— *Bem, vou ajudar mais um pouquinho. Quem sabe ele, ou ela, acorde?!...*

Eles são a presença do Amor Fraterno do Cristo junto a nós — *"Amai-vos"*. Dão a vida por aqueles que protegem. Porém, caso não haja mais o que fazer, é hora de se apresentar uma eficaz e pedagógica instrutora. **Quando o Amor não pode realizar aquilo que a Fraternidade Ecumênica expande, vem a Justiça Divina e nos apresenta a Mestra Dor!**

É como expressava o Irmão Zarur nas suas pregações, e o veterano Legionário da Boa Vontade de Deus Dr. Mario da Cruz (1925-2012) gostava sempre de lembrar:

— *A Vida não brinca.*

Os Tempos chegaram!

Balaão e o rei Balaque

BALAÃO, BALAQUE E A CORRUPÇÃO ESPIRITUAL

(Parte 2)

A importância do Antigo Testamento para a compreensão do Apocalipse

Notaram como essa narrativa está ligada ao tema de nosso estudo em Pérgamo? Muitas pessoas desconhecem quem foram Balaão e Balaque. Como, então, poderiam assimilar por completo a Mensagem trazida por Jesus que estamos estudando? A falta de conhecimento sobre essas figuras e seus atos torna tudo mais desafiador.

Nossa abordagem é fácil e acessível, visto que pregamos o Apocalipse apresentando-o aos Simples de Coração. É por isso que ele não cansa. Vamos buscando essas histórias que corroboram as instruções do Professor Celeste e tudo fica mais claro.

Não há outra maneira de transmitirmos ao povo essa riqueza que João, o Evangelista-Profeta, pôde receber e trazer a nós, ao se colocar no Dia do Senhor, como já aprendemos. E se trabalhamos para que o Brasil se torne a Pátria do Evangelho-Apocalipse, o Coração do Mundo, temos de levar essa bandeira de vanguarda adiante.

Afinal, sem conhecer essa Boa Nova Moderna, na definição de Alziro Zarur, porquanto o Apocalipse anuncia a Volta Triunfal de Nosso Senhor Jesus Cristo, o que estaremos fazendo aqui? Poderíamos querer uma Boa Nova maior do que essa? Certamente não. Portanto, **o Apocalipse é o Evangelho dos tempos modernos**, a Boa Nova para a nossa era. No entanto, para compreendê-lo, precisamos também voltar ao Antigo Testamento.

E é para lá que vamos.

A saga continua

Prosseguimos nossa análise do livro de Números e vemos que Balaão instruiu os príncipes dos moabitas a descansarem enquanto ele buscava a resposta do Senhor, em um claro ato de mediunidade aflorada. Continuamos na leitura e comentários do capítulo 22:

> 9 *E veio Deus a Balaão e disse: Quem são estes homens que estão contigo?*

É óbvio que esse Espírito de Luz, sempre tomado no Antigo Testamento como se fora Deus, sabia quem eram aqueles. Mas cobrava a resposta do próprio interessado. Na Bíblia vemos muito isso, as Almas Santas tidas como sendo Deus. A evolução espiritual era menor do que hoje, que já não é tão grande assim. Contudo, essa era uma impressão dada ao vidente, médium, profeta, sensitivo, como preferirem. O Guia Espiritual queria que ele se impressionasse. Sigamos:

> 10 *Respondeu Balaão a Deus: Balaque, rei dos moabitas, filho de Zipor, os enviou dizendo:*
> 11 *Eis que o povo que saiu do Egito cobriu a face da Terra* [quer dizer, se espalhou, tomou conta de tudo]; *vem, agora, para amaldiçoá-lo; talvez eu possa pelejar contra ele e o lançar fora.* [Era isso que queriam os príncipes de Moabe.]
> 12 *Então, disse Deus a Balaão: Não irás com eles, nem amaldiçoarás aquele povo, porquanto bendito ele é.*
> 13 *Levantou-se Balaão pela manhã e disse aos príncipes de Balaque: Tornai à vossa terra, porque o Senhor recusa deixar-me ir convosco.*
> 14 *E levantaram-se os príncipes dos moabitas, vieram a Balaque e disseram: Majestade, Balaão recusou vir conosco.*

> 15 *Porém, Balaque prosseguiu ainda no intento, pois enviou mais príncipes e mais honrados do que aqueles* [que foram antes visitar Balaão],
>
> 16 *os quais vieram a Balaão e lhe disseram: Assim diz Balaque, filho de Zipor: Rogo-te que não te demores em vir a mim,*
>
> 17 *porque grandemente te honrarei e farei tudo o que me disseres; vem, pois, rogo-te, amaldiçoa este povo.*
>
> 18 *Então, Balaão respondeu e disse aos servos de Balaque: Ainda que Balaque me desse a sua casa cheia de prata e de ouro, eu não poderia traspassar o mandado do Senhor, meu Deus, para fazer coisa pequena ou grande;*
>
> 19 *agora, pois, rogo-vos que também aqui fiqueis esta noite, para que eu saiba o que o Senhor me dirá mais.*

Os primeiros príncipes voltaram a Balaque, e este, com uma dose dupla de preocupação, enviou outro grupo de nobres ainda mais importantes. A situação se repetiu e Balaão, o profeta pagão, decidiu consultar seus mentores espirituais. Ele se recolheu em seu cantinho místico, buscando entrar em transe, em estado alfa, para receber orientações. E teve uma visão com o Espírito Superior ou um Anjo. Independentemente das discussões, fica claro que essa comunicação transcendia a esfera comum. E o Guia Invisível, com sabedoria, alertou Balaão: *"Se tens juízo, não te envolvas nesse caso. Vais acabar mal, hein?!"* É o que leremos no desenrolar da narrativa bíblica:

> 20 *Veio, pois, o Senhor a Balaão, de noite, e disse-*
> *-lhe: Se aqueles homens te vieram chamar, levanta-*
> *-te, vai com eles; todavia, farás o que eu te disser.*
> 21 *Então, Balaão levantou-se pela manhã, preparou*
> *a sua jumenta e partiu com os príncipes de Moabe.*

O teimoso

É, minha gente, Balaque insistiu tanto que Balaão não resistiu. Consultou seu Tutor Espiritual e acabou indo. Quer dizer, o Espírito viu que não tinha jeito. Ele ficou tentado a seguir com os moabitas, e aí o Mentor perdeu a paciência:

> — *Quer saber, vá, vá... Estão insistindo tanto, acompanhe-os. Mas você não deve fazer o que eu não lhe disser.*

Veremos que, no fim da história, o inconfiável Balaão fraudará a própria ordem que recebeu. Depois, já imaginaram em quantas encarnações ele veio com uma tremenda perturbação por causa disso? Mas prestem atenção, porque vai acontecer um fenômeno muito interessante, curioso mesmo.

Vamos avançar:

> 22 *E a ira de Deus acendeu-se, porque ele se ia (...).*

Lógico, o Preceptor Invisível não aprovou e o deixou à própria sorte: *"Já que você quer ir, vá"*. **A Lei Divina não impede o exercício do nosso livre-arbítrio. Todavia, as consequências também fazem parte dos Mecanismos Celestiais.** Não adianta chorar depois.

> 22 *(...) e o Anjo do Senhor pôs-se-lhe no caminho por adversário.*

Prestaram atenção no que está escrito aqui? O Espírito diz:

> — *Não vá, porcaria!*

Aí o rei Balaque foi ainda mais persuasivo e mandou príncipes de maior importância. Balaão, enchendo os olhos com a possibilidade de ganho fácil, pensou:

> — *Bom, vou ver se o pessoal no Mundo Espiritual dorme e aí consigo ir lá.*

Insistiu no pedido:

— *Escute... Balaque quer que eu vá... Deixe-me ir?*

Então, o Espírito que o protegia falou:

— *Ah, é?! Quer mesmo tanto isso? Então, vá!*

Contudo, **não o seguiu como Anjo Protetor: foi como adversário**. Passou, portanto, a ser um cobrador cármico do adivinho. Balaão, naturalmente, vai entrar pelo cano, não acham? Se não naquela vida, em outras...

Mediunidade dos animais — a jumenta

22 *E a ira de Deus acendeu-se porque ele se ia; e o Anjo do Senhor pôs-se-lhe no caminho por adversário. E Balaão ia caminhando, montado na sua jumenta, e dois de seus servos, com ele.*
23 *Viu, pois, a jumenta o Anjo do Senhor* [os animais também possuem visão espiritual], *que estava no caminho, com a sua espada desembainhada na mão; pelo que se desviou a jumenta do caminho e foi-se pelo campo; então, Balaão a espancou para fazê-la tornar ao caminho.*

Que bolha! Era sensitivo, mas muito menos do que a jumenta. Por isso, devemos respeitar os animais, os de quatro patas e os de duas pernas.

24 Mas o Anjo do Senhor pôs-se numa vereda de vinhas, havendo uma parede desta banda e uma parede da outra.
25 Vendo, pois, a jumenta o Anjo do Senhor, apertou-se contra a parede e apertou contra a parede o pé de Balaão, pelo que tornou a espancá-la.

O Anjo está tentando de todos os meios e modos impedi-lo, alertando:

— *Não vá, seu miserável!*

Em nossa, digamos, crônica, testemunhamos que inicialmente houve um anúncio direto: *"Não vá, besta quadrada!"* Nesse momento, Balaão, embora não fosse espiritualmente muito evoluído, possuía uma visão peculiar das coisas mediúnicas e espirituais. Sua percepção era paranormal ou carismática, se preferirem.

O Anjo do Senhor, percebendo que não conseguia convencer Balaão a evitar a tragédia iminente, tomou uma atitude que já compartilhei com vocês. A Bíblia relata que ele se colocou como **adversário**. Entretanto, é por pobreza de linguagem, porque, se considerarmos a sua intenção, ele estava, na verdade, repreendendo com veemência um sujeito teimoso e contumaz na desobediência.

Neste caso, interpor-se no caminho de alguém para corrigir sua direção e servir como obstáculo para evitar sua ruína é **advertir**, é ser verdadeiramente um aliado. Ainda que, à primeira vista, pareça o contrário. Mas é isso, porque nos alerta em nossa jornada. **Adver**-tir / **adver**-sário, perceberam?! Eis o motivo de sempre nos lembrarmos de Rui Barbosa, que, em sua *Oração aos moços*, escreveu:

> — *Amigos e inimigos estão, amiúde, em posições trocadas. Uns nos querem mal, e fazem-nos bem. Outros nos almejam o bem, e nos trazem o mal.*

Esse paradoxo nos acompanha em nossa jornada e muitas vezes nos coloca em verdadeiras enrascadas.

Vejamos onde isso vai acabar. Estão gostando? Espero que sim!

Religião na Vanguarda Ética — chamado à Boa Vontade Universal

Quero aqui retomar meus comentários sobre um dilema que surge: muitos, de forma equivocada, associam a mediunidade exclusivamente aos espiritualistas e, com certo desprezo, ignoram esses nossos Irmãos que também desempenham papéis importantes na sociedade. Essa atitude contraditória ocorre até mesmo entre alguns dos que se autodenominam democratas, mas, secretamente, o que desejam mesmo é o domínio absoluto e a hegemonia de suas crenças.

E nisso entra a sabedoria de Zarur: **a Boa Vontade deve começar no campo religioso para, gradualmente, se irradiar às outras esferas da vida**. É aquilo que sempre defendo: **Religião na vanguarda ética**.

Todos, a favor ou contra, manifestam opiniões sobre o tema. É como se a RELIGIÃO fosse um divisor de águas, e, infelizmente, muitas vezes, essa com as letras maiúsculas leva a culpa pelos conflitos entre os maus religiosos, o que prejudica a humanidade como um todo. Entretanto, reiteramos há décadas: Religião **não** rima com intolerância[75].

A Lei Divina não impede o exercício do nosso livre-arbítrio. Todavia, as consequências também fazem parte dos Mecanismos Celestiais. Não adianta chorar depois.

[75] Leia "Religião não rima com intolerância", no primeiro volume das *Sagradas Diretrizes Espirituais da Religião de Deus, do Cristo e do Espírito Santo* (1987), da lavra de Paiva Netto. Adquira: www.PaivaNetto.com/livros.

BALAÃO, BALAQUE E A CORRUPÇÃO ESPIRITUAL

(Parte 3)

A mediunidade presente em nossa vida

Estamos, nesses despretensiosos bate-papos a respeito do Último Livro da Bíblia Sagrada e em especial nessa série de programas, entrelaçando o Novo e o Antigo Testamentos. Gostaria de aproveitar o ensejo em que discutimos toda essa epopeia acerca da mediunidade e os riscos de seu mau uso, *vide* a história de Balaão, para registrar um fenômeno espiritual que ocorreu comigo. Já o contei algumas vezes pela Super Rede Boa Vontade de Comunicação (rádio, TV e internet), mas é muito oportuno para este momento, porque somos defensores da sensitividade ajustada, afinada com o Mundo Espiritual Superior. Por isso mesmo, promovemos a Revolução Mundial dos Espíritos de Luz, na Quarta Revelação, a Religião do Amor Universal.

A capacidade de interagir com outras dimensões vibracionais, reiteramos, não é susto. E, se bem conduzida, acelera os Planos de Jesus para a nossa vivência do Seu *"Ide e pregai"*, de uma Boa Nova que transborda fatos de natureza mediúnica. Exemplos?! Desafio todos vocês, aplicadas alunas, esforçados alunos que são, a relacionarem esses feitos durante o estudo destas páginas. E aqui já deixo a minha contribuição: **Jesus anda sobre as águas** (Mateus, 14:22 a 33; Marcos, 6:45 a 52; e João, 6:16 a 21); **A cura de um cego de nascença** (João, 9:1 a 41); **A ressurreição de Lázaro** (João, 11:1 a 46); e **A Transfiguração de Jesus no Monte Tabor** (Mateus, 17:1 a 13; Marcos, 9:2 a 13; e Lucas, 9:28 a 36). Poderia ficar aqui elaborando uma lista interminável e ainda não conseguiria descrever todos os episódios mediúnicos registrados na Bíblia Sagrada que se deram na Primeira Vinda Visível de nosso Amado Mestre ao planeta Terra e na vida de Seus inúmeros seguidores.

Pois bem, o fato comigo se deu assim: Os meus pais e parentes queriam muito que eu fosse médico, militar ou músico. Carinhosamente, aquelas pessoas — que eram boníssimas e me amavam — tocavam muito nesse assunto:

> — *Porque, ô José, o Zarur e a LBV são formidáveis. Jesus, então, é ótimo. Mas você não vai ter segurança nenhuma, esse negócio pode não continuar.*

Então, você frequenta lá no fim de semana, rapaz. Seja médico. Você não queria ser médico? Você não gosta tanto de música? Vá ser violinista. Ou então siga carreira militar, entre para as Agulhas Negras, como os seus parentes.

Insistiram tanto, durante certo tempo, que, para me ver livre daquela amorosa pressão (risos), aquiesci:

— *Está bem, eu vou!*

Uma espada atravessada no portão

Pela manhã, me preparei todo. Naquela época, morava no Engenho Novo, na Rua Visconde de Itabaiana, no subúrbio do Rio de Janeiro, no Riachuelo, onde nasci. Todos ficaram felizes, porque eu realmente era estudioso. E, na visão deles, estava perdendo o meu tempo, e, se não tomasse uma atitude, iria acabar na miséria. É aquele zelo que os pais, os parentes e verdadeiros amigos têm de não desejarem nada ruim a quem se ama. Jamais os censuro por isso, pois é aquilo que o Irmão Zarur falava:

— *Todos estão certos dentro do que sabem, mas completamente errados dentro do que deviam saber.*

Então, simplesmente aconteceu comigo o seguinte. Saí da sala, atravessei a cozinha, entrei em um pequeno pátio atrás e, quando me virei para passar pelo portão, quase caí duro! Tinha um homem de dois metros e meio para três de altura, com uma espada levantada na mão! No momento em que fui em sua direção, ele baixou a espada com a mão e ela ficou de tal forma que não conseguia transpor o portão. Mas eu não teria condições de passar nem mesmo sabendo que era um Espírito que estava ali, que não era uma pessoa encarnada.

Imediatamente, dei meia-volta e, decidido, disse para minha mãe, Idalina Cecília de Paiva (1913-1994): Não vou! Não adianta, pois acabei de ter essa visão. Como sabia que não sou mentiroso, e ela também tinha essa vidência, acreditou em mim e respeitou minha decisão.

Dupla visão espiritual da Transfiguração do Cristo

Por falar na minha querida mãe, certa vez, houve uma dupla visão espiritual, dela e minha, na nossa casa também no Engenho Novo. Era o ano de 1957. Estava na sala, desenhando uma estrela de cinco pontas — me deu vontade de fazer isso — com uma cruz no meio. Naquele tempo, eu desenhava bem. Meu pai, Bruno Simões de Paiva (1911-2000), se encontrava à direita consertando alguns rádios suecos, e minha irmã, Lícia Margarida de Paiva (1942-2010), sentada numa pol-

A Transfiguração do Senhor, na arte digital de William Luz.

trona à minha esquerda. No rádio, ouvia o programa *Jesus Está Chamando!*. Naquela noite, embora não estivesse com o Irmão Zarur, sempre o respeitei muito, portanto, acompanhava a programação. É aquilo que digo a vocês: **É digno respeitar a presença de um amigo; muito mais, porém, é honrar a ausência dele**.

Então, de súbito, elevei o meu pensamento ao Alto e perguntei mentalmente algo mais ou menos assim: Meu Deus, esse grande homem, quem é esse Espírito? Qual a missão dele na Terra?

Ah, meus Amigos e Irmãos, aconteceu algo extraordinário! Instantaneamente, o ar da casa começou a melhorar, parecia refrigerado — disso jamais me esquecerei. Senti um clima maravilhoso em termos físicos. Quer dizer, o Mundo Espiritual sabemos que é esplendoroso, mas nunca tinha pensado em sua atmosfera daquela forma que vivenciei.

De repente, tudo ficou claro, o teto da casa se abriu e apareceu lá no Espaço Jesus, tendo de um lado Moisés e do outro, Elias. **Era a imagem da Transfiguração do Cristo!** Não deduzi logo o que estava sendo revelado. Meu pai não reparou nada, continuou consertando lá o rádio, nem minha irmã. Então, levantei-me emocionado e fui na direção da cozinha, com os olhos cheios de lágrimas. Ao mesmo tempo, minha mãe vinha chorando na minha direção.

Perguntei para ela: Mamãe, a senhora viu? E ela falou:

— *Vi!*

E nós dois conjuntamente relatamos o mesmo fato. Só que minha mãe não tinha feito mentalmente pergunta alguma. Como é uma Alma afeita a essas questões espirituais, ela percebeu.

Problemões que viram problemecos

Esse relato, que aliás está gravado, contei, em julho de 1975, ao Irmão Zarur — 18 anos depois que a visão tinha ocorrido — quando ele nos honrou com sua

José de Paiva Netto; o pai dele, seu Bruno Simões de Paiva; a mãe, dona Idalina Cecília de Paiva; e sua irmã, Lícia Margarida de Paiva.

presença na minha casa. Questões assim a gente deixa passar o tempo para virem as Comprovações Divinas.

E, **nos momentos difíceis da minha tarefa** à frente da LBV e da Religião do Amor Universal, isso **me volta à memória e me enche de uma força** que vocês não podem imaginar. **Aí os problemões passam a ser problemecos.**

Digo: Meu Deus do Céu! Se a maior potência deste planeta, que é Jesus, criou a Legião da Boa Vontade, fez o Irmão Zarur proclamar a Religião de Deus, do Cristo e do Espírito Santo, vou eu temer alguma coisa e achar que há algum problema insolúvel no meu caminho? Não, não há! Logo, não posso ser covarde, que é uma coisa que não sou, pois vou em frente! Portanto, a minha força vem daí e é o exemplo que deixo a todos vocês.

Anjo aparece a Balaão, na concepção de Gustave Doré (1832-1883).

BALAÃO, BALAQUE E A CORRUPÇÃO ESPIRITUAL

(Parte 4)

Os riscos da mediunidade erradia

Em meio às páginas que estamos estudando e aproveitando o ensejo do que até aqui vimos acerca dessa figura peculiar de Balaão, não podemos nos furtar de tecer um comentário a respeito da grave responsabilidade que pesa sobre os ombros de todos os que recebem dons mediúnicos mais aflorados — pois somos todos sensitivos.

Primeiro ponto, jamais ser uma "besta quadrada", como Balaão, cuja mediunidade, embora real, estava em descompasso com sua moral e sua ética espiritual. Ele tinha suas capacidades psíquicas desenvolvidas, mas seus valores e princípios estavam aquém de seus dons.

Eis um importante alerta: cuidado com aqueles que dizem possuir faculdades mediúnicas, sensitividade, paranormalidade, e não apresentaram credenciais à altura do que defendem. Não basta possuir esses talentos; eles não garantem grandeza. Muitas vezes, esses Espíritos estão em provações mais severas que as nossas. Alguns, por terem causado danos ao mundo, são conduzidos a servir como instrumentos de libertação para as multidões as quais prejudicaram. No entanto, nem sempre agem em conformidade com o que ajustaram em suas Agendas Espirituais.

Quantas vezes ouvimos: *"Ele é ótimo. Ele é médium"*. Ou: *"Ela é ótima. Ela é médium"*. E, às vezes, essas pessoas são péssimas, dão passagem a tudo o que é contra Deus, o Cristo e o Espírito Santo. Estamos diante de um exemplo desses com Balaão. A humanidade, ainda limitada em sua compreensão da Vida no Invisível, faz aos Espíritos perguntas superficiais, ignorando a profundidade de suas missões.

Um ditado popular nos lembra dos riscos:

> — *Diga-me com quem andas e eu te direi quem tu és.*

E ainda este rico conselho de Provérbios, 13:20:

> — *Aqueles que se associam aos sábios colherão sabedoria, mas os companheiros dos tolos enfrentarão destruição.*

Paulo Apóstolo nos exorta a **cuidar de nosso comportamento**, pois estamos constantemente cercados por **uma multidão de testemunhas invisíveis**[76]**, os Espíritos. Nossos pensamentos os atraem.** E cada um receberá segundo seu merecimento, e ninguém sofrerá ou errará por culpa alheia.

Portanto, **honremos a iniciação espiritual que a Sagrada Religião de Deus, do Cristo e do Espírito Santo nos oferece ao atravessarmos seus portais**. Busquemos **educar a nossa própria intuição**, que é o **contato direto que todos mantemos com Deus e com a Espiritualidade Superior**. Assim, não ficaremos reféns de nenhum enganador.

O elo entre o Antigo e o Novo Testamento

Sigamos em frente, desvendando as confusões que cercaram Balaão, o profeta irresponsável. Ele era mais do que um mero adivinho; sua mediunidade o conectava a planos além do nosso restrito mundo material. Sensitivo, médium, paranormal — rótulos que se entrelaçam, pois, no fim das contas, todos apontam para o mesmo fato: **a capacidade de perceber além do visível, de compreender que o Mundo Espiritual é uma realidade**.

Essa variedade de sinônimos se dá por causa dos muitos graus de entendimento da criatura e, por vezes,

[76] Epístola de Paulo aos Hebreus, 12:1.

constitui uma barreira para uma melhor compreensão humana, que é tão díspar e complexa. Cada criatura enxerga a verdade de maneira singular. A Religião Divina, com sua visão abrangente e ecumênica, reconhece essa diversidade.

O Antigo Testamento dialoga com o Novo como as duas lâminas da espada afiada. Números, parte do Pentateuco Mosaico, ecoa nas entrelinhas do Apocalipse e vice-versa. No versículo 14 do capítulo 2, na Igreja de Pérgamo, o Cristo de Deus adverte contra os ensinamentos de Balaão. Mas por quê?

A resposta está na trama que se desenrola.

O verdadeiro jumento dessa história

Balaão, em sua mediunidade, é chamado a amaldiçoar o povo hebreu. E o véu se rasga e vemos além: a despeito de ser ele um instrumento de contato entre a Terra e o Céu, sua escolha revela a própria condição espiritual rebaixada aos anseios da matéria. Ele ainda estava em dúvida entre servir à Luz ou ao abismo que se desenhava diante dele, apesar dos repetidos avisos que o Anjo lhe fazia, até mesmo se valendo da pobre jumentinha.

Vocês vão ver lá adiante o resultado, contra o povo hebreu, de seus atos atrabiliários.

Continuemos a transcrição do capítulo 22 de Números:

25 *Vendo, pois, a jumenta o Anjo do Senhor, apertou-se contra a parede, e comprimiu contra este o pé de Balaão* [ela ficou com medo, e o Anjo estava com uma espada]*; por isso, tornou a espancá-la.*
26 *Então, o Anjo do Senhor passou mais adiante e se pôs num lugar estreito, onde não havia caminho para se desviar nem para a direita, nem para a esquerda.*
27 *E vendo a jumenta o Anjo do Senhor, deitou-se debaixo de Balaão; e a ira de Balaão acendeu-se, e espancou a jumenta com o bordão.*
28 *Então, o Senhor abriu a boca da jumenta* [olhem até onde vai Deus para nos alertar], *que disse a Balaão: Que te fiz eu, para que me espanques estas três vezes?*

Em outras palavras: *"Seu vagabundo, tu não tens motivo para me bater, ainda assim o fazes, e eu é que sou a jumenta? Tu que és o jumento!"* (risos). Em termos morais e éticos, é como se comportou. Enfim, ele montado no fiel animal, alheio ao fato de que o Anjo do Senhor — e, já vimos, disse a Balaão que o seguiria como o seu adversário — bloqueava o caminho à sua frente, como a falar assim: *"Minha jumentinha, não passeis daqui... Porque, na verdade, o jumento é Balaão. Eles dizem que você, querida, é um animal irracional. Irracional é ele"*...

A jumenta, sensível às influências espirituais, percebeu a presença do Emissário Celeste e se desviou do obstáculo interposto. Balaão, por sua vez, não entendia o motivo das paradas e, impaciente, açoitava o animal cada vez mais.

Finalmente, em um ponto estreito onde não havia saída, a jumenta se recusou a prosseguir e acabou machucando, merecidamente, diga-se de passagem, o pé de Balaão contra um muro. Chegou a tal ponto que os Espíritos de Deus certamente disseram: *"Quer saber? Para um jumento igual ao Balaão, só a jumenta falando, porque ela é mais sábia que ele, tem visão espiritual e a respeita"*.

Foi aí que a jumentinha deu o seu recado, pois ela já deveria estar frustrada com a burrice de seu "cavaleiro" (ou seria "jumenteiro"?): *"Deixe de ser besta, Balaão. Jumento é você. Eu sou apenas uma quadrúpede, mas tenho visão espiritual. Se eu evoluir, talvez até ultrapasse seu estágio* (risos). *Você, por outro lado, age como um ignorante diante das Coisas Divinas. Nem mesmo com o Anjo do Senhor dizendo: 'não vá', você não se corrige"*. O galhofeiro é assim, coloca Deus em segundo plano.

Mas notem que esse ensinamento é válido para todos nós, considerando o imenso trabalho que damos aos Amigos Espirituais. O caminho, nesse caso, é a própria existência que palmilhamos. A jumenta são os meios que utilizamos para avançar, progredir, para acelerar nossa jornada. E às vezes desgraçamos a vida justamente por não fazer o melhor uso desses recursos materiais.

BALAÃO, BALAQUE E A CORRUPÇÃO ESPIRITUAL

(Parte 5)

Jesus "puxa o tapete" do nosso comodismo

O Educador Celeste, com Suas eficazes ferramentas pedagógicas, ocasionalmente "puxa o tapete" de nossos pés. E não é por ser mau, mas sim para testar nossa capacidade de adaptação e mudar o rumo de nossas más escolhas. Tenhamos em mente que tudo neste mundo de ilusões passageiras é um teste para nossos Espíritos — fama, beleza, dinheiro, intelecto, carisma, poder etc. Por vezes, aqueles que têm menores facilidades em determinados aspectos da vida, os "menos apetrechados", como se diz no norte do Brasil, podem, de certa forma, errar menos e, por consequência, sofrer menos. Porque a pior dor é a moral. O próprio Cristo asseverou que

> — *a quem mais foi confiado, mais será exigido.*
>
> Jesus (Lucas, 12:48)

Eu avisei a vocês que esse episódio bíblico seria bem interessante. Contudo, vejam que, por mais que o Anjo tentasse, se valendo até do animal para demover Balaão do desejo de seguir adiante, ele ignorou os avisos espirituais e irá arcar com o preço. O irresponsável sensitivo estava obcecado pelas posses que receberia e também, cá entre nós, certamente muito curioso para ver essa tal gente que assustava os moabitas, que Moisés tirou da condição de povo escravizado e transformou em uma liderança na região.

É, pessoal, que trabalho damos aos nossos Anjos da Guarda! Essa Entidade Celestial do texto bíblico é um Anjo Guardião, minha gente! Eles são Espíritos Protetores, todavia também existem as almas que teimam em ser obsessoras. São tão ardilosas que fingem ser boas, se necessário for, para tentar nos tirar do bom caminho. É o que denunciou Paulo Apóstolo:

> — *E não é de admirar, porque o próprio satanás se transforma em anjo de luz* (Segunda Epístola aos Coríntios, 11:14).

Atenção! Muita atenção mesmo! São os famosos "lobos em pele de cordeiro". Podemos avaliar suas reais procedências, conforme alertou João Evangelista em Sua Primeira Epístola, 4:1 a 6, analisando se as sugestões que nos transmitem são benévolas ou más. Já publicamos em nossos livros, até mais de uma vez, a oração católica a São Miguel Arcanjo[77] que nos fala desses

> — *espíritos malignos, que vagueiam pelo mundo para a perdição das Almas.*

De fato, há Espíritos evoluídos e outros nem tanto. Mas não é porque Deus os criou assim, é porque eles têm de ganhar tarimba espiritual, ainda precisam aprender muito sobre o Amor, a Fé, a Caridade, a Fraternidade, a Generosidade, através das vidas sucessivas. A mente lógica, com o tempo, inevitavelmente alcançará a realidade da reencarnação.

Fenômeno espiritual inédito

Vamos em frente na análise de Números, capítulo 22:

> 29 *E Balaão disse à jumenta* [ou seja, o jumento falou para a jumenta (risos); o jumento de verda-

---

[77] **Oração a São Miguel Arcanjo** — Elevada prece de autoria do Papa Leão XIII (1810-1903), reproduzida, entre outras publicações legionárias, no volume desta coleção dedicado à Igreja em Esmirna (2024): *"São Miguel Arcanjo, defendei-nos neste combate; sede nosso auxílio contra as maldades e ciladas do mal. Instante e humildemente vos pedimos que Deus sobre ele impere. E vós, príncipe da Milícia Celeste, com este Poder Divino, precipitai no inferno a satanás e aos outros espíritos malignos, que vagueiam pelo mundo para a perdição das Almas. Amém!"* É belamente interpretada por Paiva Netto. Para ouvi-la, baixe o QR Code e fotografe o código.

de perguntou para a jumenta física (risos); o jumento moral e espiritual para a pobre da jumenta animal]*: Por que zombas de mim? Oxalá tivera eu uma espada na mão, porque, agora, te mataria.*

É surpreendente, não é?! Turma empedernida mesmo! O sujeito era um médium, mas ainda assim suas emoções humanas o levaram a reações impulsivas. Não há outra alternativa para uma pessoa dessas, senão a de sofrer bastante para evoluir moralmente. Era mais um medianeiro da trindade do mal: satanás, anti-Cristo e falso profeta.

Ele estava diante de um fenômeno de efeito físico sem paralelo nos registros espiritualistas, talvez o maior a que ele já assistira — imaginem, um animal falando pela influência de um Anjo! Ora, independentemente de como esse prodígio ocorreu, alguma coisa de muito especial estava acontecendo ali.

E não quero entrar, por falta de tempo, na forma de atuação que fora exercida para que o fenômeno se desse. Há ainda muita discussão sobre a possibilidade medianeira dos animais. Porém, o Espírito Erasto, que grande contribuição trouxe a Allan Kardec (1804-1869) em seu trabalho de codificar o Espiritismo, em 1861, através da mediunidade do Sr. d'Ambel (1816-1866), afirmou que os Espíritos podem se tornar visíveis e tangíveis para os

Allan Kardec

animais. E estes frequentemente demonstram certo temor ou apreensão diante dessas presenças.

No caso da **jumenta**, isso vai além, **ela fala** por interferência do Anjo. São forças que nos parecem ainda desconhecidas, mas, na hora certa, ao ser humano serão reveladas pelos Maiores da Espiritualidade.

> [30] *Porventura — replicou a jumenta a Balaão —, não sou a tua jumenta, em que toda a tua vida cavalgaste até hoje? Acaso, tem sido o meu costume fazer assim contigo?* [Isto é, por acaso, eu peguei do chicote e te bati, miserável?] *E ele respondeu: Não.*
> [31] *Então, o Senhor abriu os olhos a Balaão, e ele viu o Anjo do Senhor, que estava no caminho, e a sua espada desembainhada na mão, pelo que inclinou a cabeça* [inclinou-a porque viu, mas não seguiu a intuição antes, nem o aviso da jumenta] *e prostrou-se sobre a sua face.*

Milagres — realizações da Ciência Espiritual

A humanidade ainda precisa de fenômenos assim para crer, não é mesmo?! Quando nos deparamos com acontecimentos extraordinários, geralmente, nos perguntamos se são Intervenções Divinas ou simplesmente manifestações até o momento não compreendidas pelas Leis Naturais.

Lembro-me de uma entrevista em que me questionaram: "Irmão Paiva, você acredita em milagres?"[78] Minha resposta foi afirmativa, mas com uma ressalva importante. Vejam bem, perante as Leis Cósmicas, não considero esses eventos como milagres. Em vez disso, creio que, um dia, **terão sua explicação científica**.

Isso não diminui, de modo algum, o Poder de Deus. Afinal, Ele é o Criador da Ciência. **Os chamados "milagres" são, na verdade, realizações da Ciência Espiritual, que não foram totalmente decifradas pelo conhecimento humano.** E, à medida que avançamos em nossa compreensão do mundo, muitos desses mistérios serão desvendados.

A inabalável Verdade Divina

Jesus, em Seus Ensinamentos no Santo Evangelho, nos exorta a buscar a Verdade de Deus como um caminho para a libertação, porque a verdade dos homens varia conforme a latitude, a longitude, as circunstâncias e os costumes. Imaginem como a temperatura afeta nosso comportamento: no calor, muitos se tornam mais agressivos.

Disse o Cristo:

---

[78] ***"Milagres existem. Só que, perante a Lei de Deus, não são milagres"*** — Leia mais sobre o assunto no primeiro volume das *Sagradas Diretrizes Espirituais da Religião de Deus, do Cristo e do Espírito Santo* (1987), no capítulo "Quanto à Prece e à Água Fluidificada".

— *Conhecereis a Verdade* [de Deus], *e a Verdade* [de Deus] *vos libertará* [das verdades dos homens] (Evangelho, segundo João, 8:32).

Para o Divino Mestre, a Verdade só pode ter um norte: Deus. Zarur, com sua sabedoria, nos explicou os motivos para isso, porquanto a das criaturas flutua conforme interesses monetários ou conveniências do bicho predador, como ocorre na Política, na Ciência, na Filosofia, ou mesmo na Religião, nas quais vemos essa troca do direito de primogenitura por um prato de lentilhas[79]. **A Verdade Divina permanece inabalável.** Eis a razão da severa reprimenda à Igreja em Pérgamo, para não negociarem o inegociável: **a pureza da Doutrina de Jesus e tudo o que dela nasce**.

O Texto Sagrado não é monótono

Perlustremos **os caminhos maravilhosos do Amor de Deus**, contido no Apocalipse de Jesus. E aqui está o ponto crucial: se desejamos nos libertar dos grilhões que a mentira impõe, **precisamos recorrer às Escrituras Santas na sua Parte Divina**. E não se enganem:

---

[79] **Prato de lentilhas** — Em "Lições Bíblicas", o saudoso Irmão Alziro Zarur comenta esse ilustrativo episódio narrado em Gênesis, 25:34. Paiva Netto transcreve o relevante esclarecimento em seu livro *Jesus, o Libertador Divino* (2022). Adquira seu exemplar, acessando www.PaivaNetto.com/livros.

o Texto Sagrado não é monótono ou enfadonho. Ele é uma **Fonte Universal de Sabedoria, capaz de iluminar nossas Almas**. E o que é ainda mais surpreendente: o Livro da Revelação, que muitos consideram complexo e enigmático, tem conexões profundas não apenas com o Evangelho, mas também com o Antigo Testamento da Bíblia Sagrada, conforme temos destacado diversas vezes ao longo deste estudo.

Portanto, vamos concluir a leitura do texto contido em Números (22:32 a 41), com olhos abertos e as mentes sequiosas em aprender, pois são os Simples de Coração que mais rapidamente conseguem enxergar além das aparências e compreender as Verdades Eternas, que nos aguardam ao serem retirados os véus das letras:

> 32 *Então, o Anjo do Senhor lhe disse: Por que já três vezes espancaste a tua jumentinha? Eis que eu saí como teu adversário* [quer dizer, para advertir-te do erro que vais praticar], *porquanto o teu caminho é perverso diante de mim;*
> 33 *porém, a jumenta me viu e já três vezes se desviou de diante de mim; se ela não se desviasse de diante de mim, na verdade que eu agora te mataria, e a ela deixaria com vida.*
> 34 *Então, Balaão disse ao Anjo do Senhor: Pequei, porque não soube que estavas neste caminho para te*

opores a mim; e, agora, se parece mal aos teus olhos,
voltarei.
35 *E disse o Anjo do Senhor a Balaão: Vai-te com*
estes homens; mas somente a palavra que eu falar a
ti, esta falarás. Assim, Balaão se foi com os príncipes
de Balaque.
36 *Ouvindo, pois, Balaque que Balaão havia che-*
gado, saiu-lhe ao encontro até à cidade de Moabe,
que está nos confins do Arnom e na fronteira extre-
ma.
37 *Perguntou Balaque a Balaão: Porventura, não*
enviei diligentemente a chamar-te uma embaixada?
Por que não vieste a mim? Não posso eu, na verdade,
honrar-te?
38 *Então, Balaão disse a Balaque: Eis que eu tenho*
vindo a ti. Porventura, poderei eu, agora, de alguma
forma falar-lhe alguma coisa? A palavra que Deus
puser na minha boca, essa eu falarei.
39 *E Balaão foi com Balaque, e vieram a Quiria-*
te-Huzote.
40 *Então, Balaque sacrificou bois e ovelhas; e deles*
enviou a Balaão e aos príncipes que estavam com ele.
41 *E sucedeu que, pela manhã, Balaque tomou a*
Balaão e o fez subir aos altos de Baal; e viu ele dali
a parte mais próxima do povo.

Aí vem uma passagem extraordinária. Vocês vão ver a comoção do próprio vidente, parecida com o espanto do temeroso servo de Eliseu, diante das tropas inimigas, quando teve seus olhos espirituais abertos e viu o tamanho do Exército Invisível que estava ao lado deles[80]. Essa passagem resume bem um pensamento do saudoso Irmão Alziro Zarur, que nos ensinou assim:

— ***Não há segurança fora de Deus.***

Não há mesmo! Ela é maior e mais poderosa que todas as forças deste mundo. E somente esta proteção poderá salvar, se merecerem, o Brasil e a humanidade do que há de vir sobre o planeta Terra. Já lhes disse que não sofro de sinistrose. No entanto, **levo a sério o que Jesus nos advertiu através dos Seus Profetas** e comparo o Ensinamento Divino aos fatos que estão ocorrendo em todo o orbe. Chegamos, por vezes, a conclusões aparentemente paradoxais, mas verdadeiras, que o tempo depois vai comprovando.

[80] Trata-se da passagem do Segundo livro de Reis, 6:8 a 17. Leia mais sobre essa narrativa bíblica no subtítulo "O Exército Invisível do Profeta Eliseu", constante da prece final do primeiro volume desta coleção, que analisou a Carta de Jesus à Igreja em Éfeso (2023).

BALAÃO, BALAQUE E A CORRUPÇÃO ESPIRITUAL

(Parte 6)

O Anjo e a espada

Nós, na Religião de Deus, do Cristo e do Espírito Santo, reconhecemos que **a Bíblia Sagrada é um corpo único**, interligando passagens e revelando a Palavra do Pai Celestial expressa em vários períodos da História humana. E, como há muito aprendemos, **essa Palavra Santa irradia-se pelo mundo por meio da espada da boca de Seus Emissários** que, pelos milênios, são portadores dessa ferramenta poderosíssima. E ela não apenas combate no plano físico, mas também no Plano Espiritual, por causa de seus dois gumes. **Corta o mal tanto na humanidade de baixo quanto na Humanidade de Cima.** É o Supremo Comandante dos reis da Terra, Jesus, Quem se apresenta com essa espada afiadíssima. Naturalmente, o Provedor Celeste proporciona aos Seus escudeiros, inclusive os que descem ao plano das formas, esse instrumental forte.

Agora, direcionemos nosso olhar novamente para o versículo 14 do capítulo 2 do Apocalipse de Jesus, que estamos analisando nessa série de programas. Na Carta à Igreja em Pérgamo, o Pedagogo Celeste expressa Sua preocupação com aqueles que seguem a doutrina de Balaão. Sim, o mesmo Balaão do livro de Números, que ensinava Balaque a armar ciladas diante dos filhos de Israel. O objetivo? Levá-los a comer coisas sacrificadas aos ídolos e a praticar a prostituição.

Assim, pelo que vimos em nossa leitura até aqui, e ficará ainda mais evidente ao nos aprofundarmos no referido livro do Pentateuco Mosaico, há uma reviravolta nessa intenção sórdida do rei dos moabitas.

Portanto, vamos em frente na análise dessa conexão profunda entre o capítulo 23 de Números e a Carta de Jesus a Pérgamo. **A espada do Anjo está afiada para desmobilizar o mal:**

Balaque edifica sete altares

1 Então, Balaão disse a Balaque: Edifica-me aqui sete altares e prepara-me aqui sete bezerros e sete carneiros.

2 Fez, pois, Balaque como Balaão dissera; e Balaque e Balaão ofereceram um bezerro e um carneiro sobre cada altar.

3 Então, Balaão disse a Balaque: Fica-te ao pé do teu holocausto, e eu irei; porventura, o Senhor me sairá ao encontro, e o que me mostrar te notificarei. Então, foi a um lugar elevado.
4 E, encontrando-se Deus [imaginem!] *com Balaão, este lhe disse: Preparei sete altares e sobre cada um ofereci um bezerro e um carneiro.*

Que festa que eles vão fazer, valendo-se do Altíssimo! Ora, ora, é só o que nos faltava... *"Balaão disse a Deus"*... Pensem só que intimidade irreverente, considerando que ele era um tremendo canastrão! Mas é aquilo, estamos diante de uma linguagem repleta de simbolismo. Já falei e repito: ele se encontrou com algumas entidades, os seus guias. Era sensitivo, paranormal, via coisas e sentia o que os demais ali não percebiam.

Não legisleis apenas para corpos

5 Então, o Senhor pôs a Sua palavra na boca de Balaão e disse: Torna para Balaque e fala assim.
6 E, tornando para ele, eis que estava ao pé do seu holocausto, ele e todos os príncipes dos moabitas.

Não pensem que esses eventos se limitavam à Antiguidade, não! Eles também ocorrem nos dias atuais, inclusive entre os seres humanos que ocupam posições nos governos do mundo. Mesmo nos materialistas e ateus, encontramos essa dinâmica. Geralmente, esses líderes administram como se seus povos fossem unicamente corpos, esquecidos da dimensão espiritual, que permeia a existência. Há tantos anos escrevi, está lá no segundo volume de *O Brasil e o Apocalipse* (1985): Irmãos políticos do mundo, **não legisleis apenas para corpos**!

Porém, como o ser humano carrega consigo **um profundo espírito de Religiosidade**, às vezes — e não são raras —, por mais que negue, ele busca respostas em artes adivinhatórias, por exemplo. No entanto, é importante reconhecer que nem todos esses irmãos que as praticam estão verdadeiramente a serviço de Deus. Alguns seguem impulsos menos nobres, alinhando-se àqueles *"três espíritos imundos semelhantes a rãs"* (Apocalipse, 16:13) que, segundo já explicamos, exercem forte influência sobre os dirigentes do mundo, levando-os à prostituição espiritual. Daí se compreender o porquê da queda da grande Babilônia, que comerciava *"até almas de homens"* (Apocalipse, 18:13).

O desafio para a Religião

Nisto reside um imenso desafio para a RELIGIÃO, aquela com todas as letras maiúsculas, e para todos os que têm missão espiritual. Jamais podem se acovardar ou ser absorvidos pela baixa condição do ser humano ainda afoito ao excessivamente material. Contudo, a verdadeira transformação ocorre quando esses indivíduos com tarefas apostolares permanecem fiéis aos sérios compromissos assumidos, mesmo tendo que enfrentar obstáculos, tais quais os de Pérgamo. **A Religião, em seu sentido autêntico, não nos afasta do mundo, ela nos capacita a agir nele com a integridade e a compaixão exortadas pelo Amigo Celeste em Sua Boa Nova:**

— ***Misericórdia quero, não holocausto.***
Jesus (Mateus, 9:13)

Uma lição a ser aprendida pelos balaões, pelos balaques de todos os tempos. Por isso, a Religião precisa ser uma força ativa para o bem das nações, Fé Realizante para mudança de paradigma tão chafurdado na matéria perecível e arrasadora de destinos. Eis um trabalho para os líderes religiosos e para os indivíduos com responsabilidades espirituais, espalhados em todas as crenças. É urgente que sejam catalisadores dessa **expansão das consciências para a realidade sobre como a dinâmica vida na Pátria Espiritual afeta a maneira de administrar**. Assim, talvez, possamos ver os governos do mundo se transformando, guiados não apenas por interesses materiais de suas forças hegemônicas, mas pela bússola do Amor, da Justiça, da Caridade, da Fraternidade, da Generosidade e da Paz.

O holocausto dos animais prossegue

Continuemos a leitura do capítulo 23 de Números e veremos as palavras que o Espírito de Deus pôs na boca de Balaão:

> [7] *Então, proferiu a sua parábola e disse: De Arã me mandou trazer Balaque, rei dos moabitas, das montanhas do Oriente, falando: Vem, Balaão, e amaldiçoa para mim a Jacó, e vem, denuncia a Israel.*
> [8] *Como amaldiçoarei o que Deus não amaldiçoa? Como detestarei quando o Senhor não detesta?*
> [9] *Porque do cume dos montes vejo Israel e dos outeiros o contemplo: eis que este povo habitará só e entre as gentes não será contado.*
> [10] *Quem contará o pó de Jacó e o número da quarta parte de Israel? A minha Alma morra da morte dos justos, e seja o meu fim como o seu.*
> [11] *Então, disse Balaque a Balaão: Que me fizeste? Chamei-te para amaldiçoar os meus inimigos, mas eis que inteiramente os abençoaste.*
> [12] *E Balaão respondeu e disse* [ou seja, falou com firmeza]*: Porventura, não terei cuidado de falar o que o Senhor pôs na minha boca?*
> [13] *Então, Balaque lhe respondeu: Rogo-te que venhas comigo a outro lugar, de onde verás o povo; verás somente a parte mais próxima dele e não o verás todo; e dali os amaldiçoarás.*

Como quem apela:

— Bom, se você não pode amaldiçoar todo o povo, pelo menos, miserável, eu trouxe você aqui, será que não dá para fazer um descontozinho e amaldiçoar pelo menos uma parte do reino de Israel? Afinal de contas, eu matei sete bois, sete carneiros, já estou em prejuízo...

Traduzindo em miúdos é isso, sem tirar nem pôr, o que ele propôs e que está naquela linguagem solene da Bíblia Sagrada.

14 Assim o tomou consigo ao campo de Zofim, ao cume de Pisga; e edificou sete altares, e sobre cada um ofereceu um bezerro e um carneiro.

Vejam só, ele estava querendo mesmo resolver o problema e os pobres dos animais é que "pagaram o pato" com suas vidas!

15 Então, disse Balaão a Balaque: Fica aqui ao pé do teu holocausto, e eu irei ali ao encontro do Senhor.
16 E, encontrando-se o Senhor com Balaão, pôs uma palavra na sua boca e disse: Torna para Balaque e fala assim.
17 E, vindo a ele, eis que estava ao pé do holocausto, e os príncipes dos moabitas com ele. (...)

A segunda Bênção Divina

A história prossegue e, no final do capítulo 23 de Números, Balaão retorna a Balaque e aos seus príncipes com a resposta do Guia Espiritual. O profeta, então, falou que Deus não é como um homem, que mente ou se arrepende. Quando Ele promete algo, cumpre. Ele abençoou aquela nação que agora está diante de Moabe e não revogará essa Bênção. O povo de Jacó não tinha iniquidade e o Senhor estava com eles. O Pai Celestial os libertou do Egito e lhes deu forças como as de um boi selvagem. Nenhum encantamento ou adivinhação pode prevalecer contra a sua casa.

Balaque insistiu e pediu a Balaão que lançasse uma maldição sobre os hebreus, mas o mago lembrou que faria apenas o que o Senhor ordenasse. O rei levou Balaão a um lugar alto, contudo Deus não permitiu que ele amaldiçoasse Israel. A história continua com o médium instruindo o monarca a construir altares e oferecer sacrifícios. E depois eles comiam esses animais todos dados em holocausto.

Praticar o Bem — a maior das magias

Dá até vontade de rir, não é mesmo? Em vez de praticar o Bem, construir laços de amizade e estabelecer um intercâmbio comercial e cultural com seus inesperados vizinhos, ficavam fazendo feitiçaria. E nesse caso agir com civilidade seria uma forma mais efetiva de eliminar os receios, prevenir uma guerra e resolver diplomaticamente as coisas. Poderiam até ter uma enorme e feliz surpresa, como a Bênção e a Proteção de Deus para o reino deles. Já disse e repito que **Caridade é também um ato de diplomacia. Não há magia mais poderosa do que a prática do Bem.**

Nos próximos capítulos, caminharemos para o desfecho dessa verdadeira saga sobre a corrupção espiritual condenada pelo Justíssimo Juiz em Sua Carta à Igreja em Pérgamo!

A Religião, em seu sentido autêntico, não nos afasta do mundo, ela nos capacita a agir nele com a integridade e a compaixão exortadas pelo Amigo Celeste em Sua Boa Nova: *"Misericórdia quero, não holocausto"* (Jesus — Mateus, 9:13). Uma lição a ser aprendida pelos balaões, pelos balaques de todos os tempos. Por isso, a Religião precisa ser uma força ativa para o bem das nações, Fé Realizante para mudança de paradigma tão chafurdado na matéria perecível e arrasadora de destinos. Eis um trabalho para os líderes religiosos e para os indivíduos com responsabilidades espirituais, espalhados em todas as crenças.

BALAÃO, BALAQUE E A CORRUPÇÃO ESPIRITUAL

(Parte 7)

Resistir aos desvios dos nicolaítas, dos balaões e dos balaques modernos

Chegamos ao capítulo 24 do livro de Números, nessa luta travada pelo Anjo do Senhor com Balaão para que o adivinho e Balaque entendessem de uma vez por todas que qualquer tentativa de amaldiçoar o povo hebreu não lograria êxito. Haja vista que, em vez de maldições, o profeta pagão pronunciou apenas bênçãos inspiradas pelo Espírito de Deus.

No entanto, à medida que avançamos na história, veremos que Balaão, desconsiderando todas as Ordens Divinas que recebeu, acabará cometendo erros gravíssimos. Entenderemos por que ele se tornou um símbolo da corrupção espiritual, juntamente com os nicolaítas. Essa má conduta é duramente censurada pelo Sublime Professor em Sua Missiva à Igreja de Pérgamo.

Nossa fidelidade aos Preceitos Crísticos é fundamental. Visto que a *"espada de dois gumes"* é um poderoso instrumento de atuação tanto no plano físico quanto no espiritual — conforme aprendemos com Jesus —, devemos, com a força de nossa boa palavra, **resistir aos desvios dos nicolaítas, dos balaões e dos balaques modernos**. Mantenhamos inexpugnáveis as portas de nossa igreja íntima, qual seja, o nosso coração.

A insistência de Balaque

Entramos agora nas linhas do capítulo 24 de Números, um dos livros do Pentateuco Mosaico:

> [1] *Vendo Balaão que bem parecia aos olhos do Senhor que abençoasse a Israel, não foi esta vez, como antes, ao encontro dos encantamentos, mas voltou o seu rosto para o deserto.*
>
> [2] *E, levantando Balaão seus olhos e vendo a Israel que habitava segundo as suas tribos, veio sobre ele o Espírito de Deus,*
>
> [3] *e alçou a sua parábola, e disse: Fala, Balaão, filho de Beor, e fala o homem de olhos abertos;*
>
> [4] *fala aquele que ouviu os ditos de Deus* [as instruções de Deus, a Sua Palavra], *o que vê a visão do Todo-Poderoso, caindo em êxtase, porém de olhos abertos:*

Ih, Balaque vai ter um ataque outra vez (risos). Ouçam o que Balaão dirá aqui pela Força de Deus, a partir do versículo quinto.

> [5] *Que boas são as suas tendas, ó Jacó! Que boas as tuas moradas, ó Israel!*
> [6] *Como vales que se estendem, como jardins à beira dos rios, como árvores de sândalo o Senhor os plantou, como cedros junto às águas.*
> [7] *De seus baldes manarão águas, e a sua semente estará em muitas águas; e o seu rei se exalçará mais do que Agague, e o seu reino será levantado.*
> [8] *Deus, ó Israel, o tirou do Egito; as suas forças são como as do rinoceronte; consumirá as gentes, seus inimigos, e quebrará seus ossos, e, com as suas setas, os atravessará.*
> [9] *Encurvou-se, deitou-se como leão e como leoa; quem o despertará? Benditos os que te abençoarem, e malditos os que te amaldiçoarem.*

Balaão foi amaldiçoar, porém, naquele momento, não o fez nem no total nem em parte. Portanto, **não tenham receio de encantamentos ou magias se estiverem com Deus**. Não é para ficar amedrontado, mas sim para serem **precavidos contra a hipocrisia e a ação insidiosa, a solércia, enfim, tudo o que vocês podem imaginar de ruim**, que Balaão usará mais adiante e que afetará o povo hebreu. Prestem muita atenção a isso!

Deus protege Seus missionários

Agora, pensemos, por que o Criador não permitiu que fizessem mal aos hebreus?! Porque **tinham uma missão a cumprir: ser a base para o surgimento tangível de Jesus, o Filho do Altíssimo**. Isso se deu, sobretudo, pelo fato de serem monoteístas, mantendo sua Fé no Deus único, diferentemente de outros povos.

Balaão, apesar de suas tentativas, diante do que lhe era mostrado, sempre teve de recuar. A cômica expressão "praga de urubu não pega em cavalo gordo" ilustra bem esta verdade: **a Proteção Divina prevalece quando estamos alinhados com o propósito maior**.

Entretanto, como já afirmei, todos ainda carregamos uma parte de Babilônia dentro de nós. No momento em que negligenciamos nossa Agenda Espiritual e falhamos em cumprir a nossa parte, fortalecemos nosso lado babilônico, isto é, errático e podre. Por isso, o Irmão Zarur nos ensina, para nossa própria segurança, e é tradicionalmente veiculado todos os dias, às 18 horas, durante a *Prece da Ave, Maria!*, na Super Rede Boa Vontade de Comunicação:

— *Faze a tua parte, que Deus fará a parte Dele.*

Essa lição demonstra que, embora tenhamos o Amparo Celeste, **devemos aprender a nos proteger**, pois já possuímos independência de pensamento.

Prosseguindo:

> 10 *Então* [narra o livro de Números], *a ira de Balaque se acendeu contra Balaão, e bateu ele as suas palmas. E Balaque disse a Balaão: Para amaldiçoar os meus inimigos te tenho chamado; porém, agora, já três vezes os abençoaste inteiramente.*
>
> 11 *Agora, pois, foge para o teu lugar; eu tinha dito que te honraria grandemente; mas eis que o Senhor te privou desta honra.*

O Pentecostes na Religião de Deus, do Cristo e do Espírito Santo

Que loucura! Esse rei era tão desequilibrado que, mesmo sabendo que o médium estava transmitindo uma Palavra do Senhor para aquele povo, em vez de se submeter à Sua Vontade, ele se revoltava ainda mais contra Deus. Se ele tivesse se submetido aos desígnios do Criador, talvez tivesse se tornado um soberano com ainda mais notoriedade, pois, ao resignar-se às Ordenações do Pai, ao cumprir Seus Estatutos, certamente seria agraciado com a mesma Proteção Espiritual que os hebreus ali estavam usufruindo.

Constantemente lembrava Zarur:

— *Deus não nos criou para nos matar. Deus é Pai, não é carrasco.*

Ele quer o bem de todos os Seus filhos. Naturalmente, isso inclui vocês que nos leem, nos ouvem e nos assistem aqui nestas reuniões. Perceberam?! Pedimos **o Pentecostes**[81] **para a Religião de Deus, do Cristo e do Espírito Santo**. E o Pentecostes está descendo sobre todos nós, até mesmo sobre mim, que durante toda a minha vida me dedico à pregação da Mensagem do Cristo de Deus, da Quarta Revelação e das inesquecíveis lições do Irmão Zarur.

O Poder Absoluto do Cristo

Se tem algo que gostaria de evidenciar é que a força das trevas não é superior à da Luz. Para ilustrar esse ponto, vale recorrer ao Evangelho de Jesus, segundo Marcos, 5:1 a 14, que nos mostra **o Poder Absoluto do Cristo** perante uma multidão de espíritos do mal ("lobos invisíveis") que endemoninhavam um infeliz gadareno. Observamos ali o triste quadro a que chega um ser humano quando atinge o grau de possessão. O pensamento desgovernado é a porta encontrada aberta

[81] Para saber mais sobre o assunto, leia "O Pentecostes: Fenômeno de Inspiração Ecumênica", constante do segundo tomo das *Sagradas Diretrizes Espirituais da Religião de Deus, do Cristo e do Espírito Santo* (1990), de autoria de Paiva Netto. Acesse: www.PaivaNetto.com/livros.

por essa categoria de influência maligna. Aliás, o Irmão Zarur, lendo essa passagem, comentou:

> — *Está vendo ó,* ***até os obsessores sabiam que Jesus era o Filho de Deus.***

Isso porque, conforme lhes expliquei, a afiadíssima *"espada de dois gumes"* do Divino Mestre representa a Sua Soberana Autoridade na Terra e no Céu. Por isso, o obsessor apareceu lá, com aquela carga pesada, e aterrorizado gritou: *"Que queres Tu conosco, Jesus, Filho do Deus Altíssimo?"* E os milhares de espíritos imundos que atormentavam o habitante de Gádara foram expulsos dele pelo Cristo[82]. Portanto, todos sabem no Mundo Espiritual Quem é Jesus e se submetem ao Seu Divino Comando. Estando nós com o Rei dos reis, o que temos a temer? Absolutamente nada.

---

82 ***"A cura do endemoninhado gadareno"*** — Leia mais sobre o tema em *A Missão dos Setenta e o "lobo invisível"* (2018), livro do escritor Paiva Netto, nos capítulos "Ainda o 'lobo invisível'" e "O gadareno e a Lição do CEU". Essa e outras obras literárias podem ser adquiridas pelo *site* www.PaivaNetto.com/livros.

BALAÃO, BALAQUE E A CORRUPÇÃO ESPIRITUAL

(Parte 8 — final)

... o que o Senhor falar, isso falarei eu

Vocês vejam a insanidade do rei Balaque: Tentou persuadir o invigilante médium a amaldiçoar o povo hebreu. Mas as Forças Divinas agem rápido, porque inspiraram o vidente que não o fizesse. Contudo, depois, ele próprio, no exercício do livre-arbítrio, "mete os pés pelas mãos". A queda de Balaão tem tudo a ver com a corrupção espiritual de alguns, que era tolerada no seio da Igreja em Pérgamo, e por essa razão Jesus a repreende.

Então, vamos ao trecho seguinte do capítulo 24, quando veremos o Império das Leis Divinas com todo o seu peso forçá-lo, embora indisciplinado, a obedecer ao "mandado do Senhor":

> 12 *Então, Balaão disse a Balaque: Falei eu também aos teus mensageiros que me enviaste, dizendo:*

> [13] *ainda que Balaque me desse a sua casa cheia de prata e ouro, não posso traspassar* ***o mandado do Senhor****, fazendo bem ou mal de meu próprio coração;* ***o que o Senhor falar, isso falarei eu****.*

Vou parar por aqui a leitura. Depois entraremos no desfecho dessa história. Vocês verão o resultado da ação insidiosa daqueles que se colocaram como inimigos do povo hebreu.

Falar somente o que o Senhor ordenou é a forma de agir dos verdadeiros Legionários e Legionárias da Boa Vontade de Deus. Foi Jesus Quem assim exigiu:

> — *Seja o vosso falar: sim, quando sim; não, quando é não. O que passar disto provém do maligno* (Evangelho, segundo Mateus, 5:37).

Dessa maneira terão de proceder todos os pregadores ecumênicos da Religião Divina e os comunicadores das mídias da Boa Vontade. **Preocupem-se mais com as suas missões e serão felizes.** Do contrário, não haverá na Terra seres mais frustrados do que aqueles que nasceram para esse labor e deixaram escapar suas oportunidades. E a frustração não virá porque vocês foram obstaculados por fulano, por sicrano, por beltrano, por fulana, por sicrana, por beltrana. Somente vocês podem criar barreiras a si mesmos, a si mesmas, pois trouxeram **um Mandato de Deus** para cumprir na Terra. E essa é uma tarefa que muita gente gostaria de ter recebido, porquanto se situa entre as maiores honras jamais recebidas.

Levar Jesus e o Seu Mandamento Novo — e toda essa mensagem do Apocalipse do Sábio dos Milênios — para os Simples de Coração, neste encerramento de ciclo apocalíptico, **é o maior prêmio que podemos receber**. E isso não é uma brincadeira, é a mais importante incumbência desde que este planeta foi criado.

Gerações de pregadores da Palavra de Deus que se renovam

O que Deus nos manda fazer, precisamos cumprir. É assim que manteremos a nossa aliança com Ele. Mas alto lá: Ele determina apenas coisas boas. Do contrário, surge um louco qualquer e, desarvorado, afirma que o Senhor mandou matar, perseguir, estuprar... Nada disso! **Sua Lei Maior é a do Amor Incondicional aliado à Perfeita Justiça!**

Nossa responsabilidade, com essa pregação, é para que a geração dos Joões Batistas — que ainda estão aí, firmes, perseverantes, a exemplo de João Evangelista, que durante muitos anos continuou assistindo à passagem das diversas outras gerações de pregadores do Cristianismo iniciante — possa ainda dar o seu testemunho; a dos Pedros, que estão em sua plena tarefa;

a dos Paulos da Religião Divina, para que cumpram o seu apostolado de pregoeiros dessa Palavra Bendita e, assim, abram as veredas para que a turma dos Franciscos avance[83]... E eles já estão aí cobrando. Ponham a trombeta em suas bocas, como nos aconselha o Profeta Oseias em seu livro, que vocês perceberão como tem tudo a ver com o desfecho dessa narrativa toda sobre Balaão, Balaque e o povo hebreu.

A pérfida ideia de Balaão

Antes de lermos o que revelou Oseias, qual é a conclusão da história de Balaão? Recapitulemos: o Guia Espiritual do profeta pagão transmitiu-lhe as palavras a serem ditas, que eram, na verdade, bênçãos sucessivas ao povo hebreu. Isso deixou o rei Balaque furioso e frustrado em seu plano de amaldiçoar aquela multidão que o amedrontava. Cada um seguiu o seu caminho.

No entanto, como notamos, por várias vezes durante os versículos do livro de Números, Balaão demonstrou ser um médium de caráter duvidoso. A Entidade Espiritual que o acompanhava não se corrompeu com

[83] **Os quatro ciclos espirituais e humanos de realização apostólica da Religião Divina** — Para se aprofundar no assunto, consulte o segundo volume das *Sagradas Diretrizes Espirituais da Religião de Deus, do Cristo e do Espírito Santo* (1990), de autoria de Paiva Netto. Acesse: www.PaivaNetto.com/livros.

os tesouros oferecidos pelo rei dos moabitas. Porém, não poderia impedir o uso do livre-arbítrio de seu tutelado renitente.

Vejamos o que o Irmão Zarur explicou na série radiofônica "Lições Bíblicas", quando estudava esse versículo 14 do capítulo 2 do Apocalipse de Jesus, no qual o Cristo repreende Seus seguidores em Pérgamo por permitirem que alguns que ali se encontravam adotassem os ensinamentos de Balaão, que instruiu Balaque a armar ciladas diante dos filhos de Israel:

> — *Mas o falso profeta Balaão, sendo chamado por Balaque, rei dos moabitas, para amaldiçoar os filhos de Israel, vendo que, por mais que se esforçasse para os amaldiçoar, Deus, pelo contrário, lhe punha na boca palavras de bênção, deu a Balaque e aos que o tinham ido buscar um pernicioso conselho: que mandassem das suas mulheres ao campo dos hebreus para induzirem esses homens à impudicícia, à idolatria, à prostituição e os faziam comer das carnes imoladas aos falsos deuses.*

Ou seja, Balaão por si mesmo, sem o consentimento do Mundo Espiritual, fez essa pérfida sugestão[84], que trouxe imensa desgraça sobre o povo hebreu em forma de uma praga e uma grande tragédia para os moabitas,

---

[84] Números, 25; e 31:16.

culminando também com a morte do próprio Balaão à espada.

Epílogo de uma saga entre o Bem e o mal

Nós nos demoramos nessa passagem do livro de Números, do Pentateuco Mosaico, para que vocês saibam se **livrar da corrupção da Alma**, para que não caiam naquela tristeza da Igreja de Pérgamo, que, apesar de seus seguidores acreditarem em Jesus, aceitaram o espírito corruptor do mundo. Reflitam quão valiosa é a sua mensagem.

Observem como, por vezes, somos levados a nos fixar somente em um ou alguns versículos do mesmo capítulo. Há vários programas estamos recapitulando o ocorrido na Antiguidade com o povo hebreu, pois nos abre a inteligência para entendermos com mais profundidade o versículo 14 do capítulo 2 do Apocalipse. Por quê? Porque o trabalho dos cristãos em Pérgamo passou a ser sabotado, prejudicando a eles próprios, visto que a corrupção espiritual se instalou no seio daquela Igreja.

Reparem nisto que lhes tenho chamado a atenção diversas vezes: acabou a perseguição aos cristãos em Esmirna — e Emmanuel (Espírito), numa mensagem ao Irmão Zarur, em 1956, afirmou: *"Perseguição é fator de vitória"* —, então, em Pérgamo, de combatidos, começaram a tomar um arzinho novo e já se

Emmanuel

foram cumpliciando com o poder secular, mundano, a política profana, no lugar da **Política de Deus** — que é **a Ética do Espírito no cotidiano**.

Assim, aquele corpo doutrinário maravilhoso, que Jesus pessoalmente trouxera à Terra para aproximar de nós mais rapidamente o Reino de Deus e Sua Justiça, deixou-se apodrecer, se corromper.

Quando Pedro Apóstolo diz que podemos apressar a Volta de Jesus, sabe o que está falando. E Deus não quer o nosso mal, mas **nos dá o livre-arbítrio para que aprendamos a não errar**.

E nesse ponto há um ensinamento fundamental: o que vimos ocorrer com Balaão, senão a coisa mais censurada por Jesus?

> — *Livrai-vos do fermento dos fariseus, que é a hipocrisia* (Boa Nova, consoante Lucas, 12:1).

Isso mesmo: a hipocrisia. Louvavam os Céus e se afundavam no poder corruptor; Balaão recebia as visões para abençoar o povo escolhido por Deus àquela altura, porém ele se valia sempre de uma brechinha para que não se lhe escapasse a soma criminosa. Até que, por iniciativa própria, entrega um conselho maldoso a Balaque.

Não podemos permitir no final dos tempos que isso aconteça com a Obra de Deus na Terra, com a Parte Divina que está em todas as criaturas humanas, em todas as áreas do saber espiritual-humano. Jamais podemos admitir que, na Religião de Deus, do Cristo e do Espírito Santo, na Legião da Boa Vontade, no PBV, tal coisa ocorra.

Apenas será perfeita a humanidade quando os seres humanos se reformarem. Por isso é que Zarur dizia:

> *— Não adianta realizarmos outras reformas antes da* ***reforma do ser humano****.*

Porque, **reformado o ser humano, tudo o que ele fizer receberá o efeito da sua Alma bem constituída**. Por isso, está na Terra a Política de Deus — Política para o Espírito Eterno do ser humano.

Quebra da Aliança com Deus

Conforme mencionei, quero pedir a leitura de vocês de um grave alertamento registrado no livro do Profeta Oseias. Ele é dirigido àqueles que zombam dos Assuntos Divinos e rompem o pacto sagrado com o Altíssimo, ao se aventurarem pelo "canto da sereia" do mundanismo com seus prazeres frugais e imediatistas. Como está no capítulo 2 do livro dos Juízes que lemos, o Senhor informa que, apesar da morte de Josué e de Moisés, Ele manteria a Sua aliança com o povo hebreu. Mas eles, várias vezes, quebraram o compromisso e levaram "pau na moleira", como se diz popularmente.

O castigo está próximo

(Livro do Profeta Oseias, 8:1 a 4)

Profeta Oseias

1 ***Põe a trombeta à tua boca!*** *Ele*
vem como águia contra a Casa do Se-
nhor, porque ***traspassaram o meu***
concerto e se rebelaram contra a minha Lei.
2 *E a mim clamarão: Deus meu! Deus meu! Nós,*
Israel, Te conhecemos.
3 *Israel, porém,* ***rejeitou o Bem****; então o inimigo*
o perseguirá.
4 *Eles fizeram reis, mas* ***não por mim****; constituí-*
ram príncipes, mas ***Eu não o soube****; da sua prata e*
do seu ouro ***fizeram ídolos para si****, portanto para*
serem destruídos.

Agora vamos direto aos versículos 13 e 14, que é o fim do capítulo:

13 *Quanto ao sacrifício dos meus dons, sacrificam*
carne e a comem, mas ***o Senhor não a aceitou****;*
agora, se lembrará da sua injustiça e visitará os seus
pecados; eles voltarão para o Egito.
14 *Porque Israel* ***se esqueceu do seu Criador*** *e*
edificou palácios, e Judá multiplicou cidades fortes;
mas Eu enviarei um fogo contra as suas cidades, e ele
consumirá os seus palácios.

Quem poderá sobreviver?!

Diante da força implacável da Lei Divina, que é justíssima e pautada pelas obras de cada um, o Apocalipse (6:17) pergunta: *"Quem poderá sobreviver?"* Não se trata de um passatempo, é uma questão gravíssima. Devemos nos preparar: pais e filhos, avós e netos, parentes e amigos, os casais. O que está por vir é terrível e o Brasil não ficará imune. Existe grande parcela, em todo o mundo, que precisa encarar as consequências de suas más escolhas, por terem se esquecido do Criador — que é Amor e Bondade — nas suas ações cotidianas. O recado é para todos, sem exceção.

Profeta Zacarias

Por isso, não percamos mais tempo com vaidades, orgulhos, maledicências, para que não aconteça conosco o que está no livro de Zacarias, 14:12, porque muito Conhecimento Espiritual nos está sendo concedido:

— *(...) apodrecerá sua carne, estando eles ainda de pé; seus olhos apodrecerão nas suas órbitas, e a língua lhes apodrecerá dentro da boca.*

A coisa é séria. Essa é uma descrição muito parecida com o efeito, já no Antigo Testamento, de uma explosão atômica — seja uma hecatombe física, moral ou espiritual. Não é brincadeira!

E nós, Cristãos do Novo Mandamento, Amigos de Jesus, **estamos sendo esclarecidos pelo próprio Deus**. Pois, conforme vimos, Isaías profetizou:

> — *Todos os teus filhos* ***serão ensinados pelo Senhor****, e grande será a Paz de teus filhos.*
>
> (Livro do Profeta Isaías, 54:13)

Quando nos reunimos para compartilhar essas descobertas fabulosas a respeito das Profecias de Deus, almejamos **transmitir a sabedoria a nós inspirada pelo Espírito Santo**. Jesus nos assegurou que não devemos temer enfrentar tribunais em Seu Santo Nome, cujo significado vai além dos ambientes da justiça humana. Eles dizem respeito aos embates e às provas da própria Vida:

> 19 *E, quando vos entregarem, não cuideis em como ou com o que haveis de falar, porque, naquela hora, vos será concedido o que haveis de dizer,*
>
> 20 *visto que não sois vós os que falais, mas o Espírito Santo falará por vós.*
>
> Jesus (Mateus, 10:19 e 20)

Ao comunicarmos a Doutrina Ecumênica da Religião Divina, que nosso **entusiasmo siga adiante de nosso conhecimento humano, alcançando o cume da Sabedoria Eterna**. Afinal, somos como **luzes colo-**

cadas em lugares visíveis. Assim como não se esconde uma lâmpada acesa debaixo da cama, **não podemos ocultar nossa missão**. Nascemos para brilhar, como cidades construídas sobre montes.

Os discípulos, a luz do mundo

(Evangelho, segundo Mateus, 5:14 a 16)

— Vós sois a luz do mundo. Não se pode esconder uma cidade situada sobre um monte; nem os que acendem uma candeia a colocam debaixo de um móvel; porém, no velador, e assim ilumina a todos os que estão na casa. Assim resplandeça igualmente a vossa luz diante dos homens, para que vejam as vossas Boas Obras e glorifiquem a vosso Pai que está nos Céus.

Portanto, **cumpram as missões entregues a vocês pelo próprio Cristo: *Ide e pregai!*** Quem lhes fala aqui é um grande amigo! **Vocês são bem-aventurados, não percam esse privilégio que Jesus lhes está proporcionando. Ele é o Condutor Supremo do planeta Terra e Ele já vem, já vem, já vem!**

Ao comunicarmos a Doutrina Ecumênica da Religião Divina, que nosso entusiasmo siga adiante de nosso conhecimento humano, alcançando o cume da Sabedoria Eterna. Afinal, somos como luzes colocadas em lugares visíveis. Assim como não se esconde uma lâmpada acesa debaixo da cama, não podemos ocultar nossa missão. Nascemos para brilhar, como cidades construídas sobre montes.

A INFALÍVEL JUSTIÇA DE DEUS

***Academia Jesus, o Cristo Ecumênico, o Divino Estadista** — Após uma reprimenda do Divino Professor, presente na maioria de Suas Cartas às Igrejas da Ásia, inclusive em Pérgamo, é de se notar que Ele recorrentemente exorta Seus seguidores ao arrependimento. Logo após, temos assinaladas pelo Excelso Benfeitor as benesses a que seremos dignos, se nosso proceder for coerente com o que Ele aguarda de nós.*

*Chegando ao encerramento das explicações da Carta de Jesus à Igreja em Pérgamo, nos versículos 16 e 17 do capítulo 2 do Apocalipse, prossigamos concentrados nas lições de **Paiva Netto**:*

16 Portanto, arrepende-te; porque, se não, virei sem demora contra ti e pelejarei contra eles com a espada da minha boca.

Estamos concluindo nosso estudo da Carta de Jesus à Sua Igreja em Pérgamo, não cansamos de repetir, feito em Espírito e Verdade, à luz do Novo Mandamento do Cristo — *"Amai-vos como Eu vos amei. Somente assim podereis ser reconhecidos como meus discípulos"* (Evangelho, segundo João, 13:34 e 35). Tudo o que temos visto até aqui nos permite entender o que está sendo expresso nesse versículo 16. Acredito que cada um de vocês já tenha matado a charada.

O primeiro ponto que salta aos olhos é novamente a oportunidade que o Sublime Pegureiro oferece a todos os que laboram em erro: ***"arrepende-te"***. Discorremos fartamente sobre esse ponto em nossa análise dedicada a Éfeso[85]. Lá, o arrependimento estava em torno de vencer o desânimo que se abateu na Alma daqueles perseverantes seguidores do Caminho, regressando à prática da Primeira Caridade. Aqui, é para que **abandonem os desvios e a sedução do erro** que estão sorrateiramente corrompendo aquela comunidade de Fé Crística, tentando subjugar a Santa Doutrina do Cordeiro Imaculado a interesses escusos dos ilusórios e efêmeros poderes mundanos.

Jesus sabe que os desafios não são fáceis e deseja que todos acertem na condução de seus destinos. Por isso,

[85] Essa e outras obras da série "Jesus e as Sete Igrejas da Ásia", reunidas pela Academia Jesus, o Cristo Ecumênico, o Divino Estadista, podem ser adquiridas pelo *site* www.PaivaNetto.com/livros.

Ele capacita cada um de nós com as ferramentas da vitória. E não desiste de oferecer as benditas possibilidades de remissão a quem quer que seja, pois **não há privilegiados no Reino de Deus.**

Antes de irem para o "caminhão de lixo"...

Expliquei, em *Jesus, a Dor e a origem de Sua Autoridade — O Poder do Cristo em nós* (2014), que, neste encerramento de ciclo apocalíptico, o Cristo determinou que o "fundo do tacho" do astral inferior fosse raspado, mandando de volta à Terra, pelo processo da reencarnação, toda espécie de espíritos, mesmo os mais recalcitrantes na maldade, para serem postos à prova, antes da anunciada expulsão para o planeta Absinto[86], o *"caminhão de lixo"*, de que falava o saudoso Irmão Zarur nas suas pregações.

É mais um sentido para a queda da estrela e a posse a ela concedida da chave do poço do abismo, conforme descrito na Quinta Trombeta (Apocalipse, 9:1 e 2), que mencionamos anteriormente.

Por que o Divino Mestre fez isso? Para que ninguém venha injustamente dizer:

---

[86] Para saber mais sobre o assunto, leia o artigo "A humanidade do Absinto", em www.paivanetto.com, e o subtítulo "Tacho do umbral", em *Jesus, a Dor e a origem de Sua Autoridade — O Poder do Cristo em nós* (2014).

— Fomos expulsos do planeta Terra, porque Jesus não nos deu a última oportunidade!

Recordamos o que o ilustre Espírito Bittencourt Sampaio revelou, em mensagem intitulada "Mostremos o Mestre em nós", quanto ao motivo pelo qual se veem tantos absurdos nos tempos atuais, apesar dos grandes avanços tecnológicos. Por oportuno, faço aqui um resumo, que já publiquei em outros livros:

Bittencourt Sampaio

*(...) nos dias correntes, epílogo de um ciclo planetário, **vasculham-se os umbrais da Espiritualidade inferior**, reformando-se os museus de sofrimentos purgatoriais, forjados através de milênios inumeráveis...*

E que notamos, agora, no mundo, comprovando a observação?

(...) Os delitos passionais multiplicam-se em todos os continentes.

O quadro da criminalidade amplia-se, de ano para ano.

Alastram-se rebeliões em toda parte.

Cresce a onda de suicídios. Agrava-se o terrorismo.

À margem das religiões surgem espetáculos de fanatismo selvagem.

> *Nunca foram tão aperfeiçoadas e numerosas as organizações policiais e as técnicas belicistas nas guerras de morticínio e destruição.*
>
> *E a obsessão campeia, infrene, assumindo expressões e graus multiformes de loucura,* ***como a dizer que as regiões espirituais inferiores do planeta se fazem presentes no campo da vida física****.*
>
> *Tal fato, porém, não é razão para derrotismo, mas de profundo chamamento ao trabalho* [evangelizador e apocaliptizador das massas neste encerramento de ciclo].
>
> (Os destaques são de Paiva Netto.)

Diante disso, os sérios alertamentos à Igreja em Pérgamo se tornam ainda mais atuais, **conclamando nossos Espíritos à perseverança e à vivência da Fé Realizante, para preservarmos, ante tantas trevas, a pureza da Sacrossanta Doutrina legada pelo Cristo à Sua humanidade com o sacrifício do Seu sangue**. Caso contrário, não há outra consequência senão pessoalmente Jesus voltar-se contra tamanhos absurdos praticados em Seu Santo Nome.

Quem "julga e peleja com Justiça"

Percebam que o próprio Cristo de Deus confrontará Sua Igreja em Pérgamo. Ou seja, não adianta ninguém se esconder atrás de sua omissão, nem naquela hora espertamente dizer: *"eu avisei; eu bem que disse!"* Essa postura não será aceitável, pois **toda a congregação sofrerá os resultados de não ter agido enquanto havia tempo.**

O sentido de pelejar pode ainda ser esclarecido por outro versículo que já citamos neste estudo:

> — *Depois vi o céu aberto, e eis um cavalo branco.* ***O seu cavaleiro se chama Fiel e Verdadeiro e julga e peleja com justiça*** (Apocalipse, 19:11).

Quer dizer, **não é uma ação personalista do Cristo.** Simboliza **a rigorosa e total aplicação da Perfeitíssima Justiça Divina**, retribuindo **a cada um de acordo com as obras de cada um**, pois Ele *"julga e peleja com justiça"*. **Não há impunidade no Governo Celeste, tampouco castigo eterno, mas oportunidade bendita de redenção.**

A depuração espiritual pelo fogo

Tal peleja, travada com a espada afiada de dois gumes que sai da boca do cavaleiro do cavalo branco, está, portanto, **consubstanciada na Palavra de Deus**, conforme vimos. Notem que, na Sua *Oração ao Pai — A Oração Sacerdotal*, o Divino Ressuscitado afirma:

— *Pai, santifica-os na Verdade. A Tua Palavra é a Verdade.*

Jesus (João, 17:17)

Assim, para nos **santificar na Verdade de Deus**, é necessário promover **a depuração de tudo o que estiver errado, removendo com fogo espiritual as impurezas das nossas Almas**. Não poderá restar nenhum resquício de ignorância e equívoco. Já imaginaram a seriedade disso?

É o mesmo significado que encontramos naquela impressionante Profecia do Cristo, cujo sentido se expande para o **Templo do Deus Vivo**, que somos nós em essência e constituição:

— *Ao sair Jesus do templo, disse-Lhe um dos Apóstolos: Olha, Mestre, que pedras, que edifícios formidáveis. Disse-lhe Jesus: Vês todos esses grandes edifícios?* ***Não ficará pedra sobre pedra que não seja derribada*** (Evangelho, segundo Marcos, 13:1 e 2).

Não fiquem impressionados com a aparência material e superficial dos fatos. Cuidem para que **os pensamentos, palavras e ações estejam integrados em Deus, no Cristo e no Espírito Santo**. Trata-se da Sintonia Tríplice com Jesus, apregoada pela Religião do Terceiro Milênio, para sustentar a nossa existência na **Rocha Firme indestrutível — alicerce inabalável**

oferecido pelo Pai Celestial. O que estiver fora de tal fundamento não permanecerá de pé e desmoronará.

O cuidado com os falsos mestres

Para concluir meus comentários sobre esse versículo 16 do capítulo 2 do Último Livro da Bíblia Sagrada, recordo-me de uma passagem da Segunda Epístola de Pedro Apóstolo, capítulo 2, versículos de 1 a 11. Ela foi lida e comentada por mim durante aula da série radiofônica "O Apocalipse de Jesus para os Simples de Coração", em 22 de abril de 1991, estando na Igreja Ecumênica da Religião de Deus, do Cristo e do Espírito Santo, na cidade do Rio de Janeiro/RJ:

> **Os falsos mestres, seu caráter, obras e justo castigo**
>
> *1 Assim como, no meio do povo, surgiram falsos profetas, assim também haverá entre vós falsos mestres, os quais introduzirão, dissimuladamente, heresias destruidoras, até ao ponto de renegarem o Soberano Senhor que os resgatou, trazendo sobre si mesmos repentina destruição.*

É o que se vê hoje aí: **Jesus sendo negado até por aqueles que dizem crer em Seu Santo Nome, porém O rejeitam por meio dos maus atos que praticam. Leem o Mestre, sim... Mas O compreendem?!**

Benditos pés das Duas Testemunhas Mártires

Já imaginaram a decepção do Cristo com aqueles que desvirtuam o entendimento e a vivência de Seus ensinamentos? Que recebem tamanha dádiva, mas a nivelam à sua própria mediocridade e às influências que sofrem do mundanismo? Agindo assim, corrompem o Banquete Celestial disposto à sua frente. É contra esse tipo de desvio que devemos estar vigilantes, ó Juventude Ecumênica da Boa Vontade de todas as idades, para não permitir que isso ocorra com a sagrada vanguarda que está em nossas mãos.

E o Cristo Ecumênico, o Sublime Estadista, envia, por exemplo, grandes Emissários — na condição de Testemunhas Mártires — para soarem alto a trombeta da Sua Palavra, permitindo a eles **avançarem na revelação do Conhecimento Divino aos povos**, de maneira **progressiva**, consoante prometido pelo Mestre dos mestres:

> [16] *E Eu rogarei ao Pai, e Ele vos dará outro* ***Paráclito****, a fim de que* ***esteja para sempre convosco****,*
> [17] ***o Espírito da Verdade****, que o mundo não pode receber, porque não o vê, nem o conhece; vós o conheceis, porque* ***ele habita convosco e estará em vós****.*
>
> Jesus (João, 14:16 e 17)

O saudoso Irmão Zarur e eu temos dado as nossas vidas pela Quarta Revelação da Palavra de Deus. Que todos sintam na Alma o sagrado compromisso de serem **guardiões dessa riqueza espiritual que desce à Terra**, cuidando para que **nenhum til seja maculado**.

Onde espiritualmente os pés das Duas Testemunhas Mártires tocaram, a Extraordinária Presença de Jesus floresceu.

Ninguém brinca com a Justiça de Deus

Retornemos ao que profetizou Pedro, o Príncipe dos Apóstolos:

> [2] *E muitos seguirão as suas práticas libertinas, e, por causa deles, será infamado o caminho da Verdade.*

Isso está amplamente denunciado nas Cartas de Jesus às Suas Igrejas da Ásia, conforme temos visto. Está marcadamente em Éfeso, Pérgamo e Tiatira, com a menção aos nicolaítas, aos seguidores da doutrina de Balaão e de Jezabel. Mas também está nas graves advertências a Sardes e Laodiceia. Daí a importância da **evangelização e da apocaliptização das massas, para a vivência plena do Amor de Deus**.

3 Também, movidos por avareza, farão comércio de vós, com palavras fictícias; para eles o juízo lavrado há longo tempo não tarda, e a sua destruição não dorme.

Ih, quem assim procede tem uma destinação que não causa inveja a ninguém! Podem dizer por aí:

— *Mas estão com grandes projeções no mundo!*

Não se engane com isso, minha Irmã ou meu Irmão, a fama terrena é passageira e **ninguém brinca com a Justiça de Deus**! Ela não falha! Teremos todos de **prestar severas contas ao Tribunal Celeste do bom ou mau uso dessa influência sobre as massas**. Nada passa despercebido aos seus olhos. Cada fio de cabelo que cai das nossas cabeças é contabilizado[87]. **Tudo neste mundo pode ficar fora do controle dos seres humanos, mas nada escapa ao comando de Deus.** Portanto, **quanto mais perto Dele, mais longe dos problemas.**

Repito o que dizia Paulo, o Apóstolo dos Gentios:

— *De Deus não se zomba. Aquilo que o homem semear, isso mesmo terá de colher* (Epístola aos Gálatas, 6:7).

---

[87] Boa Nova do Cristo, segundo Lucas, 21:18.

As Normas Celestes são implacáveis

Voltamos aqui ao Apóstolo Pedro, a partir do versículo 4 do capítulo 2 de sua Segunda Epístola:

> 4 *Ora, se Deus não poupou os Anjos quando pecaram, antes, precipitando-os no inferno, os entregou a abismos de trevas, reservando-os para juízo;*

Percebam novamente a similitude com a estrela caída citada na Quinta Trombeta[88], que já sabemos simbolizar espíritos malévolos expulsos do Céu, pois estava insustentável sua permanência lá pelo renitente ódio e desamor que instilavam.

> 5 *e não poupou o mundo antigo, mas preservou a Noé, pregador da justiça, e mais sete pessoas, quando fez vir o dilúvio sobre o mundo de ímpios;*
> 6 *e, reduzindo a cinzas as cidades de Sodoma e Gomorra, ordenou-as à ruína completa, tendo-as posto como exemplo a quantos venham a viver impiamente;*
> 7 *e livrou o justo Ló, afligido pelo procedimento libertino daqueles insubordinados*
> 8 *(porque este justo, pelo que via e ouvia quando habitava entre eles, atormentava a sua Alma justa, cada dia, por causa das obras iníquas daqueles),*

[88] Apocalipse, 9:1.

[9] é porque o Senhor sabe livrar da provação os piedosos e reservar, sob castigo, os injustos para o Dia do Juízo,
[10] especialmente aqueles que, seguindo a carne, andam em imundas paixões e menosprezam qualquer governo. Atrevidos, arrogantes, não temem difamar autoridades superiores,
[11] ao passo que Anjos, embora maiores em força e poder, não proferem contra elas juízo infamante na presença do Senhor.

Eis aí, minhas Irmãs e meus Irmãos, a ação ao mesmo tempo implacável e misericordiosa da Lei de Deus. **Seu fundamento é o Amor Divino, que se expressa no mais elevado sentido de Justiça, jamais justiçamento.**

Jesus, o cavaleiro do cavalo branco, com a espada afiada de dois gumes que sai da Sua boca, julga e peleja com **Magna Autoridade e elevado senso de Justiça Perfeita**, a fim de **nos salvar dos erros e dos comodismos mundanos a que nos submetemos**, rompendo os grilhões da ignorância espiritual.

Louvado seja Nosso Senhor Jesus Cristo! Para sempre seja louvado!

O saudoso Irmão Zarur e eu [Paiva Netto] temos dado as nossas vidas pela Quarta Revelação da Palavra de Deus. Que todos sintam na Alma o sagrado compromisso de serem guardiões dessa riqueza espiritual que desce à Terra, cuidando para que nenhum til seja maculado.

O RECONHECIMENTO ESPIRITUAL DE JESUS

[17] Quem tem ouvidos de ouvir ouça o que o Espírito diz às Igrejas do Senhor. Ao vencedor Eu darei do maná escondido, bem como uma pedrinha branca, e sobre ela escrito um nome novo, que ninguém conhece, exceto aquele que o recebe.

(Apocalipse, 2:17)

Chegamos ao último versículo da Carta de Jesus à Igreja em Pérgamo. Que jornada espiritual extraordinária! Quantos ensinamentos temos aprendido pela Misericórdia Divina. Saímos ou não melhores desse estudo? Tenho a esperança de que responderam sim. A mim, sempre me faz bem e renova minha Alma diante das lutas que enfrentamos para manter de pé todo esse esforço de Boa Vontade dessas Casas Santas.

O que o Espírito de Deus está dizendo aos seguidores do Cristo em Pérgamo? Qual o sentido desse desfecho?

Por princípio, a vitória diante de tantos desafios é possível e esperada: ***"ao vencedor"***. **O Divino Mestre não nos relega à derrota, jamais!** Depende de nós alcançarmos o êxito com as nossas capacidades, nossos dons ou nossos talentos, como queiram chamar. **O que cabe ao Sublime Administrador, certamente Ele o fará.** Por isso, bradamos na Religião do Amor Universal: **todas as vitórias estão decididamente ao nosso alcance pela força do nosso próprio e valoroso trabalho**.

O maná escondido

E quais as recompensas após tanto empenho? A primeira delas é **o maná escondido**. O que vem a ser isso? Precisamos novamente recorrer ao Antigo Testamento da Bíblia, pois acontecerá um fenômeno espiritual com o povo hebreu, recém-saído do Egito, quando ainda estava no deserto. Eles começaram a resmungar contra Moisés por tê-los tirado da escravidão, atravessado todo um deserto e os levado, com isso, a passar fome e sede em meio ao nada. Vejamos o relato em Êxodo, 16:1 a 5:

Deus envia o maná

1 Partiram de Elim, e toda a congregação dos filhos de Israel veio para o deserto de Sim, que está entre Elim e Sinai, aos quinze dias do segundo mês, depois que saíram da terra do Egito.

2 *Toda a congregação dos filhos de Israel murmurou contra Moisés e Arão no deserto;*
3 *disseram-lhes os filhos de Israel: Quem nos dera tivéssemos morrido pela mão do Senhor, na terra do Egito, quando estávamos sentados junto às panelas de carne e comíamos pão a fartar! Pois nos trouxestes a este deserto, para matardes de fome toda esta multidão.*

Que ingratos! Deus os livrou daquela situação miserável e eles preferindo a servidão só em troca do alimento material. É o que, de certa forma, estava acontecendo em Pérgamo, cujos seguidores queriam ficar bem com os poderes locais em troca de regalias, ou até mesmo de migalhas, como geralmente ocorre, ao passo que o Criador nos quer oferecer Sua plenitude. Para "se darem bem", faziam concessões, os famosos "puxadinhos", para acomodarem o mundanismo nos puríssimos fundamentos doutrinários trazidos pelo Cristo, corrompendo-os. É uma escravidão do mesmo jeito, sendo que o Pai Celestial enviou ao mundo Seu Filho Unigênito para conceder **a verdadeira Liberdade, a espiritual**, para usufruto de todos os habitantes do planeta, onde quer que se encontrem — na Terra e no Espaço.

Retomemos os versículos do Antigo Testamento:

4 *Então, disse o Senhor a Moisés: Eis que vos farei chover* ***pão do céu****, e o povo sairá e colherá diaria-*

mente a porção para cada dia, para que Eu ponha à prova se anda na minha lei ou não.
5 *Ocorrerá que, ao sexto dia, prepararão o que colherem; e será o dobro do que colhem cada dia.*

É a fartura de Deus sustentando quem a Ele se mantém fiel! Não há o que temer nem mesmo perante as necessárias preocupações materiais, pois tudo será equacionado sem comprometermos o que é primordial: **o Espírito**.

O Celeste Provedor afiançou nesta, reiteramos, **Fórmula Urgentíssima de Jesus**, conforme o saudoso Irmão Zarur batizou este versículo bíblico, e que eu denomino **a Fórmula Urgentíssima Econômica do Cristo**:

— *Buscai, pois, primeiramente o Reino de Deus e Sua Justiça, e todas as coisas materiais vos serão acrescentadas* (Boa Nova, segundo Mateus, 6:33).

O alimento espiritual

Mais adiante, ainda em Êxodo, temos uma descrição do que se tratava essa substância chamada pelos hebreus de "maná" — palavra que significa "que é isto?" — e que os alimentou durante os 40 anos em que estiveram no deserto até entrarem em Canaã:

> [31] *Deu-lhe a casa de Israel o nome de maná; era como semente de coentro, branco e de sabor como bolos de mel* (Êxodo, 16:31).

Nas suas famosas preleções da série "Lições Bíblicas", o saudoso Irmão Zarur explicou este detalhe do versículo 17 do capítulo 2 do Apocalipse — ***"(...) Ao vencedor Eu darei do maná escondido"***:

> *— Havia um maná ostensivamente descoberto, dado aos hebreus conduzidos por Moisés no grande Êxodo. Mas esse é o maná escondido. Você sabe o que é? Vamos passar o espanador na memória? Exatamente.* ***O maná escondido é alimento espiritual****, é aquela* ***secreta consolação com que Deus sustenta Seus filhos*** *na peregrinação por este mundo, que não é coisa muito boa não! Viver aqui embaixo com tanta fera engravatada ou de vestido da última moda, eu vou te contar, como diz o outro. Mas a todos aqueles fiéis, como esses Legionários dignos desse nome, será dado o maná escondido, é* ***o alimento secreto que vem do Céu****, especialmente para eles.*

Jesus, o Pão Vivo que desceu do Céu

Para entender o que é esse maná escondido prometido por Jesus, podemos relacionar essa passagem com a revelação espiritual que Ele fez ao povo, após O procurarem não pela verdadeira libertação que Ele oferecia, com **Sua Divina Mensagem**, mas porque se alimentaram na extraordinária multiplicação de pães e peixes. Vamos ao Santo Evangelho, segundo João, 6:31 a 40 e 48 a 51. Logo de início, alguém da multidão, que antes perguntara que sinal Jesus operava para que pudessem crer, exclamou:

> 31 *Nossos pais comeram o maná no deserto, conforme está escrito: Deu-lhes a comer pão do céu.*
> 32 *Ao que lhes replicou Jesus: Em verdade, em verdade vos digo: Moisés não vos deu o pão do céu; mas meu Pai vos dá o verdadeiro Pão Divino;*
> 33 ***Porque o Pão de Deus é o que desce do Céu e dá Vida ao mundo.***
> 34 *Disseram-Lhe então: Senhor, dá-nos sempre desse Pão!*
> 35 ***Eu sou o Pão da Vida — declarou-lhes o Cristo —, quem vem a mim de forma alguma terá fome; e quem crê em mim jamais terá sede!***
> 36 *Mas Eu vos disse que me tendes visto, e não credes.*
> 37 *Tudo que o Pai me dá virá a mim; e aquele que vem a mim de modo nenhum o lançarei fora.*
> 38 ***Porque Eu desci do Céu, não para fazer a minha vontade, mas a vontade Daquele que me enviou.***
> 39 *A vontade Daquele que me enviou é esta: que Eu nada perca de tudo o que Ele me deu,* ***mas que Eu o ressuscite no último dia.***

40 *Esta é, pois, a vontade de meu Pai: que todo aquele que vê o Filho e Nele creia tenha a Vida Eterna; e Eu o ressuscitarei no último dia. (...)*
48 ***Eu sou o Pão da Vida!***
49 *Vossos pais comeram o maná no deserto, mas morreram.*
50 ***Este é o Pão que desceu do Céu, para que todo aquele que dele comer não pereça.***
51 ***Pois, Eu sou o Pão Vivo que desceu do Céu; e se alguém comer deste Pão, viverá eternamente; e o Pão que Eu darei para a Vida do mundo é a minha própria carne.***

Isto é, **a Sua Santa Doutrina**, fartamente disposta à mesa de todas as criaturas espirituais e humanas, sejam elas pertencentes a qualquer cultura, etnia, nação, filosofia, crença ou descrença. **Ao mesmo tempo que a Palavra de Deus corta na forma de espada afiada de dois gumes que sai da boca do Cristo**, eliminando nos Dois Planos os equívocos, enganos e comodismos, **ela também alimenta a Alma para que tenhamos saciedade espiritual** e vivamos livres da ignorância e do erro.

Em suma, **o maná escondido é aquela sublime porção individual, particularíssima**, por isso mesmo ele está oculto aos olhos alheios, exceto para quem recebe esse pábulo fortalecedor diretamente das Mãos Benditas de Jesus, na proporção exata dos seus feitos na Terra.

Honremos o Excelso Provedor e nunca nos faltará à despensa da Alma esse *"Pão Vivo que desceu do Céu!"*

A pedrinha branca

A segunda recompensa prometida por Jesus aos fiéis de Pérgamo, que não cederam às chantagens do mundo nem se corromperam, é:

> — *uma pedrinha branca, e sobre ela escrito um nome novo, que ninguém conhece, exceto aquele que o recebe* (Apocalipse, 2:17).

Há muitos possíveis significados para essa pedrinha branca, por isso não vamos nos alongar nesse tópico. Uma dessas explicações o saudoso Irmão Zarur apresentou na série radiofônica "Lições Bíblicas":

> — *Nos julgamentos, se davam aos réus por absolvidos e nos certames públicos também se marcavam a vitória com uma pedrinha branca. E é por alusão a este costume, que receber uma pedrinha branca significa uma sentença favorável, um testemunho de vitória dos fiéis de Cristo Jesus.*

Símbolo da Amizade do Cristo

Outra prática antiga envolvendo o uso de uma pedrinha branca é esta que trazemos, a partir do estudo também citado pelo líder adventista Uriah Smith (1832-1903), feito pelo clérigo protestante britânico Henry Blunt (1794-1843):

Uriah Smith

Henry Blunt

— *Nos tempos primitivos, quando as viagens eram difíceis por falta de lugares de alojamento público, os particulares exerciam em larga escala a hospitalidade de que encontramos frequentes vestígios em toda a História, e em particular na do Antigo Testamento. As pessoas que se beneficiavam desta hospitalidade e as que a praticavam, frequentemente, contraíam hábitos de amizade e de consideração mútua. E tornou-se costume arraigado entre os gregos e os romanos dar ao hóspede algum sinal particular, que passava de pais a filhos, e que garantia hospitalidade e bom tratamento sempre que era apresentado. Este sinal era geralmente uma pequena pedra ou seixo, cortado ao meio, em cujas metades tanto o hospedeiro como o hóspede inscreviam os seus nomes, trocando-as depois entre si. A apresentação desta pedra era o suficiente para assegurar a amizade para si e para os descendentes sempre que de novo viajassem na mesma direção. É evidente que estas pedras deviam ser bem guardadas, e os nomes escritos nelas cuidadosamente ocultos, para que outros não obtivessem os privilégios em vez das pessoas a quem eram destinadas.*

Entenderam? Era uma espécie de **passaporte** ou de um **salvo-conduto — um símbolo de amizade**. Em uma época em que não havia internet, as pessoas se tornavam amigas e se davam essa pedrinha branca, com um nome escrito, geralmente era o de família. Por exemplo: alguém chamado Francisco de Paula de Assis (a junção de dois grandes Santos) tinha amigos pelo mundo inteiro naquele tempo, e um deles ia, às vezes, a uma cidade e precisava de abrigo, de companheirismo, de ajuda. Então, procurava alguém da família do Francisco ou da extrema confiança dele e mostrava a pedrinha com o nome. Aí ficavam estabelecidos os laços que permitiriam o sucesso dos empreendimentos que seriam iniciados.

Por isso, você tinha que guardar bem aquela pedrinha branca, pois, se ela caísse na mão de outro, poderia ser usada, servia até pelas gerações. Vejam a importância de haver harmonia entre as diversas faixas etárias, pois uma se beneficia da outra. Eis a razão de eu sempre destacar que, **na Religião de Deus, do Cristo e do Espírito Santo, não alimentamos clima para conflito de gerações. Pelo contrário: aliamos ao patrimônio da experiência dos mais velhos a energia dadivosa dos mais moços.** Recordemos que "dividir para reinar" é o sinete do anti-Cristo, e nós, sumariamente, o queremos afastado dos Legionários da Boa Vontade e Cristãos do Novo Mandamento, Amigos de Jesus.

Percebam o que Celeste Pastor está nos entregando: **um símbolo sagrado de Sua Divina Amizade, para que sejamos bem-recebidos no Seu Reino de Glória**, que não está tão somente em um Céu distante, mas se estabelece na Terra também. Por isso, o nobre Dr. Bezerra de Menezes (Espírito) insiste tanto que estudem a página intitulada "A abrangente missão do Templo da Boa Vontade", constante do segundo volume das *Sagradas Diretrizes Espirituais da Religião de Deus, do Cristo e do Espírito Santo* (1990), a fim de que entendam e vivam **a União Consciente das Duas Humanidades** (a de baixo aliada à de Cima). Tudo isso é o Reino de Deus e assim o será. Por que o que vai acontecer ao toque da Sétima Trombeta? ***"O reino do mundo se tornará de nosso Deus e do Seu Cristo"***[89]. Graças a Deus!

Identidade espiritual renovada no Divino Pastor

Durante a Cruzada do Novo Mandamento de Jesus no Lar, que realizei no dia 30 de setembro de 1997, estando no Porto, em Portugal, afirmei: Ora, nós **queremos ser vencedores para merecer esse maná escondido**, quer dizer, esta **Revelação Divina** que nos leva à sobrevivência

[89] Apocalipse, 11:15.

em todos os sentidos. Estejamos, portanto, **integrados em Deus, no Cristo e no Espírito Santo.**

E a credencial é essa pedrinha branca, similar à sua função na Antiguidade. Entretanto, esse **passaporte espiritual** ofertado pelo Mestre Supremo **nos conduz ao conhecimento da Verdade de Deus**, visto que nele está escrito "*um nome novo que ninguém conhece, exceto aquele que o recebe*". Sim, porque se caísse na mão de uma pessoa estranha que descobrisse o nome oculto, ela poderia valer-se daquele recurso para indevidamente explorar alguém.

Esse novo nome para nós **é um Nome Eterno** que estamos passando a conhecer cada vez mais: **Jesus, o Cristo Ecumênico, o Divino Estadista.**

Quando nos tornamos um com Ele, mais nos renovamos espiritualmente e nós próprios passamos a ser chamados por um novo nome, oriundo da nossa **identidade plena em Jesus**, com a **vivência completa de Seus fraternais ensinamentos. Cada um constrói a sua própria história com o Supremo Governante do planeta Terra**, não há intermediários nem cambistas. Por isso, **só aquele que recebe em si o Cristo saberá reconhecer o novo nome e vice-versa.**

Sermos mais que conhecidos, porém reconhecidos pelo Amigo Celeste

Não foi essa profunda transformação espiritual que

aconteceu com Jacó? Está naquela passagem do Gênesis, 32:22 a 32, quando ele enfrentou um Emissário Celeste e, ao fim do duelo, se sente modificado a tal ponto que recebe a Bênção Divina e um novo nome: Israel, cujo significado é "Deus luta".

E com Simão? O pescador da Galileia que foi batizado pelo Cristo de Deus como Pedro (Boa Nova, segundo João, 1:42), o Apóstolo que é a pedra sobre a qual seria edificada a Igreja do Senhor (Evangelho, segundo Mateus, 16:18). E Saulo de Tarso? Aquele que caiu do cavalo ao se deparar com a Inigualável Luminosidade de Jesus e passou de ferrenho perseguidor a fervoroso defensor. Nas suas viagens missionárias, então, torna-se Paulo, que significa "pequeno".

É do Bom Pastor este alento ao nosso coração:

> — *(...) as ovelhas ouvem a sua voz, **ele chama pelo nome as suas próprias ovelhas** (...).*
>
> (Boa Nova, segundo João, 10:3)

Neste fim dos tempos, com o já mencionado toque da Sétima Trombeta, **o maná não mais será escondido**, pois

> — *Não há nada oculto que não venha a ser revelado* (Evangelho, consoante Lucas, 12:2).

Todos os segredos de Deus são revelados aos Seus fiéis servidores, em particular aos Profetas. O maná, que antigamente era envolto por grande mistério, deixará de sê-lo, pois **Jesus vem e tudo revela aos Simples e Humildes de Coração**, cortando, de cima a baixo, do Céu à Terra, os véus da ignorância e do desconhecimento com a espada afiada de dois gumes que sai da Sua boca — Seu Santo Evangelho-Apocalipse:

> — *Mas nos dias da voz do Sétimo Anjo, quando ele estiver para tocar a trombeta,* ***cumprir-se-á então o mistério de Deus, conforme Ele anunciou aos Seus servos, os Profetas*** (Apocalipse, 10:7).

E qual é o Mistério de Deus por Jesus Cristo revelado?

> — *Novo Mandamento vos dou:* ***amai-vos como Eu vos amei. Somente assim podereis ser reconhecidos como meus discípulos.*** *(...) Não há maior Amor do que doar a própria vida pelos seus amigos.* ***E vós sereis meus amigos se fizerdes o que Eu vos mando.*** *E Eu vos mando isto: amai-vos como Eu vos amei. Já não mais vos chamo servos, porque o servo não sabe o que faz o seu senhor;* ***mas tenho-vos chamado amigos, porque tudo quanto aprendi com meu Pai vos tenho dado a conhecer.*** *Não fostes vós que me escolhestes; pelo contrário,* ***fui Eu que vos escolhi*** *e vos designei para que vades e deis bons*

frutos, de modo que o vosso fruto permaneça, a fim de que tudo quanto pedirdes ao Pai em meu nome Ele vos conceda.

(Evangelho, segundo João, 13:34 e 35; e 15:13 a 16)

Assim sendo, minhas Irmãs e meus Amigos, minhas Amigas e meus Irmãos, se quisermos receber o **maná escondido** e a **pedrinha branca** com um novo nome, isto é, o **Penhor da Sua Amizade**, o **Selo de Deus** sobre nossas frontes — jamais a marca da besta! —, eis aí a chave que o Divino Mestre nos entrega: **a vivência do Seu Novo Mandamento, a Sua Ordem Suprema. Ela é a expressão máxima do Amor e da Justiça Divinos**, que nos sustentará eternamente ante os desertos do caminho, sem precisarmos nos corromper e nos subjugar a falsos mestres, ídolos ou poderes ilusórios e mundanos, com seus feitiços e encantamentos pueris.

Jesus, o Pão Vivo que desceu do Céu, garante mais que nos conhecer: **Ele nos reconhece**, a partir da **prática das Boas Obras sustentadas na Perseverança e na Fé Realizante**.

Portanto, não há o que temer! Sigamos em frente com as Potestades Celestiais ao nosso lado, porque

Deus Está Presente!
E Jesus — o Nome Eterno — vive para sempre em nossos corações!

ADENDO

Música que toca a Alma

Academia Jesus, o Cristo Ecumênico, o Divino Estadista *— Antes da prece de encerramento deste estudo extraordinário de "O Apocalipse de Jesus para os Simples de Coração", gostaríamos de brindar a todos vocês com uma bela melodia do escritor-compositor* ***Paiva Netto****.*

Estávamos ultimando este trabalho para ser lançado durante as celebrações dos 35 anos do Templo da Boa Vontade — a Pirâmide das Almas Benditas, a Pirâmide dos Espíritos Luminosos —, quando fomos presenteados com a apresentação da nova música do Irmão Paiva. O título dela é extremamente sugestivo para um livro que respira Apocalipse: "Jesus novamente entre nós!" *E qual é o maior acontecimento do Último Livro da Bíblia Sagrada senão o Seu Magnífico Retorno?*

> — *Eis que venho sem demora, e comigo está o galardão que tenho para retribuir a cada um segundo as suas próprias obras* (Apocalipse, 22:12).

Jesus novamente entre nós!

Música, letra e narração: Paiva Netto, inspirado no Redentor Apocalipse de Jesus, 21:3 e 4
Arranjo: Vanderlei Pereira
Interpretação: Orquestra e Coral Ecumênico Boa Vontade

Abertura
Narração do Irmão Paiva Netto:
Apocalipse de Jesus para os Simples de Coração, capítulo 21: *"Novo Céu, Nova Terra"*. É a Renovação Espiritual de que tanto os povos precisam. Sim, os povos precisam muito de Renovação Espiritual, para que realmente venhamos a habitar um Novo Céu e uma Nova Terra, com a Nova Jerusalém, prometidos por Jesus no Apocalipse àqueles que perseverarem até o fim!

Coral canta:
Avante, pois,
Guerreiros do Cristo! (Do Cristo!)
Construtores corajosos da Paz de Deus
entre os seres humanos na Terra!

Avante!
Jesus nos aguarda lá adiante!
Avante! Avante!

Glória a Ti, ó Cristo de Deus,
Excelso Condutor de nossas vidas,
Soberano Senhor de todas as Igrejas!
Amém!

Em Tuas Sagradas Mãos, Senhor,
as nossas vidas!

Coral brada:
E o Apocalipse do Cristo
nos conforta e revela:

Coral canta:
"Deus habitará com eles.
Eles serão Seu povo,
e o próprio Deus,
no meio deles, será o seu Deus."

"E lhes enxugará dos olhos toda lágrima,
não haverá mais morte,
não haverá mais luto,
não haverá mais pranto,
nem gritos, nem dor,
porque as primeiras coisas passaram."

Coral canta:
"Deus habitará com eles.

Eles serão Seu povo, e o próprio Deus,
no meio deles, será o seu Deus."

Em Tuas Sagradas Mãos, Senhor,
as nossas vidas, as nossas vidas!

Glória a Ti, ó Cristo de Deus,
Excelso Condutor de nossas vidas!
Soberano Senhor de todas as Igrejas!
Amém! Amém! Amém!

Baixe o leitor QR Code, fotografe o código e ouça a música.

Em 13 de setembro de 2024, o compositor Paiva Netto, ao receber a gravação final de sua peça musical, que teve sua primeira audição em 21 de setembro — a partir da Igreja Ecumênica da Religião de Deus, do Cristo e do Espírito Santo, em São Paulo/SP, durante a Cruzada do Novo Mandamento de Jesus —, endereçou palavras de entusiasmo e felicitações a todos os Irmãos envolvidos nesse brilhante trabalho: maestro, coral, orquestra, instrumentistas e produtores legionários.

Disse o Presidente-Pregador da Religião Divina:

Deus Está Presente!
Jesus Está Chegando!

Parabéns a todos por proclamarem belamente — com o coração e a Alma — a presença de Nosso Senhor Jesus Cristo entre nós; e por perseverarem no Supremo Objetivo da Religião de Deus, do Cristo e do Espírito Santo.

Brilhem, minhas Irmãs, brilhem, meus Irmãos da Arte a serviço de Deus, no ParlaMundi da LBV e no Templo da Boa Vontade. Convidem os Cristãos do Novo Mandamento, Amigos de Jesus, que lá estejam presentes, e também os que estiverem em suas residências, a cantar juntos, sob a excelsa vibração do Espetáculo Música Legionária dos Dois Planos: Espiritual e Material.

Quando o povo está entoando essas elevadíssimas composições — sejam os peregrinos no Templo da Boa Vontade, os adeptos nas Igrejas Ecumênicas da Religião do Amor Universal ou o público ouvinte e telespectador em suas residências —, os Espíritos de Deus descem e amparam os seus corações.

Assim, a ligação espiritual com os Anjos Guardiães realmente aumenta e mais Bênçãos Celestes são derramadas em todos os que cantam com o sentimento.

Lembrem-se de que esses Amigos Celestes estarão conectados com todos vocês. Portanto, sintonia, sintonia e sintonia com aqueles que realmente podem e querem nos ajudar a cumprir a Ecumênica Missão Legionária na Terra, essas Almas Benditas da Humanidade de Cima Superior!

Que as Bênçãos de Deus estejam sobre todos vocês e suas queridas famílias!

É Jesus entre nós no TBV!

Com a minha gratidão,

Viva Jesus em nossos corações para sempre!

José de Paiva Netto
Presidente-Pregador da Religião de Deus,
do Cristo e do Espírito Santo

O escritor Paiva Netto em seu gabinete de trabalho

PRECE PELA EXPANSÃO DA CONSCIÊNCIA LEGIONÁRIA DA BOA VONTADE DE DEUS

(Parte 1)

Academia Jesus, o Cristo Ecumênico, o Divino Estadista *— Quantas Luzes Espirituais nossas Almas absorveram em mais essa oportunidade de aprendizagem, a partir das imortais lições do Excelso Professor! Já nos preparando para o encerramento dessa jornada pela Carta de Jesus à Sua Igreja em Pérgamo, vamos orar e, ao mesmo tempo, ascender mais alguns degraus nesse Conhecimento Espiritual. Para isso, separamos uma instrutiva e comovente prece do Presidente-Pregador da Religião do Amor Universal, proferida de improviso por ele em seu gabinete espiritual no prédio da Comunicação 100% Jesus, em São Paulo/SP, no dia 20 de dezembro de 1996 (sexta-feira), quando* *tratava da Expansão da Consciência Legionária da Boa Vontade de Deus.*

***Paiva Netto**, tocado pelo Espírito Santo, nos revela:*

Preparação para a prece

Queridíssimas Cristãs e estimados Cristãos do Novo Mandamento, Amigos de Jesus, da Terra e do Céu da Terra, vamos orar. Preparemos essa ambiência celestial para elevarmos aos Maiores da Espiritualidade Ecumênica, às Almas Benditas, as nossas mais íntimas súplicas.

Estamos neste gabinete espiritual da Comunicação 100% Jesus, em São Paulo, na Av. Rudge, 938, após uma reunião com diversos componentes do alto comando das Instituições da Boa Vontade. Chamei esse encontro de **"Para o fortalecimento do Caráter Legionário"**, no sentido doutrinário, para a **"Expansão da Consciência Legionária da Boa Vontade de Deus"**. Trata-se da consolidação de nossa crença sob o crivo da Solidariedade sem fronteiras, do Ecumenismo Irrestrito, do Ecumenismo Total, do Ecumenismo dos Corações Fraternos, do Ecumenismo Divino, dos esclarecimentos a respeito do sublime significado do Evangelho-Apocalipse de Jesus. Isso resulta na fraterna convivência entre as criaturas, quaisquer que sejam suas crenças ou não crenças, posições ideológicas, políticas, econômicas, científicas, filosóficas, artísticas etc., ou mesmo independentemente de etnias — apesar de acreditarmos que somente exista uma: a Raça Universal dos Filhos de Deus. Enfim, todo esse conhecimento espiritual-humano reunido sob o Sol da Caridade, que é **Jesus, nosso Senhor, a Luz que não cria sombras**.

Compromisso que não cessa com a morte

O saudoso Fundador da Legião da Boa Vontade, Alziro Zarur (1914-1979), bradava: ***"A LBV é uma Obra Divina"***. E completou: ***"Por ela vale a pena lutar"***. Dizia ainda: ***"A Legião da Boa Vontade é um compromisso que não cessa nem com a morte"***. Porque a morte não existe, e crer que ela seja o fim de tudo é o grande equívoco da humanidade. Por isso, não faz sentido algum nossos Irmãos pensarem que encontrarão no suicídio a solução para os seus problemas, isso é um enorme engodo perpetrado contra si mesmos. Terão que repetir tudo, para vencer as dificuldades das quais fugiram. E procurando a morte, descobrirão Vida, e muita Vida no Mundo Invisível.

A ignorância a respeito desse fato também acarreta gigantes prejuízos às Almas daqueles que provocam a guerra, o genocídio, a efebofilia, a pedofilia, a escravidão, o racismo, a covardia contra os animais, o desmatamento, o envenenamento ambiental (das águas, do ar, do solo), entre outras atrocidades. Afinal, **todos seremos julgados pela incorruptível Justiça de**

Deus, que *"dará a cada um de acordo com as suas próprias obras"*[90]. **Não há injustiça nos Mecanismos Celestes.** A Lei Universal da Reencarnação, por ser um seu dispositivo, explica todas as aparentes contradições de nossa existência.

Uma Política que respeita os Ditames Divinos

Que tal nos empenharmos, cada vez mais, para compreender melhor esses Estatutos Celestes?! A Política de Deus — Política para o Espírito Eterno do ser humano — está aí para nos ajudar nessa empreitada. Basta que queiramos nos valer desse **tesouro intrínseco à nossa natureza espiritual**, visto que **a riqueza do Brasil ou de qualquer nação está no coração e na Alma de seu povo**, muito mais do que nos meios unicamente econômicos. **É o ser humano o gerador da fartura ou da pobreza.** Ele, sim, é o responsável por criar as soluções ou o irresponsável por provocar os problemas que afligem ou fustigam os cidadãos de todo o orbe, com uma governança atrabiliária, longe dos Ditames Divinos.

É isso o que a Política de Deus vem corrigir, por exemplo, com a Educação com Espiritualidade Ecumênica, porquanto não é suficiente abrir os livros, a simples leitura com o consumo de informações, que, aliás,

---

90 Evangelho de Jesus, segundo Mateus, 16:27; e Apocalipse, 22:12.

é necessária. Contudo, **fundamental é que todos saibam que há que se cuidar muito bem de nossa Parte Eterna, a Alma, com o Conhecimento Sublime que ilumina a Educação, para que floresça a verdadeira Cultura, que é a do Espírito**. E, essa, reconhece a Vida de maneira perene, entende as consequências espirituais, éticas, econômicas, sociais e políticas de uma Sabedoria Divina, que vai adiante das letras humanas.

Não basta crer na Eternidade da Vida, precisamos agir de acordo com a consciência que nos traz esse aprendizado de que ela é inextinguível. Com isso em mente, entenderemos bem esta assertiva do Irmão Zarur:

— *Não há morte em nenhum ponto do Universo.*

Cultura nova

Portanto, é indispensável **educar com a Espiritualidade Ecumênica** para que haja uma **Cultura nova**, que promova a limpeza do Espírito, encarnado ou não. Essa é a Cultura que nos propicia a **Expansão da Consciência Legionária da Boa Vontade de Deus**.

Somente dessa maneira, iremos frear a catástrofe predita pelo Profeta Isaías, no capítulo 24, versículo 5 do seu extraordinário livro, no Antigo Testamento da Bíblia Sagrada:

— *Na verdade, a Terra está contaminada por causa dos seus moradores; porquanto transgridem as leis, violam os estatutos e quebram a aliança eterna.*

Tudo tem consequências neste mundo. Ainda mais uma tentativa dessas de burlar os Estatutos de Deus. E é justamente sobre isso que o Profeta vaticina no versículo 6 do mesmo capítulo 24:

— *Por esse motivo, a maldição consome a Terra, e os que habitam nela serão desolados; por isso serão queimados os moradores da Terra,* ***e poucos homens restarão****.*

A Expansão da Consciência Legionária da Boa Vontade de Deus é a consolidação de nossa crença sob o crivo da Solidariedade sem fronteiras, do Ecumenismo Irrestrito, do Ecumenismo Total, do Ecumenismo dos Corações Fraternos, do Ecumenismo Divino, dos esclarecimentos a respeito do sublime significado do Evangelho-Apocalipse de Jesus.

PRECE PELA EXPANSÃO DA CONSCIÊNCIA LEGIONÁRIA DA BOA VONTADE DE DEUS

(Parte 2)

O Apocalipse expande nossa Consciência Espiritual

O Apocalipse de Jesus é um livro a ser levado muito a sério. Tudo o que ali está prometido tem se realizado pelos séculos, está se realizando e se realizará até o final do que foi por Deus revelado ao Cristo, e que Ele, por intermédio de um Anjo, fez chegar à coragem de João Evangelista. E João não se negou a cumprir o que lhe ordenara Jesus — *"O que vês escreve em livro"*[91]—, pois se considerava companheiro dos seus Irmãos não somente na alegria, mas também no sofrimento, conforme leremos a seguir em "A Visão de Jesus Glorificado".

---

[91] Apocalipse, 1:11.

Embora já tenhamos explicado essa passagem do Apocalipse, vocês entenderão o motivo de apresentá-la novamente nesta ocasião. Abri a Bíblia Sagrada ao acaso, enquanto fazíamos a preparação de nossa prece de encerramento desta reunião para o **Fortalecimento do Caráter Legionário**, tendo em vista a **Expansão da Consciência Legionária da Boa Vontade de Deus**. Um encontro que visa ao Bem no seu aspecto máximo, porque ele é Deus, o Cristo e o Espírito Santo. Visto que, se labutamos para que ocorra essa abertura das mentes para a Espiritualidade Ecumênica, é com o objetivo de que **todos possam ter aclarada sua visão acerca do Cristo sem algemas, sem arestas, liberto dos grilhões humanos, logo, do Jesus Glorificado, Magnânimo, do Filho de Deus, Cofundador com o Pai do planeta que habitamos**.

Estes versículos trazem um olhar transcendental de João. Nele, não enxergamos a figura do Cordeiro imolado, todavia **o próprio Verbo em Seu resplendor**. Sua morfologia espiritual transcende os limites da matéria e se expressa em símbolos que ecoam através de nossas mentes finitas que, atônitas, veem a manifestação de um **Poder inimaginável** à Biologia humana.

Então, vamos ao que registra o Evangelista-Profeta, e a nossa explicação será a nossa prece, rogando desde já ao Divino Ressuscitado que **fortaleça exponencialmente o nosso Caráter Legionário**, de maneira que

nossa Consciência Cristã do Novo Mandamento do mesmo modo se expanda:

A Visão de Jesus Glorificado

(Apocalipse, 1:9 a 20)

9 *Eu, João, irmão vosso e companheiro na tribula-*
ção, no reino e na perseverança, em Jesus, encontrei-
-me na ilha chamada Patmos, por causa da Palavra
de Deus e do Testemunho de Jesus Cristo.
10 *Achei-me em Espírito, no Dia do Senhor, e ouvi*
por detrás de mim uma grande voz, como de trom-
beta,
11 *que me dizia: O que vês escreve em livro e man-*
da às Sete Igrejas que estão na Ásia: Éfeso, Esmirna,
Pérgamo, Tiatira, Sardes, Filadélfia e Laodiceia.
12 *E me voltei para ver quem falava comigo e, as-*
sim, voltado, vi sete candeeiros de ouro,
13 *e, no meio dos candeeiros, um semelhante a filho*
de homem, com vestes talares e cingido, à altura do
peito, com uma cinta de ouro.
14 *A Sua cabeça e cabelos eram brancos como alva*
lã, como a neve; os olhos, como chama de fogo;
15 *os pés, semelhantes ao bronze polido, como que*
refinado numa fornalha; a voz, como voz de muitas
águas.

16 *Tinha na mão direita sete estrelas, e da boca saía-lhe uma espada afiada de dois gumes. O Seu rosto brilhava como o sol na sua força.*
17 *Logo que O vi, caí a Seus pés como morto. Ele, porém, colocou sobre mim a Sua mão direita, dizendo: Não temas; Eu sou o Alfa e o Ômega, o Primeiro e o Último.*
18 *Fui crucificado, mas eis-me aqui; estou vivo pelos séculos dos séculos e tenho as chaves da morte e do inferno.*
19 *Escreve, pois, as coisas que viste, e as que são, e as que hão de acontecer depois destas.*
20 *Quanto ao mistério das sete estrelas que viste na minha mão direita e aos sete candeeiros de ouro, as sete estrelas são os Sete Anjos das Sete Igrejas, e os sete candeeiros são as Sete Igrejas do Senhor.*

Exemplo de caráter inquebrantável

Logo de início, vemos João se apresentar como *"... irmão vosso e companheiro na tribulação, no reino e na perseverança, em Jesus"* (1:9). Afinal, parceiro unicamente na alegria, nos bons momentos, não é companheiro de nada, é apenas um gozador, um aproveitador. **O companheirismo que João Evangelista preconiza**, logo no capítulo primeiro, **é aquele da hora da dor, da tribulação**, porém, ao permanecer na **fidelidade a**

Cristo Jesus, nos faz alcançar o **Seu Extraordinário Reino**.

Todos vocês que me honram com sua atenção, observem que **o Evangelista-Profeta era aqui totalmente Fé Realizante em Cristo Rei**. Tudo conspirava contra ele, não tinha vida fácil, mas foi um vencedor que levou até ao fim o seu compromisso de medianeiro. Daí ser exemplo de fortaleza do caráter dos homens e mulheres, jovens, crianças e Espíritos, Almas Benditas, da Boa Vontade de Deus. Naquele momento em que ele vibrava na Fé em Jesus e não se negava ao seu trabalho de trazer ao mundo a mensagem do Apocalipse Redentor, João, quase centenário, se achava no exílio por ordem do imperador Domiciano (51-96), numa ilha chamada Patmos, um rochedo. E ali se encontrava justamente por causa da **Palavra de Deus**, em Quem ele depositava toda a sua Fé e sua coragem no **Testemunho a Jesus Cristo**, que o tinha como o Discípulo Amado. Então, já sofria porque era de Jesus e proclamava as Verdades Divinas.

Por isso, no instante em que ele se apresenta — como *"companheiro na tribulação, no reino e na perseverança, em Jesus"* — para transmitir o Apocalipse às gerações, ele se via ameaçado por maior dose de sofrimento. Contudo, fora escolhido pelo Alto exatamente por ser essa fortaleza de caráter inquebrantável. Assim tem de ser um homem de Deus, uma mulher de Deus, um jovem de Deus, uma criança, ou seja, um Soldadinho de Deus, da Religião Divina.

"*A Visão de Jesus Glorificado*" é um olhar transcendental de João Evangelista. Nele, não enxergamos a figura do Cordeiro imolado, todavia o próprio Verbo em Seu resplendor. Sua morfologia espiritual transcende os limites da matéria e se expressa em símbolos que ecoam através de nossas mentes finitas que, atônitas, veem a manifestação de um Poder inimaginável à Biologia humana. Rogamos ao Divino Ressuscitado que fortaleça exponencialmente o nosso Caráter Legionário, de maneira que nossa Consciência Cristã do Novo Mandamento do mesmo modo se expanda.

PRECE PELA EXPANSÃO DA CONSCIÊNCIA LEGIONÁRIA DA BOA VONTADE DE DEUS

(Parte 3)

Um paradigma além da relatividade einsteiniana

Observem que, naquela hora de angústia, o companheiro fidelíssimo, João, já recebera um prêmio, que podemos identificar na sequência do texto bíblico: *"Achei-me em Espírito, no Dia do Senhor (...)"* (1:10). Quer dizer, não é um dia da semana, mas sim o estado ideal de **integração no Espaço-Tempo de Deus, um paradigma além da relatividade einsteiniana**, que a Ciência ainda procurará entender. Immanuel Kant (1724-1804), *mutatis mutandis*, declarou com muito acerto:

Immanuel Kant

— *O tempo é a grande mentira dos homens.*

E nós, por extensão, podemos concluir que o mesmo ocorre com o Espaço. Ele também é um engano.

"Mas eu não acredito nessas coisas!", poderá alguém exclamar. Há anos me perguntaram se acredito em discos voadores, ao que respondi:

O mundo discute, há muito tempo, a existência dos chamados UFOs (óvnis — objetos voadores não identificados). Relativamente a isso, a questão não é acreditar ou deixar de crer neles, e sim **saber se esses fenômenos são ou não são verdadeiros**. A comprovação dessa realidade cabe naturalmente à Ciência.

Façamos aqui um exercício: muita gente que não concebe essa possibilidade afirma não ser plausível que essas entidades não terráqueas cruzem distâncias descomunais, anos-luz (e falamos de 300.000 km por segundo, medição da velocidade da luz), que esses seres não poderão trafegar por essas extensíssimas distâncias... Porém, e se houver portais ultradimensionais pelo Universo, por onde se possa atravessar de uma dimensão espacial para outra? Onde estariam os anos-luz a serem percorridos nesse espaço? Seriam consumidos pela quase instantaneidade dessa ação. Agora, imaginem o que ocorreu com João ao experienciar o Dia do Senhor, o Espaço-Tempo de Deus?!

Proclamação do Cristo Ecumênico, o Divino Estadista, e Apocalipse aos Simples de Coração

Agora, um fato curioso em nossa missão de vanguarda apocalíptica: apenas quando fizemos a Proclamação do Cristo Ecumênico, o Divino Estadista[92], em 30 de dezembro de 1989, no Templo da Boa Vontade, é que recebemos a inspiração de Deus, do Cristo e do Espírito Santo para pregar, ecumenicamente, "O Apocalipse de Jesus para os Simples de Coração"[93]. Se não tivesse ocorrido essa Proclamação tão fundamental para o arcabouço doutrinário da Religião Divina, não teríamos entrado nessa sublime faixa de pensamento, não alcançaríamos o **Dia do Senhor**, não perceberíamos o seu extraordinário significado.

Aliás, livros e mais livros foram escritos acerca desse tema. Uns para provar que se tratava do domingo, outros que se refere ao sábado. E vejam vocês, meus queridos Irmãos e Irmãs, **o que é esse exercício de Ex-**

[92] **Proclamação do Cristo Ecumênico, o Divino Estadista** — Para outras informações sobre tão importante Proclamação, leia o capítulo homônimo nas *Sagradas Diretrizes Espirituais da Religião de Deus, do Cristo e do Espírito Santo*, volume 2 (1990).

[93] A popular série radiofônica "O Apocalipse de Jesus para os Simples de Coração" foi levada ao ar pela primeira vez pelo jornalista, radialista e escritor Paiva Netto, Presidente-Pregador da Religião de Deus, do Cristo e do Espírito Santo, entre 27 de outubro de 1990 e fevereiro de 1992, com suas profundas análises do Texto Sagrado, alcançando a marca de mais de 450 programas. Para ouvi-la, consulte a relação de emissoras no portal boavontade.com e baixe o aplicativo Boa Vontade Play.

pansão da Consciência Legionária da Boa Vontade de Deus. Olhem para onde foi o nosso raciocínio e de lá pudemos trazer essa novíssima conceituação sobre o Dia do Senhor. Tudo isso porque entramos em conexão com esse sistema que possibilitou a vinda à Terra do Apocalipse, revelando essa Profecia salvífica que não é de ser humano algum, de nenhum poder estabelecido no plano das formas, pois é de Deus. Parabéns a todos!

Ó Cristãos do Novo Mandamento, Amigos de Jesus, ousemos declarar aos quatro cantos do mundo: O Cristo é Ecumênico por excelência, não tem arestas, não está restrito a religião alguma, a nenhuma ideologia, a partido político algum, a nenhum povo, nação ou língua. Todos, todos e todos é que pertencem à Sua Fraterníssima Nação Espiritual. Depois que proclamamos que Jesus não está preso a nenhum grilhão, foi-nos permitido pregar o Seu Apocalipse aos Simples de Espírito, que estão em todas as religiões e irreligiões do planeta.

Espaço-Tempo de Deus e a Consciência Espiritual

João Evangelista, logo após aceitar a árdua missão que lhe fora entregue pelo Anjo do Senhor, companheiro nosso que é, instantaneamente se viu projetado **em Espírito no Dia do Senhor**. Integrou-se nessa

concepção sublime de Espaço-Tempo, expandindo sua Consciência Espiritual em Deus, no Cristo e no Espírito Santo. E aí os seus sentidos cresceram na imensidão, os seus olhos se abriram para o Mundo da Verdade, os seus ouvidos, a sua boca e a sua mão puderam assim falar e escrever.

A Voz do Profeta Divino

"E ouvi por detrás de mim uma grande voz, como de trombeta, que dizia" (1:10). **É a Voz do Profeta Divino** a lhes falar na particularidade de Seu Espírito:

"**Já que aceitaste o meu Testemunho** mais uma vez, porque realmente és, João, companheiro na tribulação, no reino e na perseverança, **poderás ouvir** por detrás de ti uma grande **voz como de trombeta que te revela, te aconselha, te fortalece, te conduz os passos e os atos, posto que te aclara a mente com a minha Luz que não cria sombras.** Esse é o prêmio para aqueles que se integram no Dia do Senhor e se libertam das algemas de espaço e tempo humanos. Como **sintonizaste tua existência no Espaço-Tempo Divino**, no Caminho do Altíssimo, em Sua Realidade Atemporal — dado que, se para os seres humanos o Tempo passa, flui, para Deus o Tempo é —, **capacitado estás para registrar tudo o que viste**. E quanto ao Espaço, o Pai Celestial é Onipresente, está em toda a parte ao mesmo tempo; logo, o Espaço para ti, João, também deixou de existir. Portanto, agora, '*o que vês escreve em livro e manda às Sete Igrejas que estão na Ásia: Éfeso, Esmirna, Pérgamo, Tiatira, Sardes, Filadélfia e Laodiceia*' (1:11), isto é, minhas Cartas endereçadas à Religião, à Ciência, à Filosofia, à Política, à Economia, à Arte, ao Esporte, a tudo aquilo que é resultado da construção do pensamento humano. Daqui para frente, visto que entendeste as minhas missivas, tu serás o intermediário — os teus olhos, que não possuem trevas, verão — e escreverás tudo isso".

As Igrejas de Jesus aguardam a Expansão da Consciência Legionária

O convite que lhes faço é que se integrem nessa realidade espírito-atemporal do Evangelista-Profeta. Esse é o segredo do sucesso desse trabalho de **Expansão da Consciência Legionária**, que é uma **ação efetiva do fortalecimento do caráter legionário dos Rebeldes de Jesus**, essa aguerrida Juventude Ecumênica da Boa Vontade; dos Soldadinhos de Deus, da LBV e da Religião Divina; dos seus Cristãos do Novo Mandamento, Amigos de Jesus; do Marketing Legionário; da Comunicação 100% Jesus; da Administração 100% Jesus; enfim, das mulheres, dos homens, dos jovens, das crianças e dos Espíritos, Almas Benditas, da Boa Vontade de Deus. Que todos vocês realmente entendam a extensa missão ecumênica, universalista da Religião de Deus, do Cristo e do Espírito Santo pela libertação das Almas, com a **Expansão da Consciência Legionária.**

Éfeso espera essa expansão. E assim **Esmirna, Pérgamo, Tiatira, Sardes, Filadélfia, Laodiceia, ou** se preferirem, a **Religião**, a **Ciência**, a **Política**, a **Filosofia**, a **Arte**, o **Esporte**, a **Cultura** em geral e assim por diante, porque esta é a Política de Deus, a grande promotora da Educação — que vem do Supremo Criador, a Pedagogia de Deus — para que haja Cultura com a Espiritualidade Ecumênica.

João Evangelista, logo após aceitar a árdua missão que lhe fora entregue pelo Anjo do Senhor, companheiro nosso que é, instantaneamente se viu projetado em Espírito no Dia do Senhor. Integrou-se nessa concepção sublime de Espaço-Tempo, expandindo sua Consciência Espiritual em Deus, no Cristo e no Espírito Santo. E aí os seus sentidos cresceram na imensidão, os seus olhos se abriram para o Mundo da Verdade, os seus ouvidos, a sua boca e a sua mão puderam assim falar e escrever.

PRECE PELA EXPANSÃO DA CONSCIÊNCIA LEGIONÁRIA DA BOA VONTADE DE DEUS

(Parte 4)

A solenidade dos símbolos apocalípticos

O relato de João prossegue emocionante, comovente, porque — como lemos no versículo 12 em diante, do capítulo primeiro do Apocalipse — ele se volta *"para ver quem falava comigo e, assim, voltado, vi sete candeeiros de ouro"*. É **uma luz tão importante** que **só podia ser admitida em receptáculo tão especial**, no caso, de ouro, que possui características singulares e as pessoas tanto valorizam. E assim Jesus o fez para que entendamos que esta luminosidade não é a luz comum, é a Claridade da Sabedoria, do Conhecimento esplendoroso que provém de Deus.

E, no meio dos candeeiros, dessa Iluminação Divina, surge nada mais, nada menos que *"um semelhante a filho de homem"* (1:13), isto é, como figura humana, apesar de ser um Espírito elevadíssimo da **categoria de Cristo Planetário**, *"com vestes talares* [solenes] *e cingido, à altura do peito, com uma cinta de ouro"* (1:13). Portanto, tem **Autoridade de rei**. *"A Sua cabeça e cabelos eram brancos como alva lã, como a neve"* (1:14), como a simbolizar a **Sabedoria que vem pelo amadurecimento**; *"os olhos, como chama de fogo"* (1:14), **para impressionar, clarear as Almas** e trazer uma visão que precisamos desenvolver. Vejam vocês que isso **tem toda uma ligação com nossa agenda** de hoje, nessa reunião em que juntamos todos os que assumiram o compromisso de levar esse recado ao mundo.

A Visão de Jesus Glorificado *versus* a estátua do sonho de Nabucodonosor

Gostaria aqui de fazer uma observação a todos. Seria essa visão semelhante à estátua do sonho de Nabucodonosor? Em resumo, encontramos essa história no livro de Daniel, capítulo 2, quando o próprio Profeta revela ao soberano o sonho que este tivera, mas não conseguia se lembrar: o potentado vê uma grande figura com cabeça de ouro, peito e braços de prata, ventre e coxas de bronze, pernas de ferro e pés de ferro misturados com barro. Uma pedra não cortada por mãos humanas desce e destrói os pés da majestosa estátua e esta caiu para sempre, porque a sua base era fraca. E assim fica claro que **a Visão de Jesus Glorificado não**

tem nenhuma correlação com a arrogante estátua do sonho do rei babilônico.

João prossegue descrevendo a aparência Daquele Ser análogo a filho de homem: *"os pés, semelhantes ao bronze polido, como que refinado numa fornalha"* (1:15). Já aqui na **fisiologia espiritual do Cristo, a beleza, o esplendor, a segurança, a estabilidade** que o **bronze polido** transmite. O que contrasta com a fragilidade e o ufanismo dos reinos humanos citados no sonho de Nabucodonosor (parte ferro, parte barro), por serem impérios construídos na ganância, no ódio, na hedionda morbidez de seres falíveis, domínios quebradiços e efêmeros, cuja marca da divisão se localiza logo em sua base: os pés. Portanto, não se sustentam.

E *"a voz, como voz de muitas águas"* (1:15). Isso significa que a **Voz do Soberano do planeta Terra** tem a energia e a imponência das águas, que são uma poderosa criação de Deus, possuem **força descomunal e fluidez capazes de abalar as mais sólidas estruturas**. Representa ainda a **abrangência do Seu chamado**, que chega **a todos os povos, nações e línguas**, com a **pujança renovadora e purificadora do precioso líquido**. E, por serem águas **suaves ou avassaladoras**, a **Voz do Cristo** pode **consolar e também lançar estrondoso repto**, conforme a necessidade da redenção humana.

"Tinha na mão direita sete estrelas [número do Apocalipse, o número da sabedoria], *e da boca saía-lhe uma*

espada afiada de dois gumes" (1:16). **Afiada, por ser uma palavra eloquente, ativa.** E essa espada, que saía da boca Daquele Ser magnífico — e já revelamos isso em nossa explicação aos Simples de Coração —, possui dois gumes para exprimir-se aos seres humanos e aos Espíritos. Sua Mensagem, então, ressoa **tanto no mundo material quanto no Mundo Espiritual**.

"O Seu rosto brilhava como o sol na sua força" (1:16). A **Expansão da Consciência Legionária** é isso: **o Sol na plenitude** de sua cintilação, de sua fulgência.

O Poder Divino do Cristo Ecumênico, o Sublime Estadista

"Logo que O vi, caí a Seus pés como morto. Ele, porém, colocou sobre mim a Sua mão direita, dizendo: Não temas; Eu sou o Alfa e o Ômega, o Primeiro e o Último" (1:17). **A Expansão da Consciência Legionária não causa temor a ninguém**, muito pelo contrário, leva a Paz na Terra aos seres humanos de Boa Vontade já a partir da insígnia do Coração Azul da LBV[94]. **É o verdadeiro estado de Espírito sentido por João ao**

---

[94] **Coração Azul da LBV** — A Legião da Boa Vontade tem como logo um Coração Azul, entrelaçado por 34 elos — referência ao número do versículo do capítulo 13 do Evangelho de Jesus, segundo João: *"Amai-vos como Eu vos amei"*. Nele ainda se lê o Cântico dos Anjos aos pastores no campo, quando do nascimento do Cristo Ecumênico, o Divino Estadista: *"Paz na Terra aos homens de Boa Vontade"* (Lucas, 2:14). É o grande símbolo de sua atuação solidária e ecumênica.

adentrar o Dia do Senhor, autêntica ambiência de harmonia trazida pelo Príncipe da Paz, que afirma:

> — *Estas coisas vos tenho dito para que tenhais Paz em mim* [só se pode ter Paz Nele mesmo!]. *No mundo, tereis tribulações. **Tende, porém, bom ânimo, pois Eu venci o mundo*** (Evangelho, segundo João, 16:33).

Minhas Irmãs e meus Amigos, minhas Amigas e meus Irmãos, esse é o estado de Alma Daquele que prossegue se apresentando: *"Fui crucificado, mas eis-me aqui* [anota João a palavra dessa Entidade resplandecente]*; estou vivo pelos séculos dos séculos e tenho as chaves da morte e do inferno"* (1:18). **Vejam que poder!** É o Senhor da Justiça, porque tem Autoridade para isso.

O Supremo Governante do planeta Terra nos oferece uma segurança imensa. Ele, que foi crucificado, está agora vivo pelos séculos dos séculos e possui total controle sobre a morte e o inferno. Portanto, não temos razão para temer coisa alguma em nosso apostolado, pois **o Rei dos reis está no comando absoluto da Vida. A Sua Eternidade e a Sua Autoridade supina são a nossa garantia de Proteção e Paz perenes.** Mas para isso é necessário que façamos a nossa parte para merecer essa **Blindagem Divina.**

PRECE PELA EXPANSÃO DA CONSCIÊNCIA LEGIONÁRIA DA BOA VONTADE DE DEUS

(Parte 5 — final)

Exatidão dos registros do Evangelista-Profeta

João avança ainda mais em seus registros nos versículos 19 e 20 do capítulo inaugural do Apocalipse relatando o que lhe revelava Jesus. Afinal, ele aceitou novos compromissos, não arredou pé, apesar da idade provecta e do exílio em Patmos por pregar a Palavra de Deus e o Testemunho do Cristo.

Assim agem os Legionários e as Legionárias da Boa Vontade de Deus!

"Escreve, pois [João, meu Discípulo Amado], *as coisas que viste, e as que são, e as que hão de acontecer depois destas"* (1:19). **Jesus dá uma ordem clara e cumpri-la é indeclinável.** Não podemos subestimar essa incumbência, pois ela é crucial para a compreensão da sequência dos eventos apocalípticos. A exatidão no

registro dessas revelações nos permite aprender e nos capacitar para o que está por vir. E João assimilou isso muito bem e obedeceu à Divina Instrução para documentar todas as visões e acontecimentos, proporcionando clareza e preparação para os eventos futuros.

A oportunidade de se antecipar aos fatos vindouros

Legionários da Boa Vontade de Deus, Cristãos do Novo Mandamento, ouvintes da Comunicação 100% Jesus, não abramos mão dessa oportunidade de nos antecipamos ao que ocorrerá neste mundo. Mereçamos ter junto a nós os sete candeeiros de ouro, as sete estrelas que o Evangelista-Profeta viu na mão direita do Soberano Senhor: *"Quanto ao mistério das sete estrelas que viste na minha mão direita e aos sete candeeiros de ouro, as sete estrelas são os Sete Anjos das Sete Igrejas* [não percamos a sintonia com o Mundo Espiritual, onde habitam esses Anjos extraordinários, que comandam as Sete Igrejas e formam a Humanidade de Cima Elevadíssima], *e os sete candeeiros são as Sete Igrejas do Senhor"* (1:20).

Trabalhemos para sermos dignos desta Divina Influência permanentemente. **A Luz Espiritual do Cristo ilumina os sete candeeiros, que são as Sete Igrejas do Senhor, e jamais se apaga.** Que a **Religião do Amor Universal, com a Política Divina, possa se**

valer dessa chama inextinguível e sublimar a própria Política, bem como a Filosofia, a Ciência, a Religião, a Arte, a Economia, o Esporte. Em suma, a vida humana e a Vida Espiritual, em seus rebentos, nascidos de elevada concepção de cada um na Terra e no Céu da Terra!

Novo Mandamento de Jesus e Dia do Senhor

Ó moças e moços da Religião Divina, Soldadinhos de Deus, da LBV, Cristãos do Novo Mandamento, Amigos de Jesus, façamos, pois, a **Expansão da Consciência Legionária da Boa Vontade de Deus**, tendo por bandeira de Paz o *"Amai-vos como Eu vos amei"* de Jesus (Evangelho, segundo João, 13:34). Mas, para que mereçamos essa integração que João Evangelista recebeu ao tomar para si a missão de transmitir o Redentor Apocalipse aos seres humanos e assim poder integrar-se no Dia do Senhor, aceitemos também o nosso próprio testemunho e o cumpramos.

Respeitemos a Humanidade de Cima a serviço do Criador e observemos a advertência que nos faz o Sábio dos Milênios, no versículo 35 do mesmo capítulo 13 de Seu Evangelho, segundo João: *"Somente assim podereis ser reconhecidos como meus discípulos, se tiverdes o mesmo Amor uns pelos outros"*. Isto é, integremo-nos no Dia do Senhor ou no Espaço-Tempo de Deus, portanto no Seu Amor e na Sua Verdade.

Sintonia com o Mundo Espiritual Superior

Lembro-lhes sempre da importância da ajuda dos Espíritos do Bem, das Almas Benditas, para o êxito de nossas ações. Pois, como nos revelou o saudoso dr. Osmar Carvalho e Silva (1912-1975), expoente Legionário da Boa Vontade de Deus, pela sensitividade do Cristão do Novo Mandamento Chico Periotto, em Figueira da Foz, Portugal, em 6 de junho de 1992:

Dr. Osmar Carvalho e Silva

— ***O nosso trabalho depende da dedicação de vocês, mas o sucesso de vocês depende do nosso apoio.***

E eles, os Irmãos da Humanidade de Cima, como diz o nosso amigo Flexa Dourada (Espírito), não querem ser simples acompanhantes nossos, seus protegidos — eles que são nossos **Anjos Guardiães, Mentores Espirituais, Numes Tutelares, Espíritos Guias —, querem ser também participantes ativos** dessa grande integração do mundo material no seu Criador, no seu Coautor Jesus, o Filho de Deus, nosso Pai, Irmão e Amigo. Ele, cuja Misericórdia nos sustenta, nos deixou esta oração maravilhosa, a Prece Ecumênica do *Pai-Nosso*, que se encontra no Seu Evangelho, segundo Mateus, capítulo 6, versículos 9 a 13.

Vamos orar!

Qualquer um pode rezar o *Pai-Nosso*, ele não se atém a crença alguma, trata-se de uma oração universal como é universal o Cristo. Qualquer religioso, seja ele Católico, Budista, Espírita, Protestante de todos os ramos, Hari-Krishna, da Fé Baha'i, Umbandista, Candomblecista, Judeu, Islâmico, Budista, Xintoísta, Esotérico e assim por diante, até mesmo o Irmão ateu, numa hora de dor, pode proferir essas palavras sem que se sinta constrangido por coisa alguma, é a Prece Ecumênica por excelência. Vamos a ela:

Pai-Nosso — A Constituição Espiritual da humanidade

Pai Nosso que estais no Céu [e em toda parte ao mesmo tempo], *santificado seja o Vosso Nome. Venha a nós o Vosso Reino* [Reino de Justiça, Reino de Verdade, sem o que não poderá haver no mundo Bondade, muito menos Amor Fraternal], *seja feita a Vossa Vontade* [jamais a nossa vontade, pois ainda estamos aprendendo a tê-la, perfeita, a Boa Vontade cantada pelos Anjos quando anunciaram o esplêndido nascimento de Jesus, a Sua Primeira Vinda Visível à Terra]. *Portanto, seja feita a Vossa Vontade, assim na Terra como no Céu. O pão nosso de cada dia dai-nos hoje* [o pão transubstancial, o pão para o Espírito, a comida que não perece, porque o pão para o corpo iremos consegui-lo com o suor do nosso rosto; e pedimos a Vossa Bênção para que sempre tenhamos saúde e disposição para ir buscá-lo e alimentar as nossas famílias e os que precisam de nosso apoio], *perdoai as nossas dívidas, assim como nós perdoarmos às dos nossos devedores. E não nos deixeis cair em tentação, mas livrai-nos do mal, porque Vosso é o Reino, e o Poder, e a Glória para sempre. Amém!*

Agora, Senhor, cada um de nós tem um pedido a Te fazer. **O meu é a Expansão da Consciência Legionária da Boa Vontade de Deus.** Atende, Senhor, ao pedido de cada um de nós.

Graças, Senhor! Dá-nos a Divina Paz que prometeste àqueles que vivem o Teu Novo Mandamento:

— *Minha Paz vos deixo, minha Paz vos dou. Eu não vos dou a paz do mundo. Eu vos dou a Paz de Deus, que o mundo não vos pode dar. Não se turbe o vosso coração nem se arreceie, porque Eu estarei convosco, todos os dias, até o fim do mundo!*

(Boa Nova, segundo João, 14:27; e Mateus, 28:20)

Que assim seja!

— *Glória a Deus nas Alturas, Paz na Terra aos homens* [e às mulheres, aos jovens, às crianças e às Almas Benditas, os Espíritos Luminosos] *da Boa Vontade de Deus!* (Evangelho, segundo Lucas, 2:14).

Quem confia em Jesus não perde o seu tempo, porque Ele é o Grande Amigo que não abandona amigo no meio do caminho!

Muito obrigado pela companhia neste estudo do Apocalipse de Jesus para os Simples de Coração! E vamos trabalhar sempre *"por um Brasil melhor e por uma humanidade mais feliz"* e pela Expansão da Consciência Legionária da Boa Vontade de Deus!

Salve, Jesus, o Senhor das Igrejas do Apocalipse!

Deus Está Presente!
Viva Jesus em nossos corações para sempre!

ORAÇÕES ECUMÊNICAS E BEM-AVENTURANÇAS

PRECE DE CÁRITAS[95]

Deus, nosso Pai,
que sois todo Poder e Bondade,
dai força àqueles
que passam pela provação,
dai luz àqueles
que procuram a Verdade,
ponde no coração do homem
a Compaixão e a Caridade.
Deus!
Dai ao viajor a estrela-guia,
ao aflito, a consolação,
ao doente, o repouso.
Induzi o culpado ao arrependimento.
Dai ao Espírito a Verdade,
à criança, o guia,
ao órfão, o pai.

[95] De autoria do Espírito Cáritas, a súplica foi psicografada na noite de Natal de 1873, por madame W. Krell, em Bordeaux, França, e publicada em *Rayonnements de la Vie Spirituelle* [Irradiações da Vida Espiritual].

Senhor! Que a Vossa Bondade
se estenda sobre tudo o que criastes.
Piedade, Senhor,
para aqueles que não Vos conhecem,
esperança para aqueles que sofrem.
Que a Vossa Bondade permita
aos Espíritos consoladores
derramarem por toda a parte a Paz,
a Esperança, a Fé!
Ó Deus!
Um raio, uma centelha do Vosso Amor
pode iluminar a Terra,
deixai-nos beber nas fontes
dessa Bondade fecunda e infinita.
E todas as lágrimas secarão,
todas as dores se acalmarão.
Um só coração, um só pensamento subirá até Vós,
como um grito de reconhecimento e de Amor.
Como Moisés sobre a montanha,
nós Vos esperamos com os braços abertos,
Ó Bondade,
Ó Beleza,
Ó Perfeição.
Nós queremos, de alguma sorte,
merecer a Vossa Misericórdia.
Deus!
Dai-nos força,
ajudai o nosso progresso

a fim de subirmos até Vós;
dai-nos a Caridade pura e a humildade;
dai-nos a fé e a razão;
dai-nos a simplicidade,
Pai,
que fará de nossas Almas
o espelho onde se refletirá
a Vossa Divina Imagem.

AS BEM-AVENTURANÇAS DO SERMÃO DA MONTANHA DE JESUS

(Santo Evangelho do Cristo, segundo Mateus, 5:1 a 12, da magnífica forma com que Alziro Zarur as proferia.)

Jesus, vendo a multidão, subiu ao monte e ensinava aos Seus discípulos, dizendo:

Bem-aventurados os humildes,
porque deles é o Reino do Céu.
Bem-aventurados os que choram,
porque eles serão consolados pelo próprio Deus.
Bem-aventurados os pacientes,
porque eles herdarão a Terra.
Bem-aventurados os que têm fome e sede de Justiça,
porque eles terão o amparo da Justiça Divina.
Bem-aventurados os misericordiosos,
porque eles alcançarão misericórdia.

Bem-aventurados os limpos de coração,
porque eles verão Deus face a face.
Bem-aventurados os pacificadores,
porque eles serão chamados filhos de Deus.
Bem-aventurados os que são perseguidos por causa da
Verdade, porque deles é o Reino do Céu.
Bem-aventurados sois vós, quando vos perseguem,
quando vos injuriam e, mentindo,
fazem todo o mal contra vós por minha causa.
Exultai e alegrai-vos,
porque é grande o vosso galardão no Céu.
Porque assim foram perseguidos os Profetas
que vieram antes de vós.

PRECE DA VIGILÂNCIA ESPIRITUAL (ORAÇÃO NOTURNA)[96]

Deus Está Presente!
Meu Jesus, que a Gloriosa Falange de São Francisco de Assis, Patrono da Divina Legião da Boa Vontade, guarde o meu Espírito, não somente o meu corpo, enquanto durmo. E, se eu vier a sofrer um ataque da treva, que esteja apto (ou apta) a revidá-lo instantaneamente. Mas peço a Tua Misericordiosa Proteção, em nome do Pai, do Filho e do Espírito Santo.
Amém!
Viva Jesus!

[96] Você pode acompanhar pela Super Rede Boa Vontade de Comunicação essa prece de autoria do saudoso Proclamador da Religião de Deus, do Cristo e do Espírito Santo, Alziro Zarur (1914-1979), na bela interpretação de Paiva Netto, Presidente-Pregador da Religião do Terceiro Milênio, acessando o QR Code ao lado.

BIBLIOGRAFIA

A Bíblia de Jerusalém. São Paulo: Paulus, 1995.

A Bíblia Sagrada. Tradução Padre Antônio Pereira de Figueiredo. Rio de Janeiro: Edição Barsa, 1964.

A Bíblia Sagrada. Tradução Centro Bíblico Católico. 60 ed. São Paulo: Ave Maria, 1988. Tradução dos originais mediante a versão dos Monges de Maredsous (Bélgica).

A Bíblia Sagrada: Antigo e Novo Testamento. Tradução para o português de João Ferreira de Almeida. Brasília: Sociedade Bíblica do Brasil, 1969.

A Bíblia Sagrada: nova edição papal. Traduzida das línguas originais com uso crítico de todas as fontes antigas pelos missionários capuchinhos de Lisboa. Charlotte, North Carolina, USA: C. D. Stampley Enterprises, Inc., 1974.

A Bíblia Sagrada. Tradução dos textos originais, com notas, dirigida pelo Pontifício Instituto Bíblico de Roma. São Paulo: Paulinas, 1976.

A Bíblia Sagrada: Antigo e Novo Testamento. Tradução Padre Matos Soares. Porto: Grandes Oficinas Gráficas da Sociedade de Papelaria, 1954. 4.v.

Academia Jesus, o Cristo Ecumênico, o Divino Estadista (org.). **Jesus e as Sete Igrejas da Ásia — Éfeso.** São Paulo: Elevação, 2023. v. 1.

Academia Jesus, o Cristo Ecumênico, o Divino Estadista (org.). **Jesus e as Sete Igrejas da Ásia — Esmirna.** São Paulo: Elevação, 2024. v. 2.

Alcorão Sagrado. Tradução do professor Samir El-Hayek. São Paulo: Tangará, 1975.

ANDRÉ LUIZ (Espírito). **Agenda cristã.** Psicografado por Francisco Cândido Xavier. 42. ed. Rio de Janeiro: FEB, 2005.

ANDRÉ LUIZ (Espírito). **Os mensageiros.** Psicografado por Francisco Cândido Xavier. 23. ed. Rio de Janeiro: FEB, 1990.

Antologia da Boa Vontade. Rio de Janeiro: Editora da Boa Vontade, 1955.

ARISTÓTELES. **Ética a Nicômaco.** Brasília: Editora UnB, 2001.

BARBOSA, Rui. **Obras completas de Rui Barbosa.** Rio de Janeiro: Ministério da Educação e Cultura, 1967, v. 46, t. 1, 1919.

BARBOSA, Rui. **Oração aos moços.** Edição popular anotada por Adriano da Gama Kury. 5. ed. Rio de Janeiro: Casa de Rui Barbosa, 1999.

BLUNT, Henry. **A practical exposition of the Epistles to the seven churches of Asia.** Philadelphia: Hooker & Claxton, 1839.

BOTELHO, Camilo Cândido (Espírito). **Memórias de um suicida.** Psicografado por Yvonne A. Pereira. 27. ed. Brasília: FEB, 2012.

CESAREIA, Eusébio de. **História eclesiástica.** Rio de Janeiro: CPAD, 1999.

DALBERG-ACTON, John Emerich Edward, Lord. **Historical Essays and Studies.** Edited by John Neville Figgis and Reginald Vere Laurence. London: Macmillan and Co. Limeted; St.Martins Street, 1907.

DRAKE, Stillman. **Discoveries and opinions of Galileo**: Including The Starry messenger (1610), Letter to the Grand Duchess Christina (1615); and excerpts from Letters on Sunspots (1613), The Assayer (1613). New York: Doubleday Anchor Books, 1957.

EMMANUEL (Espírito). **Leis de amor.** Psicografado por Francisco Cândido Xavier e W. Vieira. São Paulo: FEESP, 1963.

EMMANUEL (Espírito). **Rumo certo.** Psicografado por Francisco Cândido Xavier. Rio de Janeiro: FEB, 1971.

GOETHE, Johann Wolfgang von. **Maximen und Reflexionem.** Leipzig: Dieterich'schen, 1953.

GOETZ, William R. **Apocalypse next.** Camp Hill, PA: Horizon Books, 1996.

GANDHI, Mahatma. **All Men Are Brothers: Life and Thoughts of Mahatma Gandhi as Told in his Own Words.** Compiled and edited by Krishna Kripalani. New York: Columbia University Press and UNESCO, 1958.

GANDHI, Mohandas; DUNCAN, Ronald. **Gandhi**: Selected Writings. New York: Dover Publications, 2005.

IRMÃO X (Espírito). **Luz Acima.** Pela psicografia de Francisco Cândido Xavier. Rio de Janeiro: FEB, 1948.

JOSEPHUS, Flavius. **The works of Josephus**: complete and unabridged. Translated by William Whinston. Peabody, Mass.: Hendrickson Publishers, 1988.

KARDEC, Allan. **O Evangelho segundo o Espiritismo.** 114. ed. Rio de Janeiro: FEB, 1997.

MÍNIMUS [Wantuil de Freitas]. **Síntese de o Novo Testamento.** 4. ed. Rio de Janeiro: FEB, 1979.

PAIVA NETTO, José de. **A Esperança não morre nunca.** São Paulo: Editora Elevação, 2020.

PAIVA NETTO, José de. **A Missão dos Setenta e o "lobo invisível".** São Paulo: Editora Elevação, 2018.

PAIVA NETTO, José de. **Apocalipse sem medo.** São Paulo: Editora Elevação, 2000.

PAIVA NETTO, José de. **As Profecias sem mistério.** São Paulo: Elevação, 1998.

PAIVA NETTO, José de. **Cartilha de Reeducação Espiritual Iniciática Apocalíptica — CREIA.** São Paulo: Legião da Boa Vontade, 1989.

PAIVA NETTO, José de. **Como vencer o sofrimento.** São Paulo: Elevação, 1990.

PAIVA NETTO, José de. **Epístola Constitucional do Terceiro Milênio.** São Paulo: Legião da Boa Vontade, 1988.

PAIVA NETTO, José de. **Jesus, a Dor e a origem de Sua Autoridade**: o Poder do Cristo em nós. São Paulo: Elevação, 2014.

PAIVA NETTO, José de. **Jesus e a Cidadania do Espírito.** São Paulo: Editora Elevação. 2019.

PAIVA NETTO, José de. **Jesus, o Libertador Divino.** 2. ed. São Paulo: Editora Elevação. 2022.

PAIVA NETTO, José de. **Jesus, o Profeta Divino.** São Paulo: Editora Elevação. 2011.

PAIVA NETTO, José de. **Jesus, Zarur, Kardec e Roustaing, na Quarta Revelação.** 8. ed. São Paulo: LBV, 1984.

PAIVA NETTO, José de. **Livro de Deus**: Religião, Filosofia, Ciência e Política de Deus. 25. ed. Rio de Janeiro: LBV, 1982.

PAIVA NETTO, José de. **Livro Jesus.** Rio de Janeiro: LBV, 1983.

PAIVA NETTO, José de. **O Brasil e o Apocalipse.** São Paulo: LBV, 1984, v. 1; 1985, v. 2; 1996, v. 3.

PAIVA NETTO, José de. **O Capital de Deus.** No prelo.

PAIVA NETTO, José de. **O Diário de um Cristão do Novo Mandamento de Jesus.** No prelo.

PAIVA NETTO, José de. **Os mortos não morrem.** São Paulo: Editora Elevação. 2018.

PAIVA NETTO, José de. **Sagradas Diretrizes Espirituais da Religião de Deus, do Cristo e do Espírito Santo.** São Paulo: LBV, 1987, v. 1.

PAIVA NETTO, José de. **Sagradas Diretrizes Espirituais da Religião de Deus, do Cristo e do Espírito Santo.** São Paulo: LBV, 1990, v. 2.

PAIVA NETTO, José de. **Sagradas Diretrizes Espirituais da Religião de Deus, do Cristo e do Espírito Santo.** São Paulo: LBV, 1991, v. 3.

PAIVA NETTO, José de. **Somos todos profetas.** 45. ed. São Paulo: Editora Elevação, 2022.

PAIVA NETTO, José de. **Tesouros da Alma.** São Paulo: Editora Elevação, 2017.

PAIVA NETTO, José de. **Voltamos!** A Revolução Mundial dos Espíritos. São Paulo: Legião da Boa Vontade, 1996.

PASCAL, Blaise. **Pensées de Pascal.** Paris: Grasset, 1935.

PERSCH, Pe. Léo. **Um Só Evangelho ou Harmonia dos Evangelhos.** Campinas/SP: Raboni, 1996.

ROUSTAING, Jean-Baptiste. **Os quatro Evangelhos:** Espiritismo Cristão ou Revelação da Revelação. 6. ed. Rio de Janeiro: FEB, 1983, v.1.

SAMPAIO, Bittencourt (Espírito). **Seareiros de Volta.** 2. ed. Psicografado por W. Vieira. Rio de Janeiro: FEB, 1968.

SMITH, Uriah. **The Prophecies of Daniel and Revelation.** Nashville: Southern Publishing Association, 1946.

SMITH, Uriah. **Thought, critical and practical, on the Book of Revelation.** Battle Creek, Michigan: Stem Press of the Seventh-Day Adventist Publishing Association, 1865.

VIEIRA, Antônio. **Sermoens do P. Antonio Vieira.** Lisboa: Officina de Miguel Deslandes, 1689. v.5.

ZARUR, Alziro. **Mensagem de Jesus para os sobreviventes.** 24. ed. Rio de Janeiro: Legião da Boa Vontade, 1978.

ZARUR, Alziro. **Poemas da Era Atômica.** 9. ed. Rio de Janeiro: Legião da Boa Vontade, 1979.

TEMPLO DA BOA VONTADE

Sede Espiritual da Religião de Deus, do Cristo e do Espírito Santo

Aclamado pelo povo uma das Sete Maravilhas de Brasília/DF, Brasil, o Templo da Boa Vontade (TBV), símbolo maior do Ecumenismo Divino, a Pirâmide das

Almas Benditas, a Pirâmide dos Espíritos Luminosos, é o monumento mais visitado de Brasília, segundo dados oficiais da Secretaria de Turismo do Distrito Federal (Setur-DF). Desde que foi fundado por Paiva Netto, em 21 de outubro de 1989, recebe anualmente mais de um milhão de peregrinos. **Na foto**, da esquerda para a direita, o Parlamento Mundial da Fraternidade Ecumênica (o ParlaMundi da LBV), a sede administrativa e o TBV, localizados na Quadra 915 Sul. Outras informações: (61) 3114-1070 / www.TBV.com.br.

ÍNDICE DE NOMES

ÍNDICE DE MATÉRIAS

BIOGRAFIA DO FUNDADOR DA ACADEMIA JESUS, O CRISTO ECUMÊNICO, O DIVINO ESTADISTA

José de Paiva Netto, escritor, jornalista, radialista, compositor e poeta, nasceu em 2 de março de 1941, no Rio de Janeiro/RJ, Brasil. É Presidente da Legião da Boa Vontade (LBV) e Presidente-Pregador da Religião de Deus, do Cristo e do Espírito Santo. Membro efetivo da Associação Brasileira de Imprensa (ABI) e da Associação Brasileira de Imprensa Internacional (ABI-Inter), é filiado à Federação Nacional dos Jornalistas (Fenaj), à International Federation of Journalists (IFJ), ao Sindicato dos Jornalistas Profissionais do Estado do Rio de Janeiro, ao Sindicato dos Escritores do Rio de Janeiro, ao Sindicato dos Radialistas do Rio de Janeiro e à União Brasileira de Compositores (UBC). Integra também a Academia de Letras do Brasil Central. É autor de referência internacional na defesa dos direitos humanos e na conceituação da causa da Cidadania e da Espiritualidade Ecumênicas, que, segundo ele, constituem *"o berço dos mais generosos valores que nascem da Alma, a morada das emoções e do raciocínio iluminado pela intuição, a ambiência que abrange tudo o que transcende ao campo comum da matéria e provém da sensibilidade humana sublimada, a exemplo da Verdade, da Justiça, da Misericórdia, da Ética, da Honestidade, da Generosidade, do Amor Fraterno. Em suma, a constante matemática que harmoniza a equação da existência espiritual, moral, mental e humana. Ora, sem esse saber de que existimos em dois planos, portanto não unicamente no físico, fica difícil alcançarmos a Sociedade realmente Solidária Altruística Ecumênica, porque continuaremos a ignorar que o conhecimento da Espiritualidade Superior eleva o caráter das criaturas e, por conseguinte, o direciona à construção da Cidadania Planetária"*.

Entre as inúmeras homenagens recebidas, foi agraciado com a Medalha do 1º Centenário da Academia Brasileira de Letras (ABL); nomeado Comendador da Ordem do Rio Branco, pelo Ministério das Relações Exteriores; e condecorado com o Grau de Comendador, pelo Conselho da Ordem do Mérito Aeronáutico, e com a Medalha do Pacificador, pelo Ministério do Exército Brasileiro.

Filho primogênito de Idalina Cecília de Paiva (1913-1994) e Bruno Simões de Paiva (1911-2000)

— que tiveram como padrinho de casamento Dorival Caymmi (1914-2008) — e irmão de Lícia Margarida de Paiva (1942-2010). Teve a infância e a juventude marcadas por uma preocupação incomum com temas espirituais, filosóficos, educativos, sociais, políticos, científicos e econômicos, além de um profundo senso de auxílio aos necessitados.

Estudou no tradicional Colégio Pedro II, na capital fluminense, do qual recebeu o título de Aluno Eminente, sendo homenageado com placa de bronze na sede desse conceituado colégio-padrão. Em 1956, ainda adolescente, iniciou sua jornada vitoriosa ao lado do saudoso Fundador da Legião da Boa Vontade, o radialista, jornalista, escritor, poeta e filósofo brasileiro Alziro Zarur (1914-1979). Paiva Netto foi o principal Assessor dele durante quase um quarto de século. Para se dedicar totalmente à LBV, abandonou a vocação para a Medicina. Mais tarde, tornou-se Secretário-Geral (cargo equivalente ao de Vice-Presidente) da Instituição e, com o falecimento de Zarur, sucedeu-o.

Compositor e produtor musical, foi aluno do professor Homero Dornelas (1901-1990), assessor do notável Villa-Lobos (1887-1959). Elaborou a "Marcha dos Soldadinhos de Deus", interpretada pela primeira vez em 21 de abril de 1960, por meninos amparados pelo Instituto São Judas Tadeu, no Rio de Janeiro, onde colaborava como voluntário. A apresentação foi uma homenagem a Brasília/DF, Brasil, que o então Presidente da República Juscelino Kubitschek (1902-1976) inaugurava naquela data.

À frente da Legião da Boa Vontade desde 1979, multiplicou as ações desta nas áreas da educação e da promoção humana e social, por meio das unidades de atendimento da Instituição, as quais abrangem escolas-modelo de educação básica, abrigos para idosos e centros comunitários de assistência social. Tais espaços fazem parte de um projeto ainda maior, criado por Paiva Netto e a que ele se tem dedicado há bastante tempo: a Educação com Espiritualidade Ecumênica, consubstanciada em uma vanguardeira linha pedagógica, que propõe um modelo novo de aprendizado, o qual alia cérebro e coração. Essa proposta educacional, composta da Pedagogia do Afeto e da Pedagogia do Cidadão Ecumênico, é aplicada com sucesso na rede de ensino da LBV e nos serviços e programas socioeducacionais desenvolvidos pela Legião da Boa Vontade.

Os ideais da Boa Vontade não têm fronteiras e empolgam diversas regiões do mundo. Desde 1980, por exemplo, as iniciativas solidárias expandem-se para a LBV da Argentina, do Paraguai, do Uruguai, da Bolívia, de Portugal e dos Estados Unidos, sendo estas mantidas por meio de donativos de cada população local.

Em virtude da ampla abrangência de seus programas, serviços e ações e da excelência no trabalho realizado, a Legião da Boa Vontade (LBV) mantém relação consultiva com a Organização das Nações Unidas (ONU), desde 1994, por intermédio do Departamento de Comunicação Global (DCG) desse organismo internacional e, desde 1999, com o Conselho Econômico e Social (Ecosoc) das Nações Unidas, no qual a Instituição possui *status* consultivo geral, grau máximo de reconhecimento que uma Entidade pode alcançar junto a esse órgão. A LBV tem participado ativamente das principais conferências e reuniões da ONU, contribuindo com importantes recomendações, por meio de documentos e publicações, editados em diversos idiomas, que são entregues a chefes de Estado, conselheiros ministeriais, agências internacionais e representantes da sociedade civil. Dentre esses materiais destacam-se as revistas *Sociedade Solidária*, *Paz para o Milênio*, *Globalização do Amor Fraterno,* BOA VONTADE *Desenvolvimento Sustentável*, BOA VONTADE *Mulher* e BOA VONTADE *Educação*.

O Presidente da Legião da Boa Vontade recebeu, em 14 de novembro de 2016, correspondência oficial da equipe do, à época, novo secretário-geral da ONU, o dr. António Guterres, na qual expressa gratidão ao dirigente da LBV pela carta encaminhada ao diplomata português com cumprimentos em virtude da nomeação deste para ocupar o cargo máximo da ONU. Na missiva, assinada por Kyung-wha Kang, assessora especial em Política do gabinete do secretário-geral, consta: *"Prezado presidente, permita-me agradecer, em nome do secretário-geral designado, António Guterres, as vossas gentis palavras de congratulação. É com grande honra e com um sentido de responsabilidade que ele assumirá suas novas funções. A Legião da Boa Vontade é uma organização da sociedade civil que tem uma parceria de longa data com as Nações Unidas. Sua missão de incentivar a vivência de valores, a fim de criar uma sociedade mais justa e solidária, é mais do que nunca de grande relevância global. Suas iniciativas visam melhorar a situação de pessoas de baixa renda em diversas áreas, tais como educação e desenvolvimento sócio-económico, sendo uma grande contribuição para a consecução dos Objetivos de Desenvolvimento Sustentável e sua meta de erradicar a pobreza até o ano de 2030. Contamos com a Legião da Boa Vontade para trabalhar junto às Nações Unidas na busca de soluções para os desafios globais mais urgentes da atualidade"*.

Em 21 de outubro de 1989, Paiva Netto fundou, em Brasília/DF, Brasil, o Templo da Boa Vontade (TBV), com a presença de mais de 50 mil pessoas. Conhecido também como o Templo da Paz, é o polo do Ecumenismo Divino, que proclama o contato socioespiritual entre a criatura e o Criador. Aclamado pelo povo uma das Sete Maravilhas de Brasília, o TBV é o monumento mais visitado da capital federal, conforme dados oficiais da Secretaria de Turismo do Distrito Federal

(Setur-DF), e, desde que foi inaugurado, recebe anualmente mais de um milhão de peregrinos.

Paiva Netto criou, para propagar a Cidadania Espiritual (conceito preconizado por ele), a Super Rede Boa Vontade de Comunicação (rádio, TV, internet e publicações).

No campo editorial, ultrapassou a expressiva marca de 9 milhões de livros vendidos. Além disso, tem seus artigos publicados em jornais, revistas e portais de internet no Brasil e no exterior. Já escreveu para importantes veículos, a exemplo do *Diário de Notícias*, *Jornal de Coimbra*, *Correio da Manhã*, *Jornal de Notícias*, *O Primeiro de Janeiro*, *Notícias de Gaia*, *Voz do Rio Tinto*, *Jornal da Maia*, *O Público*, *Campeão das Províncias*, *Audiência* e *O Despertar* (Portugal); *Time South*, *Jeune Afrique* e *African News* (África); *Daily Post* (circulação internacional); *Clarín* (Argentina); *Jornada* e *El País* (Bolívia); *El Diário Notícias* e *ABC Color* (Paraguai); *El País* (Uruguai); *International Business and Management* (China); e *Deutsche Zeitung* (Alemanha).

Sobre seu estilo literário, o escritor norte-americano Errol Lincoln Uys observou: *"Paiva Netto, sendo um homem prático, não deixa de ter alma de poeta"*. Segundo a definição do eminente professor, jurisconsulto e tratadista José Cretella Júnior (1920-2015), *"é um exímio estilista, sempre em dia com as novas"*. Valdir Andres, jornalista, advogado, fundador do periódico *A Tribuna Regional*, de Santo Ângelo/RS, Brasil, assim declarou:

"É uma honra imensa abrigar os conceitos, as opiniões, a pena brilhante do professor Paiva Netto em nosso jornal". Na opinião do mestre de professores Moacir Costa Lopes (1927-2010), *"é um escritor de muito talento"*.

Endereço para correspondência:
Rua Norma Pieruccini Giannotti, 110
Barra Funda • São Paulo/SP • CEP 01137-010
***E-mail*: PaivaNetto@uol.com.br**

SIGA A RELIGIÃO DE DEUS, DO CRISTO E DO ESPÍRITO SANTO NAS REDES SOCIAIS

www.ReligiaodeDeus.org
Youtube.com: ReligiaodeDeusvideos
Facebook: ReligiaodeDeus
Instagram: ReligiaodeDeus
www.AcademiaJesus.com.br
www.ClubeCulturadePaz.com.br

CONHEÇA A RELIGIÃO DE DEUS, DO CRISTO E DO ESPÍRITO SANTO E O TRABALHO DA LBV

BOA VONTADE TV

https://www.youtube.com/boavontadetv
TV por Assinatura: OI TV: Canal 212 • Claro TV Brasil: Canais 196 e 696
Antena parabólica digital Banda K.U.: Frequência 12.000 MHz, Symbol Rate 29.900, polarização vertical na StarOne D2 • Canal 27 na SKY banda K.U.

Geradora Educativa da Fundação José de Paiva Netto

Canal 11.1 - São José dos Campos/SP
Canal 45.1 - Cotia/SP (Grande São Paulo)
Para outras informações, acesse www.BoaVontade.com/tv

SUPER REDE BOA VONTADE DE RÁDIO

Internet: www.BoaVontade.com/radio
OI TV: Canal 989 (Super RBV de Rádio)

Emissoras de rádio:

Rio de Janeiro/RJ: AM 940 kHz • **São Paulo/SP:** AM 1.260 kHz e FM 84.3 MHz • **Esteio, região de Porto Alegre/RS:** AM 1.300 kHz • **Brasília/DF:** AM 1.210 kHz • **Santo Antônio do Descoberto/GO:** FM 88.9 MHz • **Salvador/BA:** AM 1.350 kHz • **Manaus/AM:** AM 610 kHz • **Montes Claros/MG:** FM 105.5 MHz • **Sertãozinho, região de Ribeirão Preto/SP:** AM 550 kHz • **Uberlândia/MG:** FM 102.5 MHz

SITES

www.LBV.org.br
www.BoaVontade.com
www.ReligiaodeDeus.org
www.JesusEstaChegando.com
www.PaivaNetto.com
www.AcademiaJesus.com.br

APP BOA VONTADE PLAY

Baixe na loja de aplicativos do seu celular e acompanhe ao vivo